会津藩士の慟哭を超えて

未来を教育に託す

荒川紘

海鳴社

はじめに

司馬遼太郎は会津藩の教育について、「会津藩というのは、封建時代の日本がつくりあげた藩というもののなかで最高の傑作のように思える。三百ちかい藩のなかで肥前佐賀藩とともに藩士の教育水準がもっとも高く、さらに武勇の点では佐賀をはるかに抜き、薩摩藩とならんで江戸期を通じて二大強藩とされ、藩士の制度という人間秩序をみがきあげたその光沢の美しさにいたってはどの藩も会津におよばず、この藩の藩士秩序そのものが芸術品とすらおもえるほどなのである」(『歴史を紀行する』)とのべていた。会津藩を司馬のいう「最高の傑作」とした第一の力は一九世紀のはじめに創設された藩校の日新館にあった。儒教の精神をかたくなに追求した文武の教育が「芸術品」の会津藩をつくりだしたのである。

儒教教育の基本は「修己治人」、修業で自己を確立させて、人を治めるのでなければならない。人を治めるのに欠かせないのは「仁」、自己にはきびしく、他人を思いやる心である。日新館への入学前の子どもにも、嘘をついてはならない、卑怯なふるまいをしてはならない、弱いものをいじめてはならない、といった「什《じゅう》の掟《おきて》」の教育がなされていた。

日新館は上級武士のために若松城のちかくに建てられた学校だったが、下級藩士の子弟には北学館《ほくがっかん》と南学館《なんがっかん》という学校が城下に用意され、支城のあった猪苗代にも、江戸の藩邸にも日新館の分校が設置された。会津藩士が江戸湾の警備に派遣されると、派遣地にも子弟のために学校がつくられた。藩士の子弟のいるところ、どこにも学校が設けられ、日新館に準じた教育がなされていた。藩をあげて、武士らしい武士の育成、自立した人間の完成につとめていたのである。

この会津藩の教育がどのようにして生まれたのか。古代の会津にもさかのぼり、また日本の政治と教育の歴史も視野におきながら考えたい。

皮肉にも会津藩の教育は会津藩の悲劇の原因となった。文武に長け、礼節にすぐれ、内部には乱れがなかった会津藩は激化する尊王攘夷運動の鎮圧を目的とする京都守護職を担わされた。揚げ句は朝敵・逆賊とされ、薩摩と長州を主力とする新政府軍と戊辰戦争を戦わねばならなかった。そして戦い、敗れる。会津藩はとり潰しとなり、会津藩士とその家族は会津を追われた。新しくあたえられたのは本州北端の斗南、荒野の地だった。「挙藩流罪」、餓死と凍死をのがれるのが精一杯の生活がまっていた。

この戊辰戦争に敗れた旧会津藩士たちが戦後どのような人生を歩んだか。旧会津藩士の子弟たちは苦難のなか明治の新しい教育制度のなかで、なにを学び、どう生きたのか。会津藩の人々の戦後も見てみたい。

旧会津藩士が薩長への敵愾心を燃やしつづけたのはいうまでもない。それでも、旧藩士の重臣たちには政府の要人からその能力を買われて仕官の要請があった。山川浩《ひろし》は陸軍にはいった。佐川官兵衛は警視庁に勤務した。でも、要請を固辞して、下北に土地を購入、開拓と牧場の経営にあたった広沢安任《やすとう》のような人間もいた。孔子のいう「渇しても盗泉の水を飲まず」を貫いたのである。永岡久茂らは反政府の活動に参加、政府転覆をめざして決起した。

多くの旧会津藩士が教育者となった。秋月悌次郎は第五高等学校の教授となり、南摩綱紀《なんまつなのり》は高等師範学校の教授に就任した。山川浩も陸軍大佐のまま東京高等師範学校の校長となった。小学校の教師になった藩士もすくなくない。私塾の教師にもなった。山本覚馬は新島襄に協力して私立の学校の同志社を創設した。

薩長との戦いに敗北した会津は明治になってからは教育で対抗していたかのようであった。旧会津藩士には国破れても教育があった。藩を失っても、子弟の教育に全力をつくす。敗戦後、会津藩士は謹慎の身となったのだが、そのなかで若松の北の塩川に仮日新館を設置している。斗南藩が興されると藩庁のおかれた田名部《たなぶ》(むつ市)の円通寺《えんつうじ》に日新館を再興、東京に出た藩士の子弟のため増上寺内に斗南藩学校を設ける。そこからは横浜や東京に生まれた各種の学校に進学、外国に留学するものもいた。

塩川の仮日新館に学んだ井深梶之助は横浜の英語学校の学僕となり、そこで出会った宣教師のブラウンから洗礼をうけ、東京一致神学校が創設されると一期生として入学、卒業後は東京一致神学校を継承した明治学院の教授となり、総理（学長）に就いた。日新館で同級だった山川浩の弟の山川健次郎は秋月悌次郎の知己の助けをうけて猪苗代の謹慎所を脱出、上京して増上寺の斗南藩学校に学び、アメリカに留学して物理学を修め、東京帝国大学で日本人最初の物理学教授となり、総長にも就任した。やはりおなじ歳だった高嶺秀夫も東京の謹慎所を脱け出し、慶応義塾で英語に専念、アメリカではペスタロッチの開発主義教育を研究、山川浩のあとをついで東京高等師範学校の校長となった。

軍人もそだつ。戊辰戦争のとき一〇歳だった柴五郎は斗南の日新館に学び、陸軍幼年生徒隊（のちの陸軍幼年学校）を受験して合格、陸軍士官学校に進学して将校となり、陸軍大将に昇進した。下級藩士の子であったため北学館に入学した出羽重遠《しげとお》は静岡藩が開いた静岡学問所に留学、海軍兵学校の前身の海軍兵学寮に学び、海軍大将となった。

このような位人臣をきわめたものはごく一部なのだが、多くの旧会津藩士の子弟たちは逆境にもひるまず、向学の闘志をもって新しい人生を切り開いている。苦学がつづいても、「汁の掟」の礼節を忘れず、貧しさにもひるまなかった。権力者には阿《おも》ねず、逆風を生き抜く強靭さがあった。

会津を攻め滅ぼした薩長政権は富国強兵という国家の「近代化」には成功をしたが、「人格の完成」

という人間の「近代化」はできなかった。それを意識的にこばんできた。そして、国家主義と軍国主義の道をあゆんだ日本は侵略の戦争を強行、アジアの人々と日本国民にきわまりない惨苦を強いて、敗れる。

戦争に敗れた日本は民主主義をかかげた「日本国憲法」と「人格の完成」を教育の目標とする「教育基本法」を手にした。そこでは国民の「人格の完成」が民主主義の基礎となるとみられていたのである。だが、戦後の教育は経済大国をうんでくれたが、「日本国憲法」と「教育基本法」の目標の実現には成功していない。形だけの民主主義がつくりだされただけであった。

逆に、戦後の政治は堕落をつづけた。いまの日本を支配しているのは「長いものにまかれろ」といわんばかりであり、「人格の完成」を基礎とする民主主義は失われる一方である。軍国主義の日本への反省も忘れ、つい最近のフクシマの惨劇についてもまじめに考えようとしない。行動しようともしない。なにより日本の憲法がめざす「弱者を助ける民主主義」が育たないのだ。日本は危うい。それは、日本の政治の堕落なのであるが、根本では私たち国民の責任である。

その根には教育の問題があると私は考える。私たちは「挙藩流罪」とされた会津藩士とその子弟の生き方にも光をあて、自立した人間の育成をめざした会津藩の教育に学ばねばならない。会津藩が戦いに敗れてから一五〇年ちかくたつが、いまでも会津藩の教育は教育とはなんであるかを、教えてくれるのである。

目次

はじめに……1
第1章　会津の教育のはじまり……9
第2章　蒲生氏郷による若松の建設……39
第3章　徳川幕府と儒教教育……55
第4章　保科正之の政治と朱子学研究……76
第5章　藩校・日新館の誕生……96
第6章　会津の藤樹学……134

第7章　水戸藩の教育との比較……143
第8章　幕末における幕府の教育……153
第9章　京都守護職と幕末の日新館……167
第10章　戊辰戦争……178
第11章　明治維新……215
第12章　「学制」の制定──儒教は排除される……228
第13章　斗南藩と若松県の教育……243
第14章　明治を生きた旧会津藩士たち……257
第15章　明治を生きた旧会津藩士の子弟たち……289
第16章　キリスト教主義教育──山本覚馬と井深梶之助……306
補　章　フクシマの真の再生を願って……332

文　献・図版出典……………………………………………………………………………………345
あとがき……………………………………………………………………………………………351
人名索引……………………………………………………………………………………………364

第1章　会津の教育のはじまり

教育の国となる会津は古代・中世には仏教の国であった。奈良の興福寺や東大寺で修業をし、最澄や空海とも論争をしていた僧の徳一《とくいつ》が平安初期に磐梯山麓に開いた恵日寺は、寺領が一八万石にものぼり、全会津を政治的にも支配する大寺院となる。当時の大寺院は仏教教育の場、興福寺や東大寺がそうであったように、恵日寺は会津教育の指導的地位にあった。しかし、平安時代末期に源頼朝が奥州の王者であった平泉の藤原氏を滅ぼすと、会津も鎌倉幕府の支配地となり、頼朝の御家人で、相模の三浦半島に勢力を築いていた佐原義連《さわらよしつら》に賦与された。以後約四〇〇年間、義連の子孫である芦名氏が現在の若松である黒川を拠点に会津を治める。室町時代には鎌倉と京都に創建された臨済宗寺院の五山が仏教教育をリードしたが、黒川には五山につぐ十刹《じっさつ》の寺院となる興徳寺が建立された。

1　仏都会津

豊饒の会津盆地

会津盆地は長い冬のあいだ豪雪の下となり、それでいて夏には盆地特有の酷暑に見舞われる。会津は住みやすい土地ではない。だが、周囲の山に積もる雪がもたらしてくれる豊かな水と夏の太陽の灼熱は盆地を屈指の米どころとしてくれた。それによって会津盆地には古くから豪族が生まれ、四世紀には豪族を葬った古墳が造られるようになる。確認されている前方後円墳だけでも一〇基、会津盆地は東北最古の古墳群の地となった。

会津の豪族と大和朝廷とをむすびつけるとみられているのが『古事記』と『日本書紀』の崇神《すじん》天皇の条に載る四道将軍の伝説である。『日本書紀』によると北陸道には大彦命《おほびこのみこと》が、東海道には子の武渟川別《たけぬなかわわけ》が、西海道（山陽）には吉備津彦命《きびつひこのみこと》が、丹波道《たんば》（山陰）には丹波道主命《たにはのみちぬしのみこと》が派遣されたが、『古事記』では大彦命と武渟川別は「相津《あいづ》」で出会ったと語られていた。「相津」とは会津のことである。大和朝廷から会津への将軍の派遣は初期大和朝廷の支配が会津におよんでいたことを示唆する伝説だといってよい。会津に入るには東海道の常陸国《ひたちのくに》（茨城県）から会津に入るルートと北陸道の越後国《えちごのくに》（新潟県）から会津に入るルートが存在していたことも物語っている。

会津の古墳群のなかに大塚山《おおつかやま》古墳とよばれる全長一一四メートルの前方後円墳が盆地の南方部、会津若松駅近くにある。四世紀末の築造とみられている。そこから三角縁神獣鏡《さんかくぶちしんじゅうきょう》の副葬品が出土したが、おなじ鋳型でつくられた三角縁神獣鏡が岡山県和気《わけ》郡備前町（備前市畠田）の丸山古墳からも出土している。備前は吉備国《きびのくに》の一部である。畿内で鋳造されたのとおなじ鋳型の鏡が、大彦命と武渟川別が派遣された会津と吉備津彦が派遣された吉備に配られていたのである。

律令制の会津

七世紀のなかごろから八世紀はじめにかけ、

図１　陸奥国の郡

中国にならって日本にも律令制が導入されると、「国」という行政区画がもうけられ、現在の福島県、宮城県南部、山形県からなる地域に陸奥国《むつのくに》がうまれた。ところが、七一二（和銅元）年には山形県が出羽国《でわのくに》として独立する。七一八（養老二）年には浜通り地方の磐城・標葉《しめは》・行方《なめかた》・宇多《うだ》・亘理《わたり》・菊多の六郡をもって岩城国《いわきのくに》が設置され、中通り地方と会津地方の白河・石背《いわせ》・安積《あさか》・信夫・会津の五郡をもって石背国《いわせのくに》が設置されたが、数年で岩城国と石背国は廃止され、会津をふくむ一一郡はふたたび陸奥国の管下にいれられた（図1）。

陸奥国の国府は多賀城（多賀城市）におかれた。多賀城には奈良の都から官吏の国司《こくし》が派遣された。会津の郡役所である郡衙《ぐんが》（郡家《ぐんけ》）は河沼郡河東町郡山《こおりやま》にあったと推測されている。郡衙に勤務する地方官の郡司《ぐんじ》にはその地方の豪族が任じられた。

当時、陸奥国の北は大和朝廷の支配がおよんでいなかった。現在の宮城県北部や岩手県には水田耕作ではなく、狩猟と採集の生活をしていた蝦夷《えみし》が住んでいた。大和朝廷は坂上田村麻呂らを征夷大将軍に任じて蝦夷の征討にあたらせたが、北の蝦夷が大和朝廷に服するのは平安時代の末期であった。

律令制のもとで農民には租庸調《そようちょう》の租税のほか、三人に一人の割合で兵役の義務が課せられた。そのため、福島県内では白河、安積、行方と磐城に軍団が置かれた。会津の農民が集められたのは安積軍団である。任期は三年、延長もあった。食糧や武器は自弁である。そこから大和朝廷による北の蝦夷の征討に従う兵士も派遣される。奈良の宮廷警備の衛士《えじ》にも命じられた。百済救済のために出兵した大和朝廷軍が白村江《はくすきのえ》の戦いで唐と新羅の連合軍に大敗すると、唐の来襲に備えて九州沿岸の防備のために東国から防人《さきもり》も徴発した。

『万葉集』巻十四には「東歌《あずまうた》」が集められているが、陸奥国の四首なかの最初の歌が、

会津嶺《あいづね》の国をさ遠み逢はなはば偲びにせもと紐結ばさね

である。会津嶺は磐梯山《ばんだいさん》のこと、国を遠く離れてあなたとも会えなくなってしまうだろうが、あなたを偲ぶよすがとしたいのでこの下紐を堅くむすんでほしい。防人として九州に送られた会津の男子が詠んだ歌とみられている。

大学寮と国学——陸奥国の国学は確認されていない

律令制にもとづき奈良の都には官僚養成のため貴族の子弟むけに明経道《みょうぎょうどう》と称された儒教を中心の教育をおこなう大学寮が設置された。儒教がめざすのは人格のすぐれた人物、孔子のことばでは「君子」となること、そのためには学問修業によって「仁《じん》」を体得せねばならないとされた。仁とはみずからにはきびしく、他人を思いやる心である。それが官僚にもとめられた。教科書には『孝経』と『論語』のほか『易経』『書経』『詩経』『礼記《らいき》』『春秋《しゅんじゅう》』の五経がつかわれた。補助科目として算（算術）と書（書

道）と音（中国語の発音）が学ばれた。

その後、明経道に加えて紀伝道《きでんどう》（歴史）と明法道《みょうほうどう》（法律）と文章道《もんじょうどう》（漢文学）が新設され、やがて漢詩文が好まれるようになって、文章道が優勢となった。日本人は哲学よりも文学の民族であった。

地方には郡司の子弟たちのための学校である国学《こくがく》がおかれた。儒教と医学の教育がなされ、卒業者は官僚に登用され、都の大学寮に入学する資格もえられた。ところが、教員の人材不足もあって、すべての国に国学がおかれたのではなかった。陸奥国には国学が設置されなかったようだ。設置されたとすれば、多賀城付近であるが、確認されていない。短命だった岩城国と石背国については、国学どころか、国府の存在も確認されていない。

天皇を頂点とする貴族の世襲社会の日本では中国や李朝朝鮮のように科挙がうけいれられず、官僚への就職でも陰位《おんい》の制で出自が重視されたため、大学寮や国学は律令制とともに衰退、平安時代末期には廃止され、儒教が国民に広く浸透することはなかった。皮肉なことに儒教への関心が高まるのは、律令体制が衰微した鎌倉時代の仏教寺院であり、国民的な拡大が見られるのは武士の支配する幕藩体制の江戸時代である。

仏教寺院での教育

奈良時代に宗教や思想の中心にあったのは仏教であるが、神の信仰の地にインドから中国をへて日本に伝えられた仏教も当初は攘災招福の宗教とみられていた。凶作や疫病などの災異を払い、国家の鎮護が祈られた現世利益の仏教であった。それでも、奈良の興福寺・東大寺・元興寺《がんごうじ》・大安寺・唐招提寺などの大寺院では三論、成実《じょうじつ》、法相《ほっそう》、倶舎《くしゃ》、律、華厳という南都六宗によって仏教の世界観や戒律の研究がおこなわれるようになる。讃岐の郡司の子に生まれ、讃岐の国学をへて大学寮に入学した空海は仏教にひきつけられて大安寺などで仏教修行にはげみ、東大寺で得度している。

奈良の大寺院は僧侶の養成がおこなわれた学問寺であった。仏教の経典は漢訳経典であったので、空海のような国学や大学寮に学んだものは別として、僧侶になるには漢籍の読解力の学習からはじめねばならない。そのために、興福寺や東大寺の大寺院には僧侶養成のための学問所が設立された。

平安時代に勢力をのばしたのは藤原氏の氏寺で唯識論を唱える法相宗の本山であった興福寺である。事実上大和国の国主で、大和国一国の荘園のほどんどを領し、その財力を背景に大量の僧侶を擁することができた。鎌倉・室町時代には奈良法師《ならほうし》とよばれる多数の武装集団もあらわれ、その武力をもって朝廷や幕府に強訴もしている。

平安時代に入ると最澄と空海は唐に留学、帰国して、最澄は天台宗を、空海は真言宗を開いたが、ふたりとも教育を重視した。比叡山に一乗止観院（後の延暦寺）を建立、学僧の育成につとめた最澄は、「山家学生式《さんがくしょうしき》」で一二年間は比叡山に籠もり、前六年は仏教教学の学習、後六年は修行につとめねばならないとしている。延暦寺からは入唐して天台宗を発展させた円仁《えんにん》、円珍《えんちん》、『往生要集』の源信、浄土宗の開祖の法然、臨済宗の開祖の栄西、曹洞宗の開祖の道元、浄土真宗の開祖の親鸞、日蓮宗の開祖の日蓮らを輩出する。延暦寺は「都の大学」（ザビエル）となった。

空海は庶民教育にも力をいれた。平安京の羅城門近くに根本道場となる東寺をあたえられたが、その東の左京九条（南区西九条）には唐の学校に倣い、庶民も仏教だけでなく儒教や道教も学べる綜芸種智院《しゅげいしゅちいん》を設立した。一七年で閉鎖される。

最澄の比叡山は皇居の鬼門にあたる北東に位置することもあって、王都を鎮護する寺であり山であるとみられるようになった。延暦寺も興福寺と同様、宗教的な力だけでない、僧兵をもち、八坂神社や北野神社を配下において王都を支配していた。白河法王は自分の意のままにならないものとして「賀茂川の水、双六の賽、山法師」をあげている。「山法師」は延暦寺の僧兵である。政治的な影響力は鎌倉・室町時代にもつづく。

徳一と恵日寺

七八一（天応元）年に生まれ、興福寺の修円のもとで法相宗を修め、諸学兼学の学問寺である東大寺にも学んだ徳一《とくいつ》は二〇代の後半に奈良仏教の堕落を嫌って東国にくだって会津に住み、八〇七（大同二）年に磐梯山の麓（磐梯町）に法相宗の寺院・恵日寺《えにちじ》を開いた。仏教を受け入れる精神風土とともに、会津の山と水がうんだ稲作に支えられた経済力が存在したから、興福寺や延暦寺に匹敵する大寺院を

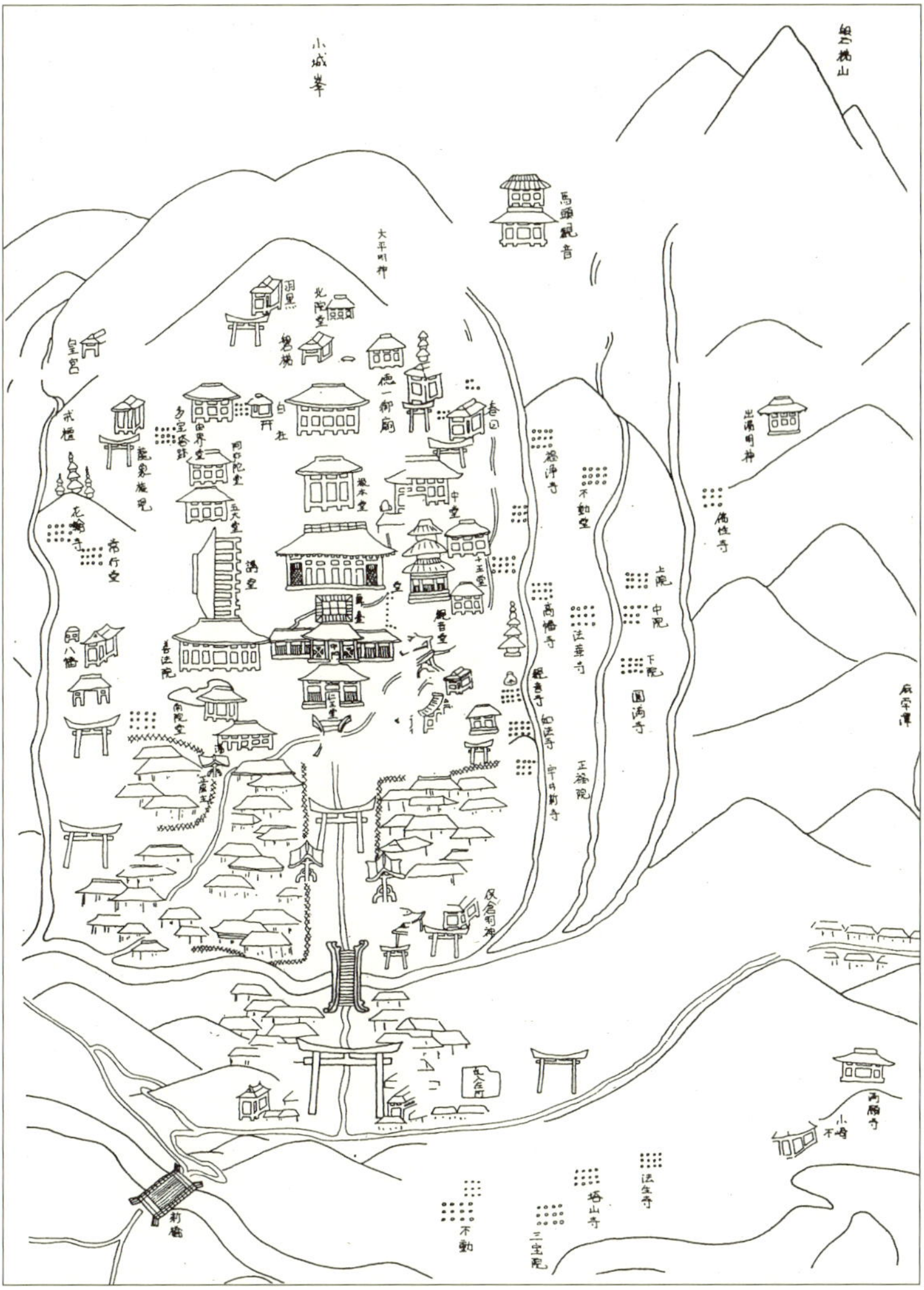

図 2　恵日寺絵図。絹本着色恵日寺絵図の模写。鎌倉末期から室町初期の伽藍風景。中央の本堂の西側には経典の講義や説教をおこなう講堂が描かれている。

創建し、維持することができたのであろう。そこで、徳一は南都六宗の立場から最澄の仏教理論を論駁、真言宗の空海とも論争をしている。恵日寺は仏教の研究と僧の養成がおこなわていた会津で最初の本格的な学問寺であった。

徳一は八一〇（弘仁元）年には盆地の中ほどの湯川村に七堂伽藍をほこる勝常寺を建立したとみられている。恵日寺の伽藍は戦国時代に兵火で灰燼に帰したが、勝常寺では室町時代初期に再建された講堂が残されており、そこに安置されている本尊の薬師如来および両脇像をはじめとする一二体は平安時代初期にさかのぼれるので、往時の栄華を偲ぶことができる。虚空蔵菩薩が安置されている柳津《やないづ》（河沼郡柳津町）の円蔵寺も徳一の創建といわれる。

その後、恵日寺は寺領が一八万石、塔堂伽藍を連ね、寺僧三〇〇人、僧兵三〇〇〇人を擁したと伝えられる大寺院に発展、興福寺がそうであったように、平安時代を通じて荘園政治によって会津を支配をつづけた（図2）。平安時代になると会津郡から北の耶麻郡《やまぐん》が分離し、さらに西の大沼郡・河沼郡が分離して会津四郡となったが、会津四郡は恵日寺のものであった。

モンロー主義の会津

平安時代後期に陸奥国の北で勢力を有していた蝦夷の子孫の安倍氏は朝廷から派遣された源頼義・義家父子に平定された。しかし、安倍氏の系譜の藤原清衡《きよひら》は嘉保二（一〇九五）年に居を平泉に移して都の建設に着手、陸奥への入り口である白河関から北の津軽の外ケ浜まで、東北地方の大半を支配する、畿内の政権からは半独立の王国を築く。奥州藤原氏の王国は清衡のあと基衡《もとひら》・秀衡《ひでひら》・泰衡《やすひら》とつづいた。

信夫《しのぶ》の佐藤氏、磐城の岩城《いわき》氏ら福島県の豪族も平泉の藤原氏の影響下にあった。佐藤基治《もとはる》には藤原秀衡の娘が嫁いでいる。岩城則通《のりみち》には藤原清衡の妹の徳姫《とくひめ》が嫁ぎ、いわき市の白水阿弥陀堂は徳姫によって夫の則通の菩提を弔うために建立された。そのためであろう、白水阿弥陀の阿弥陀三尊像は中尊寺金色堂の阿弥陀三尊像に酷似し、前庭の浄土式庭園にも平泉の毛越寺庭園の影響がみとめられるという。源頼義・義家に従軍して石川郡に土着した石川氏と藤原氏との関係は不詳である。

ところが奥州藤原氏の支配は会津におよばなかったようである。平安京につぐ第二の都市の平泉は中尊寺を中心とする仏都だったが、会津も恵日寺を中心とする陸奥のもうひとつの仏都として、独立を守った。会津のモンロー主義（自決主義）である（高橋富雄）。その自決を支えていたのは、会津盆地の豊かな米の生産がもたらしてくれた恵日寺の政治的な力と恵日寺衆徒の軍事的な力であった。それに外部の勢力の侵入を阻む山並みであった。

2　芦名氏の時代

芦名氏による会津支配

平家を討伐した源頼朝は一一八九（文治五）年、奥州の大半を支配していた奥州藤原氏を征伐するため東海・北陸・東山の三道に大軍をすすめた。東山道を進んだ源頼朝の軍は白河関を越えて奥州に入った。このとき、従軍した梶原景季《かげすえ》は、

秋風に草木の露《つゆ》を払はせて　君が越ゆれば　関守もなし

とよんでいる。白河関には関を守備する関守もおらず、藤原軍の防衛線は藤原氏の郎党である佐藤基治が支配する伊達郡国見宿（国見町）の阿津賀志山《あつかしやま》におかれた。この戦いで頼朝の軍は秀衡の長男の藤原国衡《くにひら》が指揮する藤原軍を破り、東海・北陸道の軍とともに平泉を攻め、泰衡を討って全国の統一をなしとげた。一一九二（建久三）年には征夷大将軍に任ぜられ、武家政権の鎌倉幕府を開く。

頼朝は奥州藤原氏征伐に功のあった御家人を東北の各地の地頭職に任じる。会津盆地を領したのは

相模の三浦半島を支配していた三浦義明の末子である佐原義連《さわらよしつら》であった。義連は三浦半島の佐原（横須賀市佐原）の地に住んだので佐原を称した。会津の支配者として登場する最初の武家である。会津のモンロー主義の時代は終わる。

といっても、会津には一族や家臣が派遣されたのであって、義連は鎌倉に住み、会津には下っていない。会津の支配は子の盛連《もりつら》から孫の光盛にゆずられたが、三浦半島の芦名《あしな》（横須賀市芦名）に住んだ光盛は芦名を名乗り、それは光盛の子孫に踏襲された。光盛につづく泰盛、盛宗、盛員《もりかず》も会津には下らず、鎌倉に住んで会津を治めた。

会津でも南部の南山《みなみやま》（大沼郡の南部と南会津郡）については、芦名氏の支配地とはならなかった。田島を中心とする南会津郡（南会津町の中・東部と下郷町）は下野の長沼氏に、伊南《いな》を中心とする南会津郡（南会津町の西部）は下野の河原田氏に、大沼郡の南部（金山町あたり）は相模の豪族の山内氏にあたえられた。

福島県の中通りでは北の伊達では常陸の伊達氏が、中部の安積では伊豆の伊東氏が、南の白河では下総の結城氏（結城白川氏）が新しい領主となる。浜通りの北は下総の相馬氏のものとなる。中通りの岩瀬には鎌倉の二階堂氏の所領となるが、その時期は頼朝の奥州征伐直後ではなく、もっと遅かったとの見方もある。岩城氏や石川氏は従来の支配を安堵された。

芦名氏の本拠は黒川城

将軍職は頼朝から頼家と実朝に継承された後、実権は頼朝の妻である政子の実家である北条氏に移った鎌倉幕府は一三三三（元弘三）年に後醍醐天皇によって倒される。天皇と公家の支配する建武の新政が二年間実現したが、足利尊氏は兵をあげ、一三三八（延元三）年京都に幕府を開き、光明天皇を立てた。武家政治の再興となる室町幕府の誕生である。一方、後醍醐天皇は吉野に朝廷を移し、南北朝の対立となった。南北朝時代は六〇年つづく。

この戦乱のなかで芦名盛員と高

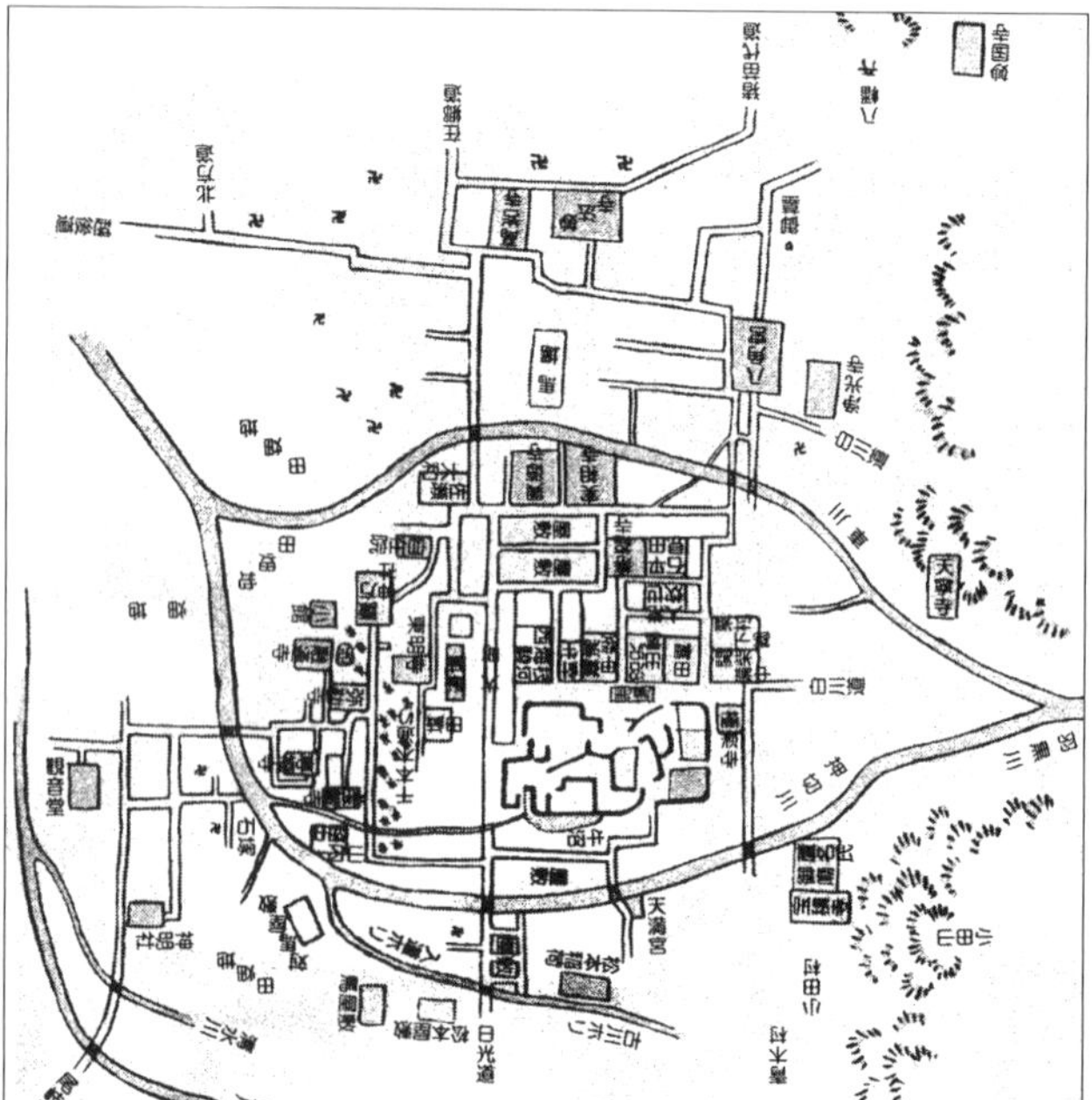

図3　芦名時代の黒川城下の図。上が北（『葦名時代黒川城市図』による）。重臣の屋敷と寺社が混在、興徳寺や諏方神社などは現在とおなじ位置にある。

盛父子が戦死、高盛の弟の直盛《なおもり》が一〇歳で芦名氏の七代をつぐ。直盛は会津に下向、湯川が阿賀川《あがかわ》に合流するあたりの幕内《まくのうち》（会津若松市神指町）の館に住み、一三八四（至徳元）年に小田山《おだやま》の麓、後の鶴ケ城の場所に黒川城を築いたとみられている。ここは新開の地ではなく、すでに興徳寺や実相寺などの寺院、諏方《すわ》（諏訪）神社などが存在していた町であった。芦名氏の居館や重臣の邸宅も築かれた（図3）。商人町も生まれ、月六回の定期市である六斎市《ろくさいいち》も開かれた。以後、黒川城を本拠とする芦名氏は会津盆地における芦名氏の覇権を決定的なものとし、一五四一（天文一〇）年に一六代を継いだ盛氏のとき全盛時代を迎える。

会津盆地周辺では芦名氏の同族であるが外様的存在であった猪苗代《いなわしろ》氏を支配下におさめる。南山の長沼氏、河原田氏、山内氏には独立性を認めながらも主従関係をむすぶ。さらに中通りの安達、岩瀬、安積の諸郡も服属させた。会津の芦名氏は拠点を米沢に移した伊達氏、山形の最上氏、三戸の南部氏と並ぶ東北の雄となった。南には常陸太田を本拠とする佐竹氏が北に勢力をのばしていた。当主の佐竹義重は久慈川をさかのぼって福島県の南部の白河郡に進出、結城白川氏をおさえ、次男の義広を養子にした。

会津盆地の家臣と南山の土豪

重臣として芦名氏を支えたのは佐原義連の子の佐原盛連《もりつら》からでた東の猪苗代（猪苗代町）の猪苗代

氏、おなじく盛連からでて越後街道の地（会津坂下町）に本拠をおいた金上《かながみ》氏、一四代目の盛滋《もりしげ》からでて盆地の北辺の地（熱塩加納村）を勢力下においた針生《はりゅう》氏の三氏であった。そのなかで猪苗代氏からは芦名氏に反抗するものがでるなど外様的存在となり、金上と針生の両氏が最有力の家臣となった。両氏につぐのは平田氏（塩川町源太屋敷）、佐瀬氏（耶麻郡磐梯町）、冨田氏（北会津郡北会津村）、松本氏（大沼郡船岡館）の四氏であった。「芦名四天の宿老」と称され、芦名氏の領国支配に参画した。宿老ら重臣は黒川城の周辺にも邸宅をもち、芦名氏の会津統治を支えた。

そのほかの重臣には、太郎丸氏（喜多方市豊川町太郎丸）、小荒井氏（喜多方市）、経徳《けいとく》（慶徳）氏（喜多方市慶徳町）、穴沢氏（耶麻郡北

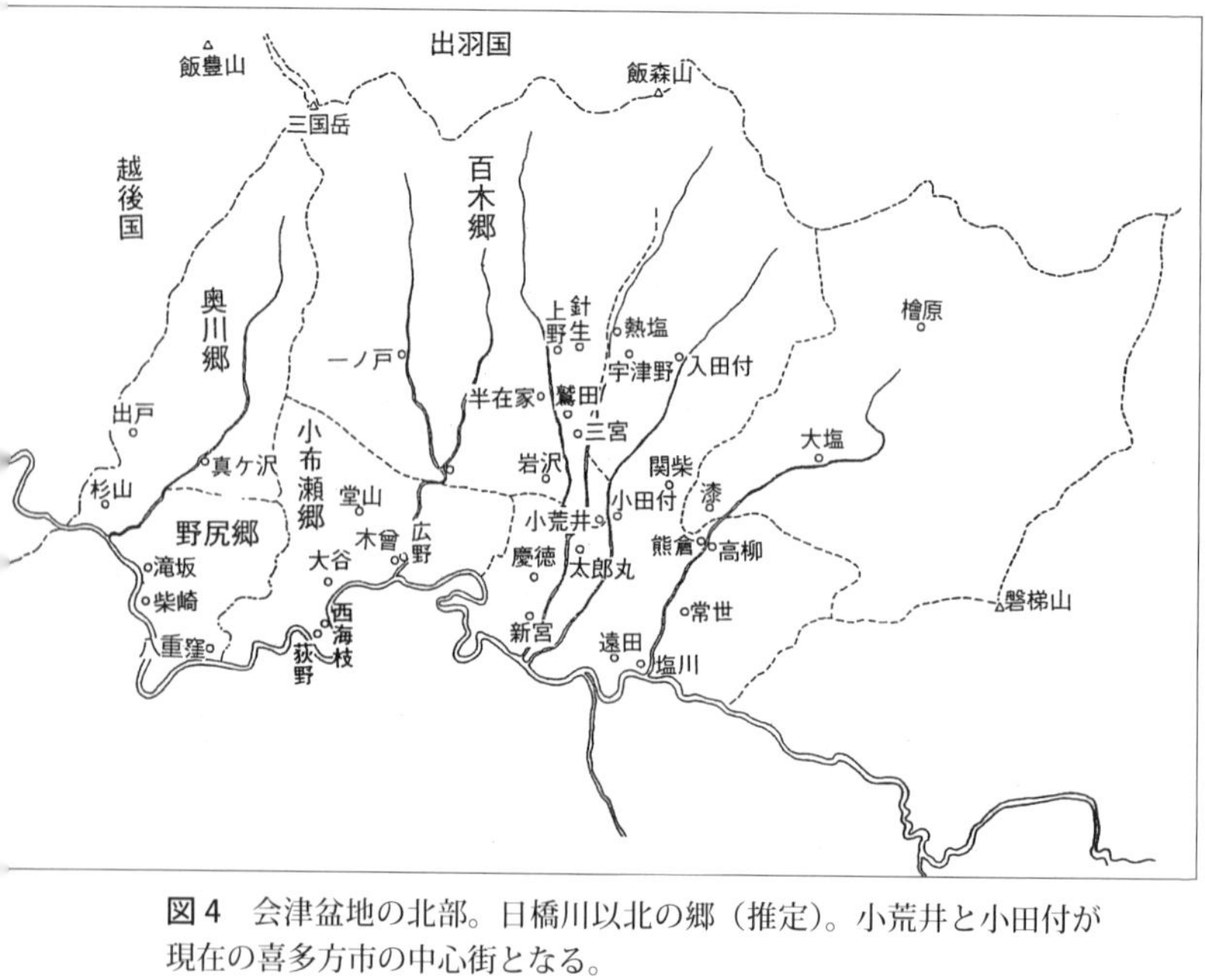

図４　会津盆地の北部。日橋川以北の郷（推定）。小荒井と小田付が現在の喜多方市の中心街となる。

塩原村桧原）、常世《とこよ》氏（塩川町常世）、西海枝《さいかち》氏（耶麻郡高郷村西海枝）、栗村氏（会津坂下町、湯川村笈川・塩川町）、渋川氏（大沼郡会津高田町）らがいた。土地の地名を姓とした豪族である（図４）。

これらの鎌倉時代から室町時代に会津に割拠していた芦名氏の家臣は堀と土塁に囲まれた館《やかた》に住み、その地域を支配する豪族であった。戦闘のときには配下の地侍や農民を引き連れて戦場におもむく。館の近くには戦闘のときに立て籠もる山城を有した豪族も多かった。

芦名氏が伊達政宗に滅ぼされる

芦名氏に対抗したのが伊達氏である。常陸国を本拠にしていた頼朝の御家人だったが、早くから福島県北の伊達に移住して伊達を名のり、勢力を拡大、一七代の政宗のときには米沢に根拠があった。そのころ会津の芦名氏では盛氏の子の盛興《もりおき》が父に先立って一五七四（天正二）に二六歳で亡くなり、須賀川城主二階堂盛義の子が盛氏の養子となって一八代当主となるが、一五八〇（天正八）には後見だった盛氏も世を去り、四年後には盛隆も城中で近習に殺される。盛隆の子の亀王丸が一九代をついだが疱瘡のため三歳で夭折、芦名氏の重臣の間では、宿老が後継者に政宗の弟を推したが芦名の宰相の地位にあった金上盛備《もりはる》の主張にしたがって佐竹氏から結城白川氏を嗣いでいた佐竹義重の次男の義広に盛隆の遺女をめあわせ二〇代の当主とした。芦名義広は白河、佐竹、二階堂氏と連合して、伊達政宗と対抗した。

一五八九（天正一七）年六月、伊達政宗が動く。相馬氏の出城を攻略、畠山氏の二本松城を落としたのにつづいて、会津を攻めた。芦名側からは伊達軍に内応するものがでる。稲苗代湖の北の摺上原《すりあげはら》の合戦で猪苗代氏が伊達氏につき、富田将監《しょうげん》を先鋒とする芦名軍は伊達軍に敗れる。金上盛備、佐瀬種常《たねつね》、佐瀬常雄《つねお》は討ち死にした。黒川に逃げもどる芦名の兵士は激流の日橋川を渡ろうとして一八〇〇人以上が溺れ死んだといわれる。黒川城は反義広派であった宿老が支配、城主の義広は入城できずに実家の常陸に戻った。

政宗は米沢を出て、黒川城に入る。四〇〇年以上にわたる芦名氏の会津支配が終わった。政宗に従うようになる芦名氏の家臣もすくなくなかった。南山の長沼、山内などの豪族らは頑強に対抗をしたが政宗に服する。一〇月には須賀川を攻め、二階堂氏を傘下におさめた。こうして政宗は全会津はもとより白河・石川・岩瀬・安達・安積・信夫・田村の七郡、浜通りをのぞく福島県の大部分を手中にした。伊達家では毎年正月七草の日には藩主のもとで連歌の席が設けられるのが恒例となっていたが、一五九〇（天正一八）年一月七日、黒川城内でおこなわれた連歌の席で、政宗は、

七種《ななくさ》を一葉によせて摘む根芹《ねぜり》

との発句をよんだ。白河・石川・岩瀬・安達・安積・信夫・田村のいわゆる仙道七郡を手に入れた喜

びを表現したものである（小林清治『伊達政宗』四六頁）。

政宗は会津から芦名義広を追放したが、芦名氏の家臣には本領を安堵するというやりかたで統治しようとした。領地と人民だけでなく芦名氏の家臣も政宗のものとする。商業にかんしても、芦名時代に政策をひきつぎ、商人司の梁田氏に取締りを命じた。そうして平安後期に白河以北の地を支配した奥州藤原氏が滅亡して以来、四世紀ぶりで「奥羽の王者」が出現する。「王者」のつぎのねらいは南への進出にあった。

3　禅宗寺院の教育

新仏教——武士は禅宗

鎌倉時代には国家や貴族のためではなく、民衆をも救済しようとする新仏教が誕生した。比叡山で修行した法然は仏の前ではだれもが平等であり、「南無阿弥陀仏」を口で唱えれば往生ができるとする浄土宗を説き、弟子の親鸞の浄土真宗では殺生をしなければならないような悪人こそが救われるとした。浄土宗から出た一遍は時宗を開き、踊り念仏をひろめた。日蓮の法華宗（日蓮宗）は法華経こそが真理であるとし、「南無妙法蓮華経」は唱えることで来世だけでなく現世でも救われると説いた。貴族に可能な造寺造仏が救いの道ではない、貧しい庶民にも可能な簡易な実践で救済される。日本における「宗教改革」、仏の前には人間は平等であるという本来の仏教がよみがえる。平等な人間関係の社会、来世をめざした仏教が庶民の支持をえた。

宋からは儀式を離れ、ひたすら座禅することで悟りが開かれるという禅宗が輸入され、武士階級にひろまった。来世での救いではなく、釈迦が菩提樹の下で座禅瞑想をして悟りをえたのをうけつぎ、現世での救いをもとめようとする。栄西は臨済宗を、道元は曹洞宗を伝えた。曹洞宗はもっぱら座禅でさとりに達するとするが、臨済宗は「公案」とよばれる課題について熟考や師との問答が重視される。

鎌倉幕府五代執権の北条時頼は一二五三年に中国から臨済宗の禅僧蘭渓道隆《らんけいどうりゅう》を招き鎌倉に建長寺を建立、一二八二年には時頼の子で八代執権となった時宗は蘭渓道隆のあと建長寺に入った南宋の無学祖元《むがくそげん》を迎えて円覚寺を建立した。

禅宗は武家の支配する鎌倉幕府の国家仏教となる。足利尊氏は禅宗に帰依する。足利義満は一三八六年五山十刹の制度を設け、臨済宗の京都五山を天龍寺、相国寺、建仁寺、東福寺、万寿寺と定め、五山の上が南禅寺とした。五山からは室町幕府に対抗した大徳寺や妙心寺は五山から除かれた。鎌倉五山は建長寺、円覚寺、寿福寺、浄智寺、浄妙寺と定められた。鎌倉五山の成立は京都五山よりも早い。

旧仏教が退場したのではない。徳一を生んだ法相宗の興福寺も法然や親鸞や栄西を育てた天台宗の延暦寺も健在であった。空海の真言宗も勢力を誇った。それでも、幕府に保護された武士の仏教である新興の禅宗が仏教をリードした。

臨済宗——五山での修業

そのなかで臨済宗の五山は武士の教育の場となった。読み書きや仏教の経典の教育だけでない。儒教、歴史、漢詩・漢文も教えられた。蘭渓道隆は、「不立文字《ふりゅうもんじ》」をかかげ、文学にばかり励んで禅行に怠る僧を批判したが、一二七九年に中国から来朝し、建長寺と円覚寺を兼住した無学祖元や一二九九年に元の使者として来日、建長寺や円覚寺の住職をへて南禅寺三世となった一山一寧《いっさんいちねい》らは逆に文学の修業を重んじた。悟りの境地を表現する偈《げ》にも漢詩の形式がとられる。和歌も詠む。

貴族時代と異なり、臨済宗の寺院は仏教の平等観から、学習を希望するものを身分などで差別することなく受け入れた。そこに五山文学が成立、京都の五山を中心に五山版とよばれる仏書、儒書、詩文学の書物も開版された。

一方で、幕府とも結びつきも強くなる。五山の僧侶は政治文書や外交文書も担当するようになる。新仏教が旧来の貴族仏教に反発して生まれたのだが、武士の権力を支える勢力となった。

朱子学と陽明学の伝来

北宋時代に仏教や道教の影響のもとに周濂渓《しゅうれんけい》や程明道《ていめいどう》・程伊川《ていいせん》の兄弟らが儒教を理論化し、南宋時代に朱子によって体系化された朱子学を日本に導入したのも一山一寧らの五山の僧であった。禅と朱子学には現世主義という共通点もあった。駿河の久能山で修行、鎌倉の寿福寺に登り、東福寺を開いて一二三五年に入宋し一二四一年に帰国した弁円円爾《べんえんえんに》も導入者のひとりとみられている。

朱子学では孔子が「仁」を中心に考える実践的な儒教を、「理」と「気」を原理に人間と宇宙を統一的に理解、理にしたがって生きるのが人間の理想と説く。修業方法のひとつが「格物窮理（物に格《いた》りて理を窮む）」、窮理の中心は経典の読書であって、朱子は五経よりも『大学』『中庸』『論語』『孟子』の四書を重視した。『大学』『中庸』は五経のひとつの『礼記《らいき》』のなかの篇である。朱子は朱子学の立場からの注釈をほどこした教科書の『論語集註《しっちゅう》』『孟子集註』『大学章句』『中庸章句』の注釈書を作成した（全体で『四書集註』）。五経についても『書経集註』『詩経集註』『周易本義』などの著作がある。その他『資治通鑑綱目』『玉山講義』『伊洛淵源録』を著し、門人の呂祖謙《りょそけん》の協力をえて朱子学の入門書の『近思録《きんしろく》』も書いている。

理は人間にあっては「性《せい》」とされ、みずからの中の本然の性をよみがえさせる「居敬《きょけい》」ももうひとつの修業方法とされた。居敬は禅宗の座禅に似ているが、座禅が思考を停止するのにたいして、朱子学の居敬は心の激しい動きを抑え、心を一点に集中して本然の性を顕わにするのが目的とされた。

「居敬窮理」が修業の基本とされたが、力点は「窮理」、修業の中心は学にあった。朱子学では理想の人間を「聖人」と称し、「聖人学んで至るべし」といわれる。「修己治人」、己を修め、それによって人を治めるともいわれた。『大学』では「格物・致知・誠意・正心・修身・斉家・治国・平天下」とのべるように、修業で人間的完成にむかい、それによって国を治め、世界を平和にする。主君への忠誠や親への孝行が社会秩序の前提と見られる。道徳と政治が理論的に統一される。

朱子学の普及によって人間の性が善であると主張する『孟子』が必読書となる。人間の性が善であることは、だれでもが井戸に落ちようとしているよちよち歩きの子供を助けようとするような「忍びざる心」「惻隠の情」もっていることから分かるのであり、それが孔子の説く「仁」の芽生えであると考えた。

孟子の性善説を発展させて、人間の内的な心を大切にする、あるいは理を心ととらえ、また、「致良知」と「知行合一」を説く陽明学も日本に伝来する。陽明学には孟子の説く「良知」を重視する点で儒教の正統の学との自負があった。

朱子学が心の外の理、つまり読書、学問に向かうのにたいして、陽明学は心の内に向かう。朱子学が「理学」とよばれたのにたいして、陽明学は「心学」と称された。万人には「良知」が宿っているので読書人だけでなく庶民にも聖人になれるとみる。その意味で人間は平等である。だから、儒教は父子・君臣・夫婦・長幼・朋友の関係を説くが、そのなかでも平等の関係である朋友が重視された。

陽明学も五山で学ばれる。

武士の子弟の寺入り

平安時代末には大学寮は廃止され、儒教は公家の清原家と中原家の家学として伝えられた。両家は旧来の儒教を重んじたが、五山では中国から新たに舶来した新儒教の朱子学が修められた。五山は仏教だけでなく、儒教の学習と研究の中心地ともなる。

五山にかかわらず、仏教寺院では弟子の教育がおこなわれた。読み書きと仏教経典の学習に加えて、僧侶の教養として儒教経典も学ばれる。それに加えて、僧侶にならない武士の子弟の教育もおこなわれるようになる。看経・手習・読書が基本であったが、歴史、詩文、和歌も教えられた。ふつう七―一〇歳ころに寺入りし、一三歳ごろに下山する。教科書には、『庭訓往来《ていきんおうらい》』『童子教《どうじきょう》』『実語教《じつごきょう》』などのほか『論語』も教科書となった。中国の兵学書の『六韜《りくとう》』『三略《さんりゃく》』が教えられることもあった。

織田信長は京都で臨済宗の禅僧沢彦宗恩《たくげんしゅうおん》に師事した。今川氏の人質で駿河で育った徳川家康も八歳のとき当地の臨済寺《りんさいじ》にのぼり太原雪斎《たいげんせっさい》の教えをうけている。臨済宗は地方でも武士の子弟の教育の場となった。

家康の側近となった崇伝は一三代将軍足利義輝の家臣一色秀勝の第二子で、南禅寺で修行、そこで僧となって建長寺の住職から南禅寺の二七〇世の住侍となって金地院に住んだ。臨済宗だけでない。

もうひとりの側近であった天海は会津盆地の西南隅の高田で武士の子に生まれ、天台宗の寺院の竜興寺に入り、得度した。

武士だけでなく、農民や町民も地元の寺に学ぶようになる。室町時代における商品経済の発達は読み書きの能力を必要としていたのである。その教育が可能だったのが寺院であった。そこで儒教にも親しむようになる。読み書き教育の広がりとともに儒教も広がる。

会津の寺院

会津には法相宗の徳一の開いた恵日寺（政宗の会津侵入のさい戦火で焼失）、勝常寺、円蔵寺があった。高田には天海の竜興寺もあった。真言宗の寺には空海が建立したとの伝えのある熱塩加納町の慈《じ》眼寺《げんじ》、梁の青岩にはじまるという坂下町の恵隆寺などが創られた。

鎌倉時代になると新仏教の寺院が加わる。会津黒川には臨済宗の興徳寺《こうとくじ》が開かれた。芦名光盛の子である四代泰盛が無学祖元とともに来日した鏡堂覚円《きょうどうかくえん》を招請、一二八七（弘安一〇）年に創建された。興徳寺の創建後覚円は鎌倉にもどり、禅興寺、浄智寺、円覚寺に住し、その後京都の建仁寺一六世の住持となった。三世大圭《たいけい》のとき興徳寺の塔堂伽藍が整備され、柳津の円蔵寺や笈川の禅定寺なども末寺とし、一四一六（応永二三）年には五山につぐ十刹《じっさつ》（関東十刹）に列せられた。北会津郡の石《いし》村、富田村、耶麻郡入田付《いりたづき》村、熊倉村など一二カ村が寺領となった。

五代芦名盛宗のとき重臣の富田祐義の援助で元《げん》で修行した大光禅師復菴《ふくあん》が一三三〇（元徳二）年に興徳寺の東側に臨済宗の実相寺《じっそうじ》を建立した。八代芦名詮盛《あきもり》の庇護のもと、越後出身の曹洞宗の僧の源翁心昭が喜多方に慶徳寺を建てた。さらに、熱塩加納にあった真言宗の慈眼寺を曹洞宗の示現寺《しげんじ》に変更する。一一代盛信のときは盛信の援助で楠正成の孫の傑堂が曹洞宗の天寧寺を黒川城の東に建立した。

浄土門の空也の徒は河沼郡の広野に八葉寺《はちようじ》を建てた。空也をうけついだ時宗の祖一遍の弟子たちは若松に東明寺《とうみようじ》、角田専福寺、来迎寺などの寺院を開いた。法然の弟子たちも喜多方に願成寺《がんじょうじ》を、会津川に新光寺を創建した。日蓮宗では日尊が若松に実成寺《じつしょうじ》を建てる。親鸞の浄土真宗の寺は鎌倉・室町時代につくられなかった（『会津の歴史』九七頁）。

4　連歌の流行

詠う民族

仏教や儒教が伝えられ、それが僧侶や武士、庶民にひろがっても、日本人はがんらい思想よりも詩歌を好む、詠う民族であった（荒川紘『日本人の宇宙観』八七頁）。日本には歌の根強い伝統があった。会津藩の教育を考えるときにも、歌の歴史を見落とせない。

漢詩とともに和歌は奈良、平安時代には貴族の必須の教養であり、和歌は女性にも詠まれていた。会津の防人の歌も『万葉集』にのこされていた。武家も『万葉集』や『古今集』に親しんだ。安倍氏の征討のために東北に派遣された源義家は勿来の関を過ぎるとき、

吹く風を勿来の関と思へども道も狭にちる山桜かな

と詠っている。源頼朝の奥州征伐で頼朝に従軍した梶原景季は白河関をうたっていた（一一〇頁）。頼朝の孫にあたる鎌倉幕府三代征夷大将軍源実朝《さねとも》は歌集『金槐和歌集』をのこすような歌人であった。『小倉百人一首』にも、

世の中は常にもがもな　渚こぐあまの小舟の綱手かなしも

が収められている。

鎌倉幕府の五代執権北条時頼は出家し、諸国を巡回したという伝説も語られていたが、『新編会津

風土記』によると、会津と越後をむすぶ越後街道の束松峠《たばねまつ》（会津坂下町）で、

陸奥の満田の里の束松千代の齢《よわい》を家づとにせむ

とよんだという。「満田《みった》の里」は束松峠の入り口で天屋《てんや》と改められる。会津盆地が一望できる越後街道の峠は会津藩が戊辰戦争に敗れた後、秋月悌次郎が「会津三絶」の漢詩を詠んだところであり（二七三頁）、伴百悦《ばんひゃくえつ》と高津仲三郎たちが新政府の役人に復讐、斬殺したところである（二六〇頁）。

猪苗代兼載──連歌の流行

和歌とならんで、室町時代には和歌の影響のもとにん多人数で読み合わせる連歌が盛んとなった。武士や商人も連歌を楽しみ、畿内から地方へひろがる。代表的な連歌師には天台宗の僧であった心敬《しんけい》やその門人の宗祇《そうぎ》がいた。

会津からは連歌の第一人者の猪苗代兼載《けんさい》があらわれる。芦名氏の一族である猪苗代盛実の子として一四五二（享徳元）年に小平潟（猪苗代町）に生まれ、六歳のとき諏方神社の側にあった自在院に入った兼載は、諏方神社でおこなわれた連歌の席に出入りするようになった。一九歳のとき江戸にのぼって心敬に学び、京都では宗祇に師事、北野天満宮の一千句連歌の奉額に参加、宗祇と並び称された。

一四八九（延徳元）年、宗祇の後をうけて、三八歳の若さで連歌界最高の職である北野連歌会所奉行に就任、宗祇を助けて連歌の撰集『新撰菟玖波《つくば》集』を完成させる。

一五〇一（文亀元）年には京都を離れ、磐城平をへて、翌々年には会津に帰り、諏方神社を中心に連歌の講義、連歌興行をおこなった。故郷でよまれた一句に

山は雪海は氷をかゞみかな

がある。雪の磐梯山と湖面が氷になった猪苗代湖がよまれる。

芦名の宰相であった金上盛備も連歌の名手で、一五八一（天正九）年には上洛、織田信長に拝謁したとき、豊臣秀吉の「女も鎧《よろい》着るとこそ聞け」との下の句につづけて、上の句を、

姫百合かとも草ずりに花散りて

とつけて居合わせた人々を関心させている。秀吉の句は、平氏追討のため義経に随行した佐藤基治の子の継信・忠信兄弟は戦死したが、ふたりの妻たちは母を慰めるため兄弟の鎧を身に着け、雄姿を演じてみせたという逸話をよんだもの。それにたいして盛備は、野をゆくとき足に摺られて姫百合の花

が散るとうたう。胴から下の部分を覆う鎧の「草摺《くさずり》」をかけた歌になっている。

信長も秀吉も連歌を楽しんだ。代表的な連歌師里村紹巴《じょうは》には信長、秀吉や明智光秀、最上義光《よしあき》、蒲生氏郷らが師事している。政宗も連歌を嗜み、「七種を一葉によせて」と歌っていた（二六頁）。伊達家では正月七草の日におこなわれた恒例の連歌の席には、京都から猪苗代兼載の一族の猪苗代兼与《けんよ》を京都から招いている。

第2章　蒲生氏郷による若松の建設

芦名氏を滅ぼして奥州の王者となった伊達政宗は豊臣秀吉の「奥州仕置《おうしゅうしおき》」で会津から退かされ、会津の領主には近江日野出身で信長と秀吉に仕え、伊勢松坂城主であった蒲生氏郷《がもううじさと》が就いた。氏郷は武家屋敷と町家と寺社が混在していた黒川の町を大改造、七層の天守閣をもつ鶴ケ城を築き、そのまわりには武家屋敷を配置し、屋敷町の外には堀と土塁をめぐらせた。そこを郭内《かくない》と称する。外部の郭外《かくがい》には町家と下級武士の住まいを配し、興徳寺《こうとくじ》をのぞく寺院もすべてその外側に移した。黒川の地名は若松に改める。現在の若松の原形ができあがった。キリスト教の信者となった氏郷は仏教の国の会津で家臣や領民にキリスト教をすすめた。会津や中通りの城下町には信者がひろまる。キリスト教徒となった家臣の岡左内は猪苗代にキリスト教の初級学校であるセミナリオを設立した。

1　蒲生氏郷の城下町建設

豊臣秀吉の「奥州仕置」

伊達政宗が一五八九年に芦名氏を滅ぼし、関東への進出をねらっていたとき、豊臣秀吉の全国統一の矛先は奥州に迫っていた。一五八七（天正一五）年に薩摩の島津氏を討って九州を平定、一五九〇年には小田原の北条氏を征伐する。秀吉はただちに宇都宮、白河をへて黒川の興徳寺に入り、「奥州仕置」をおこなった。政宗の従来の領地は安堵されたが、会津、岩瀬、安積は没収され、七二万石に減封された。政宗の会津支配は一年あまりだった。政宗も秀吉には抵抗できなかった。最上、相馬、秋田、津軽、南部の諸氏は所領を安堵されたが、結城白川氏、石川氏、田村氏、葛西氏と大崎氏（宮城県北部と岩手県南部）は改易された。

秀吉がなお強大な力を有していた伊達政宗への備えとして新しく会津と白河・石川・岩瀬・安積・安達・二本松の四二万石の主に任じたのは近江日野城主蒲生賢秀《かたひで》の子で伊勢松坂一二万石の城主だった蒲生氏郷である。少年氏郷の聡明さをみとめた織田信長は自分の小姓とし、娘の冬姫《ふゆひめ》を娶られせる約束をし、岐阜の臨済宗妙心寺派の瑞竜寺《ずいりょうじ》の南化玄興《なんかげんこう》のもとで仏教と儒教を学ばせている。冬姫を娶った氏郷は信長の戦いに粉骨砕身の働きをみせた。信長が本能寺の変で自刃すると、明智光秀に徹底抗戦の姿勢をとり、秀吉に仕えると小牧・長久手の合戦に出陣、九州平定でも活躍、伊勢松坂があたえられると北条征伐にも出陣、戦功をあげている。

大領をさずかった氏郷だったが、本心では小領であっても都の近くにいたかったようである。天下をうかがうには会津は遠すぎる。そんな氏郷の野望を見抜いていた秀吉はあえて氏郷を畿内から遠ざけようとしたともいわれる。五大老のなかでもっとも有力であった徳川家康を関東に移したのとおなじようにである。

秀吉は明智光秀の旧臣だった木村吉清に氏郷の与力大名として葛西晴信と大崎義隆の旧領の三〇万石を与えたが、葛西・大崎の地侍や農民による一揆が起こると、領地を没収して政宗に分かち、政宗からは田村、四本松（塩松）、伊達、信夫、刈田（白石）、長井を没収、その分を氏郷に加増する。それによって会津と中通り、山形県と宮城県の南部が氏郷のものとなって、石高は九二万石に増えた。徳川家康、毛利輝元につぐ天下第三位、奥州では最大であった。家臣には関一政《かずまさ》、田丸具直、町野繁仍《しげより》、小倉行春、蒲生郷成《さとなり》、蒲生郷安などがおり、白河、三春、二本松、塩松、南山、白石、米沢など一四の支城に配した。葛西・大崎を没収された木村吉清は氏郷の客将となり、信夫郡五万石をあたえられた。居城のあった杉目は「福島」にあらためられる。

改易された結城白川氏、石川氏、田村氏のほか、芦名氏の滅亡後、政宗に従っていた芦名一族の猪苗代、針生（のち芦名を称す）、金上や宿老の平田、富田、佐瀬、松本の各氏の重臣たちも政宗の家臣となる。政宗は会津の土地は失ったが、家臣を増やした。政宗の居城も米沢から岩出山《いわでやま》（大崎市）に移した。

会津に残った武家は氏郷のもとで「割元《わりもと》」などとよばれる村役人となった。もちろん農民は移らない。会津に住みつづける。

氏郷による城下の整備

芦名氏の本拠地で氏郷が引き継いだ黒川の城下は武家と商人が雑居、寺院や神社が散在する。城下をうたった狂歌に、

黒かはを袴にたちて着てみれば町のつまるはひだの狭さに

がある。「かは」は川でも皮でもあり、町は襠《まち》でもあり、「ひだ」は飛騨（氏郷は飛騨守）でも襞でもある。袴の襠と襞を掛けた歌ともなっているが、氏郷にとって黒川は狭い町だったという意味であろう。

氏郷はただちに雑居の城下の大改造に着手した。七層の天守閣をもち、内堀に囲まれた城を築き、その周辺に上級武士の邸宅を配置した。その外側には堀と土塁をめぐらして郭内を形成した。郭外と

よばれた外堀の外部の北側には商人・職人の町屋と下級武士の家屋を配し、その外の東、北、西には寺院が造られた。氏郷は黒川の地名を近江の綿向《わたむき》神社にあった若松の森にちなみ、「若松」と改めた。近江の日野を再現したかったようだ（図５）。

郭内は東西一六町あまり（約一・八キロメートル）、南北一一町あまり（約一・二キロメートル）、そこに四百数十の上級武士の屋敷があった。東西の道は「丁」とよばれ、北に本一之丁《ほんいちのちょう》から本四之丁、五之丁、六之丁、東に小田垣《おだがき》北丁、小田垣南丁、西に米代一之丁《よねだいいちのちょう》から米代四之丁まであった。城のすぐ北の道である「本一之丁」は最大の道幅で、道路に面して大身の家臣の屋敷があった。東西の「丁」にたいして南北の道は「通」とよばれ、東から「宝積寺《ほうしゃくじ》通」「三日町通」「六日町通」「日野町（甲賀町《こうかまち》）通」「大町通」「桂林寺町通」などがあった。

郭外では大町口から北の大町が中心で、馬場

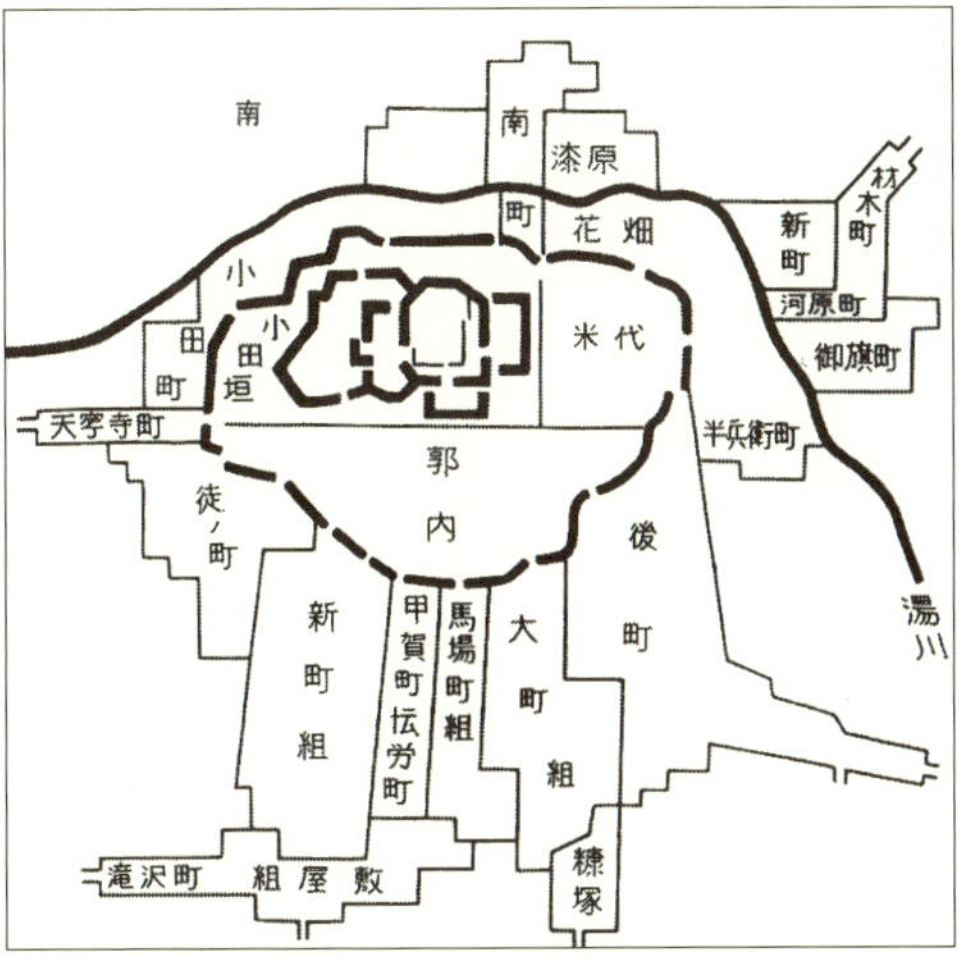

図５　若松城下の図。上が南。堀と土塁をしめす破線状の囲みの内側が郭内、外側が郭外、破線の空所が16の門になる。

町、七日町《なぬかまち》とともに商業と交通の要地であった。大町の札の辻には芦名時代からの豪商で、商人司《しょうにんつかさ》の簗田《やなだ》家と近江から氏郷にしたがってきた町検断（町年寄）の倉田家が大屋敷をあたえられた。城の北正面には日野町がつくられ、近江の日野からは四六人の塗師を招き、若松や喜多方に住まわせた。日野の東の近江君ケ畑（東近江市）からやってきた七人の木地挽は若松の東にある慶山（会津若松市東山町）で木地を挽いた。

郭内と郭外のあいだには一六の門がつくられ、通行が監視されていた。大手口の日野口（甲賀口）のほか、馬場口・大町口・佳林寺口・融通寺《ゆうずうじ》口・川原町口・花畑口・南町口・外讃岐口・天神橋口（熊野口）・小田垣口・宝積寺口・天寧寺口・徒之町《かちのまち》口・三日町口・六日町口である（図7）。

下級武士は徒之町など堀の近くの郭外に住んだ。上級の藩士は騎馬で戦うことができるが、下級の武士は徒歩で戦うので「徒士」といわれ、徒士の住む徒之町がつくられた。

馬場口の近くにあった名刹の興徳寺と佳林寺口と融通寺口にあった会津大鎮守の諏方《すわ》神社、熊野口の東照宮をのぞき、すべて郭外に移転された。興徳寺に隣接していた大寺院の実相寺も諏方神社の側にあった自在院も馬場町の北部に移った。

こうして若松は奥州最大の城下町となる。北に移されたが、氏郷は天下をあきらめていなかったようだ。

２　キリシタン大名・蒲生氏郷

イエズス会の布教

日本では信長・秀吉・家康らが国家の統一にむかっていた一六世紀には、ヨーロッパ人がインド・アジア・アメリカ大陸へ植民地主義的進出をはかろうとしていた。大航海時代である。ポルトガルは一六世紀のはじめインドのゴアや中国のマカオを拠点にして貿易を開始、一五四三（天文一二）年には種子島に漂着して日本に鉄砲を伝えている。遅れて海外進出をはかり、アメリカ大陸の銀を独占したスペインは一五八〇年にポルトガルを併合、アジアではフィリピンのマニラを中心に勢力をふるう。

宗教界では教会の権威や神学ではなく、イエス・キリストが説いた神の国と救いという福音に従い、敬虔な心と実践を重んじるべきであるというルターの「宗教改革」が北ヨーロッパに拡大すると、カトリック教会はそれに対抗、みずから教会改革に着手して失地回復をはかろうとした。その運動の先鋒となったのが教皇への絶対的な服従の信仰と人間の平等と人格の尊重を説き、清貧・貞潔の生活を旨とした修道会のイエズス会（耶蘇会）である。大航海時代を率いたポルトガルとスペインの植民地政策と一体となってラテン・アメリカ、インド、アジアでの布教に乗り出した。

一五四九（天文一八）年にはゴアやマラッカで宣教活動をしていたスペイン生まれのフランシスコ・ザビエルが鹿児島に上陸、日本でのキリスト教の伝道を開始する。それまで大陸との交流で仏教や儒教を受け入れてきた日本人が、はじめてヨーロッパ人と出会い、来世の希望を説くキリスト教を知る。ザビエルにつづけてイエズス会の宣教師が来日、その結果、九州の大村純忠・大友宗麟《そうりん》・有馬晴信、畿内の高山右近といった大名がキリスト教に改宗した。

イエズス会の教育活動

京都でも布教をしたザビエルはインド・ゴアの布教本部あてに「一一ある大学および坂東アカデミー」という日本の高等教育の実情を報告している。「大学」とは延暦寺、興福寺、高野山など学問寺であった大寺院をさし、坂東アカデミーというのは足利にある足利学校のことである。足利学校は関東管領上杉憲実《のりざね》が鎌倉五山の円覚寺から僧の快元《かいげん》を庠主《しょうしゅ》（校長）に招き再興し、学生数が三〇〇〇人だったとの記録がある。庠主は仏教僧であったが、教育内容は儒教が中心、兵学と医学も教えられた。

一五六〇年の書簡では、子どもを大切に育てていること、「日本の国民はその文化・礼儀・作法・風俗・習慣において、いうも恥ずかしいほど多くの点で我々スペイン人より遥かに優秀である」といい、「日本の住民は怜悧《れいり》な頭脳と善良な特質をもっているので布教も容易であり、アジアにおいてこれに匹敵《ひってき》する国民は他に見出せない」と報告している（吉田小五郎『ザビエル』一〇五頁）。そんなザビエルは京都にイエズス会の大学を設立したいとの希望を抱いていた。

京都地区の布教責任者であったオルガンティーノとともに活動をしていたイエズス会宣教師フロイスは『日本覚書』(一五八五年)で、女性の多くが文字を書くこと、子どもは寺で学習するが、書くことが最初である、とのべていた。宣教師のなかにはオルガンティーノと一緒に来日して日本布教長となったカプラルのように日本人ほど傲慢で貪欲、偽善的なものはない、との見方をしていたものもいたが、少数であった。

巡察師のヴァリニアーノは「国民は有能、秀でた理解力を有し、子どもたちはわれらの学問や規則をすべてよく学びとり、ヨーロッパの子どもたちよりも、はるかに容易に、かつ短期間にわれらの言葉で読み書きすることを覚える」(『日本巡察記』五頁)とのべていた。そして、宣教師が日本文化を研究すること、あわせて、日本人司祭・修道士の育成を目的に、日本語とラテン語などを教えるセミナリオとキリスト教の哲学と神学を教えるコレジオなどの設立を提言した。それをもとに、一五八〇年に大友宗麟の府内にコレジオ、有馬晴信の日野江城下(島原半島)と安土城の城下にセミナリオが設立された。

府内のコレジオでは一五八三年に来日したペドロ・ゴメスが宇宙論の講義をしている。つかわれた教科書はゴメスの著した『天球論』、ガリレオが唱えた地動説ではなく、プトレマイオスが完成させた天道説にもとづく天球地球論の宇宙論であるが、日本人ははじめて地球の球体説に接した(荒川紘

『日本人の宇宙論』一五七頁)。

キリシタン大名でなかったがキリシタンを保護した織田信長は京都に教会堂の設立をみとめ、安土城の城下にはセミナリオを設置させた。安土のセミナリオの院長にはオルガンティーノが就任した。

その一方で、信長は京都に勢力を誇り、「都の大学」であった比叡山を焼き打ちし、僧兵と僧侶を殺害、さらに高野山を攻め、興福寺を降伏させた。浄土真宗は八代蓮如の指導で勢力を回復、一向一揆を起こして加賀国を支配下に収めるほどの猛威をふるった。二代顕如《けんにょ》のとき大坂(大阪)の石山本願寺を拠点に最盛期をむかえたが、信長は石山本願寺も攻撃、顕如を紀州鷺ノ森《さぎのもり》(和歌山市)に退かせた。

しかし、信長の死後、秀吉や家康は延暦寺の再建を助けた。焼失した石山本願寺の跡に大阪城を築いた秀吉は顕如に京都・堀川八条に寺地を寄進、そこに三男の准如《じゅんにょ》は西本願寺(本願寺派本願寺)を造営した。家康は親しかった顕如の長男の教如に京都・烏丸六条の寺地を寄進、東本願寺(大谷派本願寺)を造営させた。浄土真宗の勢力を二分、懐柔しようとしたのである。

蒲生氏郷とキリスト教

氏郷は連歌を、茶道では利久七哲の第一にあげられる文化人里村紹巴《じょうは》に師事した。秀吉に切腹させられた千利久の子(養子)の千少庵《せんのしょうあん》のためには会津城内に茶室麟閣を造り、千家茶道の再興を助けている。高山右近も茶道仲間であったが、キリシタン大名であった右近の影響で氏郷も一五八五年に京都地区の宣教を担当していたオルガンティーノから受洗している。洗礼名はレオ。右近の茶の仲間の黒田孝高（如水）や小西行長もキリシタンになった。

氏郷によって東北地方にキリスト教がはじめてもたらされることになった。それによって会津はキリスト教の東北での中心地となる。一五七九年の来日、長く巡察使であったヴァリニアーノは氏郷と二度面会しており、氏郷からは領地の会津でキリスト教布教に尽力したいとの言葉をうけとっていた、とヴァリニアーノに同行したフロイスは報告している（H・チースリク「キリシタンとしての蒲生氏郷」『蒲生氏郷のすべて』五六頁）。猪苗代では家臣の多くがキリシタンになった。白河城を与えられた蒲生郷成《さとなり》や氏郷の妹を妻とした田島城主の小倉作左衛門もキリシタンであった。

一五九二（文禄元）年の文禄の役（朝鮮出兵）では全国の大名に動員がかかると、氏郷も前線基地の肥前名護屋（唐津市）に出陣した。そこで体調を崩す。いったん会津にもどり、その後、京都にのぼり、キリシタン医師の曲直瀬道三《まなせどうさん》の診察をうけたが、一五九五（文禄四）年に四〇歳で没する。氏郷が会津の主であったのは六年だった。辞世は、

限りあれば吹かねば花は散るものを　心短き春の山風

風など吹かなくても花の一生には限りがあるのに、春の山風はなぜ気短に花を散らしてしまうのか。

これから一花咲かせようとしたときの早世、その無念さが詠まれ、古くから名歌の誉れ高い。山田風太郎も「戦国武将の中の絶唱である」(『人間臨終図鑑』一〇二頁)と評している。大器の早い死には秀吉が恐れて謀殺したとの俗説もうまれた。

氏郷がキリシタン大名としてのこしたのは、鶴ケ城の大書院に飾られていた八曲一双の屏風「泰西《たいせい》王侯騎馬図《おうこうきばず》」である。「静」のキリスト教の王侯と「動」のイスラム教の王侯を描いた屏風はテンペラ画法を身につけた日本人のキリシタン画家が描いたと推定されている(「動」の方は会津戦争での鶴ケ城落城のさい前原一誠の手にわたり、現在は神戸市立南蛮美術館の所蔵、「静」の方は松平家で保管されていたが、サントリー美術館の所蔵となった)。

3 氏郷以後の会津

上杉・蒲生(再)・加藤氏の支配

氏郷の死後、秀吉は一二歳であった嫡男の秀行に徳川家康の娘振姫《ふりひめ》を正室に迎えることを条件に会津の相続を認めた。しかし、一五九八(慶長三)年には秀行を宇都宮一二万石に移し、かわって会津には越後から上杉謙信の養子で五大老のひとりの上杉景勝《かげかつ》を入部させた。石高は蒲生の旧領に出羽庄内と佐渡が加えられて一二〇万石、徳川家康、毛利輝元につぐ第三位であった。景勝は新たに、芦名直盛が館を築いた神指《こうざし》村に本丸が東西一〇〇間、南北一七〇間の大規模な城の建造に着手した。

しかし、一五九八（慶長三）年に秀吉が死去。一六〇〇（慶長五）年の関ヶ原の戦いでは、家康と対立していた上杉景勝は家康に与する宇都宮の蒲生秀行、仙台の伊達政宗、山形の最上義光《よしあき》に攻められ、敗れた。景勝は三〇万石に減封され、米沢に移された。

関ヶ原の戦いの後、岩出山の伊達政宗は一六〇一年仙台城と城下町の建設をはじめ、居城を移し、四八カ所の館に家臣を配置した。石高六二万石は加賀前田氏、薩摩島津氏につぐ。仙台は氏郷の若松にかわり奥州最大の城下町、「奥羽の都」となる。

景勝の去った会津には家康の娘婿で、東軍に与した蒲生秀行が六〇万石で戻されたが、一六一二年に秀行は三〇歳で病没、一〇歳の嫡子の忠郷が継いだ。忠郷も一六二七年、二五歳で没する。嗣子がなく領地は没収された。その後には伊予松山城主の加藤嘉明《よしあき》が四〇万石で転封された。

秀吉に仕え、「賤ケ岳七本槍」の一人として勇名を馳せ、小田原攻めなどの全国統一に参加した加藤嘉明は秀吉の死後家康に加担して伊予松山二〇万石をあたえられていた。石高は倍増だったが、六五歳の嘉明には温暖の松山から寒冷の会津への移封は本意でなかった。四年後に死去、藩主を継承した嫡子の加藤明成《あきなり》は一六三九年、一六一一年の大地震で傾いたままだった鶴ケ城の大改修に着手、七層の天守閣を五層に改め、北出丸と西出丸を増設し、追手口を東の三の丸から北出丸（甲賀口）に移した。今日の形の鶴ケ城が完成した。

ところが猪苗代城主の堀主水が出奔、明成は主水を追って殺害したという事件がとがめられ、一六四三（寛永二〇）年に改易される。明成のあとをついだのが、家康の孫で、山形藩二〇万石の藩主だった保科正之《ほしなまさゆき》である。

氏郷以後のキリスト教——岡左内のセミナリオ

イエズス会につづいて、フランシスコ会、ドミニコ会、アウグスチノ会の宣教師も来日、一六世紀末にはキリスト教の布教活動は最盛期を迎えた。一六〇〇年ごろの日本の推定人口は一五〇〇—二〇〇〇万のうち信者は三〇—四五万人に達したとみられている。日本人が仏教にかわり、キリスト教に来世での救済だけでない、現世での利益も求める。病院、育児院、養老院、救貧活動が民衆の心をひきつけた。新仏教もそうであったが、平等を説くキリスト教は民衆の支持をうけた。

氏郷が亡くなっても、キリスト教の火は消えなかった。秀行・忠郷時代その中心にいたのがキリシタン家臣の岡左内《さない》（越後）である。氏郷の没後秀行の宇都宮に移封した後にも若松にとどまり、上杉氏に仕え、秀行が会津に戻ると、一六〇九年から一六二五年まで猪苗代城代として秀行とその子の忠郷に仕えたが、その間、左内は宣教師を会津におよび、キリスト教を領内にひろめ、磐梯山麓の見祢《みえ》にセミナリオと教会を設立している。見祢に現存する磐椅《いわさき》神社の近くがセミナリオの場所と考えられている。

キリシタン弾圧

当初は布教を黙認していた秀吉もポルトガルの植民地政策を危惧して一五八七年布教禁止令を出し、キリシタン大名を政治の中心地から遠ざけた。高山右近も信仰を守るかわりに、播磨明石郡の領地を捨て、加賀の前田利家のもとで暮らすようになる。蒲生氏郷が会津に転封になったのも、その一環であったとの見方がある（五野井隆史『日本キリスト教史』八頁）。

家康も当初は南蛮貿易での利益から布教を認めていたが、神への絶対服従と神の前での平等を説くキリスト教は封建体制と矛盾するものであった。一六一二年に江戸・京都・駿府の天領に禁教令を出したのにつづいて、伴天連追放令を施行して全国におよぼした。このとき高山右近は家族とともにマニラに追放され、当地で病死した。有馬晴信も甲斐国初鹿野（甲州市）に追放された後で死罪となる。この間もキリシタンは増加、信者のピークであった一六一四年には七四万に達したとみられている。

天領の禁教令や伴天連追放令が発令されると、迫害の少ない北関東や東北に逃れるキリシタンが多くなる。そのため、フランシスコ会のガルベス神父やイエズス会のアンジェリス神父らの宣教師が東北の城下を巡回した。福島県で信者の多かったのは会津では猪苗代、南山、それに中通りの白河、二本松、三春、棚倉の城下町であった。東北各地の鉱山に隠れる信者も多く、陸奥・常陸・下野にまたがる八溝山系の金山（西白河郡金山町）もそのひとつであった（『白河市史・2』一〇四頁）。

一六一六年に家康が駿府で死去、秀忠・家光の世となるとキリシタン禁制は強化され、多数の殉教者がでた。棄教者も出る。会津藩でもキリシタンであった岡左内（越後）が猪苗代城代でキリスト教が盛んであった猪苗代では一六二二（元和八）年にキリスト教を棄てた甥の岡左衛門佐《さえもんすけ》が城代になると、岡左内が殉教に追いやられた。猪苗代には殉教の跡である「ばてれん塚」が残されている。

将軍家光のもとで一六二七年に加藤嘉明が藩主となると弾圧がはげしくなった。一六三一（寛永八）年、若松で四二名が湯川近くの神指薬師堂河原で火刑と斬首刑にされた。一六三五年には会津南山の水無村（田島町）のキリシタン横沢丹波一族と宣教師六〇余名が火刑や逆さはりつけにされた。白河でも一二名が火刑と斬首刑にされた（只野淳『みちのくキリシタン物語』二一四頁）。

迫害、弾圧、処刑によってもキリシタンは絶滅しない。家光は一六三九年に宣教師にかぎらず、キリスト教布教を支えたポルトガル人とスペイン人の来航を禁ずる鎖国令を公布、オランダと中国以外との交易を禁じた。ヨーロッパとの唯一の窓口はアジアに進出していた出島の商館だけとなった。会津にもヨーロッパ人が訪れることがなくなる。

第3章　徳川幕府と儒教教育

京都の相国寺の禅僧だった藤原惺窩《せいか》は朱子学を修め、日本で最初の朱子学者となった。建仁寺に入るが出家はせず、朱子学を独学して惺窩の門人となった林羅山《らざん》は徳川家康の侍講に就任、朱子学をもとに身分制度にもとづく幕藩体制を正当化する論拠を提示した。キリスト教を排撃、仏教も「虚学」と退ける。家康の死後も、秀忠・家光・家綱の四将軍に仕え、幕府の援助で上野忍ケ岡に林家塾を設立する。京都では惺窩の弟子の松永尺五《せきご》や土佐で修業をした山崎闇斎《あんさい》が朱子学の私塾を開設した。おなじ京都に塾を開いた伊藤仁斎は朱子学を批判、『論語』に戻れとする古学を唱え、尭・舜・周公・孔子ら先王の政治を高く評価する荻生徂徠《おぎゅうそらい》も江戸で独自の古学を教えた。中江藤樹は故郷の近江で陽明学の塾を開く。儒教の私塾が営まれ、朱子学を中心にして新しい思想の展開をみせた。

1　朱子学者林羅山

藤原惺窩と徳川家康

一五六一（永禄四）年に公家の冷泉家の三男に生まれ、京都五山のひとつの相国寺の僧となった藤原惺窩は朱子学の修業にも励み、三〇歳のころには仏道を捨て、朱子学に道をもとめるようになった。文禄の役で出陣した豊臣秀俊（秀吉の養子で後の小早川秀秋）にも随行して前線基地である肥前の名護屋城に赴き、そこで会った徳川家康のために江戸で『貞観政要《じょうがんせいよう》』を講義している。それは、「仁政」をほどこそうとした呉の太宗の言行をもとに唐の呉競が政治の要諦を説いた書である。

明《みん》に渡って朱子学を本格的に学ぼうとした惺窩は一五九六（慶長元）年に薩摩半島の山川津（指宿市）で乗船、明に向かったが風濤に逢って鬼界ケ島に漂着、明での修学を断念した。しかし、一五九八年に慶長の役で捕虜となった朝鮮の儒者姜沆《きょうこう》との交流がかない、筆談で朱子学の理解をふかめることができた。そのような惺窩であったが、朱子学を唯一絶対とはみていない。固陋な学者ではなかった。陽明学にも理解をしめしていた（太田青丘『藤原惺窩』一四四頁）。

一六〇三（慶長五）年に惺窩は関が原の戦いに勝利して征夷大将軍となった家康から京都の二条城

に招かれ、仕官をもとめられたが、固辞した。家康周辺の俗物たちと肩を並べるのを潔しとしなかったからといわれる。そのかわりに、二三歳の林羅山を推薦した。彼は一五八三（天正一一）年生まれ、京都五山の建仁寺で仏教を学ぶが仏教に反発、僧にはならず、朱子学の書に親しみ、惺窩の門人となり、そのころ京都で朱子による注釈書の『論語集註《ろんごしっちゅう》』をつかって『論語』の講釈をしていた。羅山は俗物たちにも打ち勝つだけの学才と立身出世欲をもちあわせていると見込んでいたようだ（堀勇雄『林羅山』九四頁）。羅山は家康の侍講となる。

京都で教育にあたっていた惺窩の門からは林羅山のほか松永尺五、那波活所《なばかっしょ》、堀杏庵《きょうあん》らの朱子学者が育つ。惺窩は陽明学をうけいれていたのだが、陽明学者はうまれない。惺窩を慕う大名も多かった。秀吉の五奉行であったが、のち家康のもとで和歌山城主となった浅野幸長《よしなが》もそのひとりであった。

ヨーロッパから来日した宣教師によるキリスト教の布教が盛んとなっていた一六世紀末、仏教の都の京都では新思想である朱子学の教育がはじまる。

林羅山と徳川家康――「上下定分の理」

家康は一六〇五年に将軍を三男の秀忠に譲って駿府（静岡市）に移り、一六一六年に死去するまで幕政の実権を掌握するという「大御所政治」をしいた。側近には本多正純、成瀬正成、安藤直次らのほかに、南禅寺住職の金地院崇伝《すうでん》、川越喜多院の天海《てんかい》とともに林羅山がいた。室町幕府いらい儒者を官職に採用をした例はなく、政治・外交の顧問は五山の僧侶が独占してきたので、この伝統にしたがって、羅山は剃髪させられる。仏教に批判的であった羅山もそれをうけいれ、道春と称した。崇伝は一五六九（永禄一二）年、天海は一五三六（天文五）年生まれ、羅山は若輩の側近であった。

朱子学者の羅山は宇宙と人間を統一的に説明しようとする理気二元論を説き、人間関係についでは「上下定分の理」を唱えた。『春鑑抄』では「天は尊く地は卑し、天は高く地は低し。上下差別あるごとく、人にも又君は尊く、臣は卑しきぞ」とのべる。天が上にあり、地が下にあるのは宇宙の絶対不変の真理であり、それは君臣、父子、夫婦、兄弟など人間社会の上下関係を貫く。士農工商も身分秩序も、将軍と大名、大名と家臣の関係も宇宙の上下関係と一体である。朱子学にもとづく封建イデオロギーが説かれる。

羅山は家康から、中国の夏《か》の暴君の桀王《けつおう》を家来の殷《いん》の湯王《とうおう》が放逐し、殷の暴君の紂王《ちゅうおう》を家来の武王《ぶおう》が討伐して天下をとったこととの是非について質問をうけた。それにたいして羅山は「上下定分の理」と矛盾するのだが、討伐を積極的に肯定した（北島正元『徳川家康』二二五頁）。家臣が主君を討伐するのは大罪だが、暴君の桀王・紂王はもはや主君でなく、匹夫にすぎない、討伐は許される、という孟子の「湯武討伐論」（『孟子』梁恵王下）で答えている。羅山は儒教の教義を上手に使い分ける。従来五山の僧侶の役だった文書係を継承した羅山が「御用学者」といわれるゆえんである。

家康は一六一四年の大阪冬の陣と一六一五年の大阪夏の陣で主君秀吉の子の豊臣秀頼を滅ぼした。

すでに関が原の戦いの後、西軍を主導した石田三成、小西行長らは斬首、西軍に与した大名の多くが自刃を命じられた。毛利輝元や上杉景勝が大幅な減封を受けた。大名は家康の意のままに動かせる駒であった。

「武家諸法度」

豊臣秀頼が滅ぼされた一六一五（元和元）年、家康は大名の統制を目的とする「武家諸法度」を秀忠の名で発布した。「文武弓馬の道、専ら相嗜むべき事」ではじまり、新規の城郭の建築の禁止や修理の制限、幕府の許可のない大名間の婚姻の禁止を定め、違反者は厳罰に処するとした。徳川家の支配する幕藩体制にたいする下克上は絶対に許さないとする。起草したのは「大御所政治」に大きな影響力をもち、「黒衣の宰相」とよばれた崇伝である。五山十刹以下の臨済宗寺院を統括する僧録にも任じられた。

一六二三年に秀忠が隠居、将軍についた家光は、一六三三年に崇伝が死去すると羅山を重用、幕府の政治・外交文書の起草をゆだねた。一六三五（寛永一二）年に家光の名で発布された「武家諸法度」は林羅山が起草を担当している。このとき参勤交代が義務づけられ、五〇〇石以上の大船の建造は禁止された。

秀忠・家光の代にも世嗣断絶、御家騒動、藩主の乱行などの理由や「武家諸法度」違反で、多数の大名が改易された。会津の蒲生忠郷は嗣子がなく二五歳で没すると六〇万石の領地はとりあげられ、加藤嘉明に渡されたが、その後をついだ子の明成もその性向がとがめられて改易となった（五二頁）。家康の五男で甲斐武田氏の名跡をつぎ常陸水戸一五万石に封ぜられた武田信吉も二一歳で没し、嗣子がなかったために絶家となった。減封となった毛利輝元の領地のうち安芸と備後をあたえられた福島正則は城の無断修築をとがめられて改易となる。奥羽の雄藩である山形藩五七万石の最上家は一六二二（元和八）年には後継者の争いから領地をとりあげられた。家康の懐刀で家康の死後も秀忠のもとで老中、宇都宮藩一五万石を領した本多正純は最上氏の山形城の接収にもあたったが、宇都宮城の無断修理が違反にあたるとして改易となる。山形には譜代の鳥居氏につづき家光の弟の保科正之が入部した。

家康・秀忠・家光の三代のあいだに一三一家が改易された。「上下定分の理」は武断政治の原理、幕藩体制の頂点にたつ将軍は大名の生殺与奪の権を握っていたのである。それによって、幕府権力は強化された。直轄領は四〇〇万石となる。しかし、主君と禄を失った大量の浪人が出現、家光の晩年には五〇万人に達したと推定されている。大きな社会不安となった。未遂に終わったが由井正雪らによる幕府転覆計画（慶安の変）も起きた。

会津高田生まれの天海

儒教にひかれた家康だったが、仏教を排撃しなかった。仏教の各宗派に本山が末寺を、末寺が孫末寺を支配するという体制を築かせて、寺院を統制・管理して幕藩体制にとりこむ。それによって、一向一揆も根絶できるとみた。本願寺の東・西の分割も寺院の統制の一環であった。家康の側近として崇伝とともに仏教界ににらみをきかしつづけたのが、会津高田生まれの天海であった。

天海の前半生には謎が多いが、一五代芦名盛舜《もりきよ》が会津を支配していたころ、会津盆地の南西隅に位置する高田城に仕えていた武士の長男として生まれ、地元にある天台宗の竜興寺に学び、一八歳のとき比叡山に登り、奈良では興福寺、東大寺、薬師寺などでも各宗派の教理の会得につとめ、足利学校にも足をはこび儒教や易学の書にも親しんだとみられている。

比叡山が信長によって焼き打ちされた後には、芦名盛氏の求めにおうじて黒川城の二の丸の稲荷堂の学問塾で八年間すごすが、明智光秀の家臣の斎藤利三から坂本城（大津市下坂本）に招かれ、一五八二（天正一〇）年に本能寺の変が起こると、ふたたび会津に戻り、曹洞宗の天寧寺の仁庵善恕から『碧巌録』を聴聞している。芦名氏が伊達政宗に滅ぼされると、会津を離れ、一五九九（慶長四）年には武蔵川越の星野山無量寿寺北院（のち喜多院）の住職に就いた。

日光東照宮

一六〇九（慶長一四）年北院の天海は駿府の家康に招かれる。天海七四歳、家康六八歳のときである。

一六一二年に東叡山喜多院と改められた北院はその名のしめすように関東の天台宗の本山とされ、翌年には神仏習合の霊地である日光山（輪王寺）の貫主に任じられた。

一六一六（元和二）年に家康が死去する。家康の遺命は、遺体は駿府の久能山の墓所に納められ、葬儀は増上寺でおこない、位牌は三河岡崎の大樹寺に建て、一周忌を過ぎたあとに日光山に小さな堂を建て神として祀るということであった。そのさい、崇伝は吉田流の唯一神道により大明神として葬ろうとしたが、天海は天台系の山王一実神道の流儀で東照大権現と祀るべきと主張、そのとおりとなる。

東を照らす太陽神として顕現した薬師如来であるとした。孫の家光によって日光山のお堂も今見るように壮麗な東照宮の社殿に改修され、そうして、家康は東照宮として徳川将軍家の祖神、天皇家の祖先神である天照大神にも相当するとみられるようになる。日光は江戸幕府にとっての聖地、伊勢神宮にあたる。家康の神話が創造されたのである。

寛永寺の創建

天海は一六二二年には秀忠から上野忍岡《しのぶがおか》（東京都台東区の上野公園一帯）に三〇万坪の土地があたえられ（藤堂高虎ら三大名の下屋敷があった）、家光のときの一六二五（寛永二）年に川越の喜多院にかわる天台宗の拠点となる東叡山寛永寺が建立された。当時の年号から寺号が選ばれた。喜多院の山号は星野山にもどる。

比叡山が京都の北東の鬼門を護るように、寛永寺は江戸城にあって「鬼門」を守る寺とされた。不忍池《しのばずのいけ》は琵琶湖とみなされ、池のなかには弁財天を祀る竹生島になぞらえられて弁天島（中之島）が築かれた。清水《きよみず》観音堂は京都・東山の清水寺を模し、規模は小さいが舞台造り様式でつくられた。一六九八（元禄一一）年には間口は四五メートル、奥行きは四二メートル、中堂の高さは三二メートルの根本中堂が建立された。

上野忍岡は東の比叡山となる。しかも、寛永寺は江戸城を守護する寺であるとともに、比叡山と日光山を管轄する本山となる。そこで天海は天台宗の枠を超えた宗教界全体ににらみをきかした。寛永寺と日光山を皇族が住職を務める門跡《もんぜき》寺院にしようとし、天海の死後であったが、寛永寺と日光山の住職である輪王寺宮には後水尾天皇の第三皇子の守澄法親王《しゅちょうほっしんのう》が就任、天台座主も兼ねた。

一六三七（寛永一四）年に寛永寺は一切経の開版事業をはじめている。日本初の版本（木活字）で、天海が一六四三（寛永二〇）年の一〇八歳で亡くなった後の一六四八（慶安元）年に天海版（寛永寺版）一切経六三二三巻が完成した。教育にも力をいれる。寛永寺では一六七二年に比叡山に東叡山勧学院（東叡山学校）を設立、関東一〇カ所の檀林に学んだ学僧を入学させた（『日本史小百科・学校』三五頁）。仏教寺院は幕藩体制の教育を主導できなくなるが、寛永寺にかぎらず、仏教各宗派は学林、檀林、叢林などを設け僧侶の養成をした。増上寺も多数の学寮をもち、関東十八檀林からの修行僧をうけいれた。

徳川家本来の菩提寺である浄土宗の増上寺は江戸城の南西方向の「裏鬼門」である現在の芝公園（東

京都港区）にあった。増上寺には秀忠が葬られた。だが、天海を重用した家光の葬儀は寛永寺でおこなわれ、遺骸は家康が祀られている日光山に葬られた。四代家綱、五代綱吉の墓所も寛永寺につくられ、その後は、将軍の墓所は寛永寺と増上寺の交替となる。

羅山のキリスト教批判

羅山は僧侶の資格で登用されていたのだが、それは形だけのこと。天海が世を去った一六四三年に著した『本朝神社考』では崇伝や天海が説いた神仏習合を批判した。ただ、日本古来の神道には好意的であった。神道は王道、儒教と共通するという神儒合一論を説いている。

神でも外来の神は認めなかった。キリスト教をはげしく攻撃した。仏教とおなじく反人倫的であるとみる。家康に迎えられた翌年の一六〇六（慶長一一）年、歌人の松永貞徳の紹介でキリスト教を擁護する『妙貞問答《みょうていもんどう》』を著した日本人のイエズス会修道士イルマンの不干斎ハビアンと京都の教会堂で論争、その論争内容を『排耶蘇《はいやそ》』で書き残している。

宇宙の構造について、ハビアンは球体の大地のまわりを球形の天が回転するという、キリシタンの唱える天球地球説を説く。それにたいして、林羅山は朱子学にしたがって、天は上で大地は下、天は球形だが大地は方形の平面であるとする天円地方説を主張して、天球地球説を排撃した。ハビアンから大地を一周して戻れるのはなぜかとの反論には苦しい説明を強いられる。だが、その一方で、天主が万物を創造したというならば、だれが天主を創ったのかと痛いところを衝いた質問をしている。天主への信仰とは別に、天球地球説は日本の天文家に受容されるようになった（荒川紘『日本人の宇宙観』一九二頁）。

キリシタンを黙認していた家康も、一六一二（慶長一七）年には直轄地の江戸、京都、駿府に禁教令を発布、翌年には崇伝に命じて「伴天連追放の文」を起草させ、秀忠の名で公布し、強制的な改宗を迫った。崇伝の死後羅山の発言力は強まるが、ハビアンとの論争のときの朱子学者の理論的・思想的な批判はみられない。幕府の方針にそって、キリシタンは国土侵略と社会混乱の元凶となる邪教だとの先鋭な排耶蘇論を展開する。一六三三年には中国とオランダ以外との外交・貿易を禁ずる鎖国令がだされた。

2　私塾の時代

林家塾の誕生

一六三〇（寛永七）年、林羅山には家光から上野忍岡に五三五三坪の土地が提供された。天海の寛永寺に隣接する地（西郷隆盛像あたり）だが、寛永寺の五〇分の一にも満たなかった。そこに幕府からの建築費用も提供され、羅山は私塾を設立する。翌々年、家康の九男で名古屋藩主となった徳川義直から孔子像と四賢像（顔回、曽参、子思、孟子）が寄進され、孔子廟も建てた。徳川幕府の息のかかった林家塾が江戸に生まれる。寛永寺では僧侶の養成のための仏教教育がおこなわれていたが、その隣の私塾で、やがて幕府教学に君臨するようになる儒教の教育がはじめられた。じつは羅山は一六一四年、家康に朱子学の学校の建設を提言していた。それは大坂の陣で挫折したが、いま私塾の形で実現する。

林家塾では朱子学に必修の四書五経だけでなく、歴史や詩文も教えられる。五山教育での伝統でもあったが、それは武士としての教養とみられていた。一六八〇（延宝八）年までの羅山から二代目の鵞峰の時代の五一年間の入門者は三三〇名、一年に一、三〇名が入門している。うち身分の判明しているものは幕臣五名、諸藩士八三名であった（石川謙『日本学校史の研究』一七三頁）。幕府の庇護にありながら、幕臣以外の塾生が大半を占め、浪人や郷士や名主や町医者や農民、町人も学んでいる。家康には「上下定分の理」によって身分を先天的なものと唱えた羅山もここでは身分にかかわりない教育につとめた。四八歳となって羅山が儒学者らしい仕事ができたようである。

儒教は教育を重視する。孔子も生涯教師であった。「教えありて類なし」（『論語』衛霊公）、人間には種類などはなく、もともと等しい教育の可能性をもっている。身分を問わなかった。孔子は束脩《そくしゅう》（授業料）を納めたものはだれも阻まなかった。

家康、秀忠、家光、家綱と将軍の侍講であった羅山の没後には、林家塾の塾主は京都で那波活所《なわかつしょ》に師事した三男の鵞峰によって継がれた。鵞峰も幕府に仕える。鵞峰は神武天皇から正親町《おおぎまち》天皇（一五五七―一五八六在位）までを記した『日本王代一覧』を著し、父羅山とともに、幕府の依頼をうけて神代から後陽成天皇（一五八六―一六一一在位）までの編年体の日本通史の『本朝通鑑《ほんちょうつかん》』を編纂した。

羅山や鵞峰の門人も各地の藩に仕え、教えるようになる。羅山・鵞峰の時代に儒官を抱えていた五〇藩のうち四一藩が朱子学派、その約半数の二一藩が林家塾の門人であった（『日本学校史の研究』一七五頁）。キリスト教が弾圧されるとともに、新思想の朱子学が全国に広まりはじめた。朱子学の塾でも四書などの経書が読まれる。孔子は「学んで思わざればすなわち罔《くら》し」（『論語』為政篇）とのべているように、師の羅山の教えや書物から学ぶだけでない、みずから考えることが大切と塾では教えられていた。

会津生まれの山鹿素行も羅山の門人――古学の成立

会津生まれの山鹿素行も林羅山の門人のひとりである。氏郷の家臣であった父の山鹿貞以《さだもち》は、伯耆《ほうき》黒坂《くろさか》（鳥取県日野町）藩主となった関一政《かずまさ》に仕えていたが、脱藩して若松の蒲生秀行の家老町野左近（白河城代）の邸宅に寄寓していた。邸宅の場所は若松城に隣接する「本一之丁」と「大町通」の交差する角（現山鹿町）、そこで蒲生家の家中の岡重政の娘と結婚、素行が生まれた。秀行の死後、藩主が忠郷に継がれ、忠郷も死去して藩主が加藤嘉明に代わると、貞以は六歳の素行を連れ、町野左近の嫡男の町野幸仍《ゆきより》に従って江戸にのぼった。そこで九歳の素行は幸仍の妻の縁戚だった老中の稲葉正勝《まさかつ》（春日局の子）の紹介で開かれたばかりの林家塾に入門した（『配書残筆』）。

早熟であった素行は一五歳からは甲州流兵学の創始者の小幡景憲《かげのり》と景憲の高弟の北条氏長から兵学を学び、吉田松陰も継承者である山鹿流兵学の祖となった。神道、歌学も修めた。四四歳のときには朱子学を批判する『聖教要録』（後の『山鹿語録』「聖学篇」にあたる）を出版、師の羅山に学んだ朱子学の形而上学的理論は日常現実から遊離していると批判、『論語』などの聖人による原典に直接学ぶべきと主張した。朱子学を批判する古学の創始者となる。

それは朱子学を信奉していた会津藩主で四代将軍家綱の後見役であった保科正之の怒りを買い、赤穂藩に預けられたが、それでも研究はつづけられた。『山鹿語録』では武士の社会全体のなかでの位置を規定するだけでなく、武士にはどのような責任があるのか、どう生きるべきかをのべる。生産に従事しない武士は道徳的に農・工・商の三民の模範となり、三民を教化していかねばならないのであって、そのための修業が求められた。

『中朝事実』では、日本は中国のように明《みん》朝から異民族の清《しん》朝に代わるような国ではなく、他国にも支配されたことがない、万世一系の天皇が君臨する日本こそが中華である、と主張する。儒教の日本化であり、徳川幕府を崩壊にみちびく幕末の尊王攘夷思想を先取りしていた。

「青は藍より出でて、藍より青し」(『荀子』勧学篇)。素行は師の羅山を越えてゆく。教育の本質がここにある。

松永尺五と山崎闇斎の塾

歌人であり、俳人であった松永貞徳《ていとく》の子にうまれ、林羅山とおなじく藤原惺窩の門人となった松永尺五は加賀藩の藩儒となったが、京都にもどり、羅山の開塾の二年前の一六二八年、京都所司代の板倉重宗《しげむね》の助けをうけ、東堀川二条に私塾の春秋館を開設、つづいて講習堂、尺五堂をひらいた。尺五堂の門からは木下順庵や貝原益軒らがでた。

木下順庵は加賀金沢藩の二代藩主前田利常《としつね》に仕えたが、江戸にでて五代将軍綱吉の侍講となった。しかし教育者としても知られ門人には新井白石、室鳩巣《むろきゅうそう》、雨森芳洲《あめのもりほうしゅう》、三宅観瀾《かんらん》らの木門十哲の儒学者が育つ。新井白石は六代将軍の侍講となり、幕政を主導、『藩翰譜《はんかんふ》』『読史余論』『古史通』などの歴史書を著している。福岡藩に仕えた貝原益軒には本草学、医学書の『大和本草』『養生訓』、教育学の『和俗童子訓』、思想書の『慎思録』『大疑録』がある。『大疑録』では朱子学の理気二元論を否定、気一元論を説いた。

朱子学でも藤原惺窩の門人の系統のほかに土佐の南学派があった。京都の鍼医の子に生まれ、比叡山から妙心寺に入った山崎闇斎は、土佐の臨済宗の寺院である吸江寺《ぎゅうこうじ》（高知市）に移り、そこで南学派の谷時中《じちゅう》から朱子学を学んだ。京都にもどると、一六五五（明暦元）年に堀川のほとりで朱子学の私塾を開く。朱子の朱子学を正しく継承しようとした闇斎は修業法では居敬（静坐）を重んじ、峻厳な講義を特徴としていた。羅山のような博識の学よりも信念の表白の朱子学者であった。一六六五（寛文五）年には江戸に出て会津藩主保科正之の賓師に迎えられた（八〇頁）。正之との交流のなかで吉川神道の影響をうけた垂加神道を唱えるようになる（九四頁）。孟子の湯武討伐論を否定、尊王論の先駆者にもなる。門人には佐藤直方《なおかた》、浅見絅斎《けいさい》、三宅尚斎《しょうさい》の崎門三傑らがいる。

江戸には幕府の保護をうけた林家塾が生まれたが、京都はなお朱子学の中心地、つぎの世代をリードする朱子学者が育っていた。

2　陽明学や古学の私塾

中江藤樹

朱子学の普及は朱子学に批判的である陽明学者をうんだ。伊予の大洲藩に仕えた中江藤樹は一六三四（寛永一一）年に母への孝養のため大洲藩を辞して故郷の近江国高島郡小川村（高島市）にもどり、朱子学の私塾・藤樹書院を開き、武士だけでなく、農民、商人、職人に差別なく教えをさずけた。藤樹は家康に仕えた朱子学者の林羅山には批判的だった。一六三一年に「林氏剃髪受位弁」を書いて、林羅山は朱子の口まねはするが実行のともなわない、儒者であるのに剃髪までして徳川家康に仕えると攻撃している。

藤樹書院で朱子学を教えながら朱子学に疑問を抱くようになった藤樹は陽明学に近づく。母への孝養をつくしながら、門人にも「孝道説」を中心に「致良知説」を教えるようになり、みずから「孝」を説く『翁問答』を著した。そこでは、「孝」は宇宙と人間にゆきわたる徳であって、親への孝行だけでなく、臣下の主君への忠、主君の臣下への仁、兄弟間の悌、夫婦内の和と順、朋友間の信も包含すると主張した。

「致良知」とは情欲を去ること、内省的な修業によって良知に生きることができるとする。藤樹は社会の上下関係を認めても、それは生まれながらの身分によるのではなく、能力による差にもとづく社会秩序であるべきと説く。陽明学の根底には人間の本質的な平等観がある。しかし、大塩平八郎のように行動的ではない。「知行合一」は唱えない。「村の教師」であった。藤樹の高弟には岡山藩に仕えた熊沢蕃山、会津に多数の門人を擁した淵岡山《ふちこうざん》がいる（一三六頁）。

伊藤仁斎・荻生徂徠

京都には古学の塾もうまれた。古学者の山鹿素行とおなじころ京都の商家に誕生した伊藤仁斎は朱子学を批判、『論語』の原義にたちもどれ、とのべ、『論語』を「最上至極宇宙第一の書」として反朱子の立場から『論語』の注釈書の『論語古義』を著し、古学（古義学）を説いた。『孟子』はすぐれた補助の書とした。「理」よりも「情」を重んじ、理は気中の条理とのべる。闇斎の私塾と堀川を隔てて一六六二（寛文二）年、実家に古義堂を開いた。闇斎とは対照的、師の一方的な講義ではなく門弟のあいだのでの自由な討議に特徴があった。

荻生徂徠も朱子学を学び、朱子学を批判し、古学を唱えたが、仁斎の古義学には批判的であった。中国古代の言語を学ぶことで経書の意味を正しく理解できるという古文辞学を提唱、尭・舜・周公・孔子ら先王によって制作された政治制度を重視した。

一方で、個々人の人間的な完成によって国家がうまく治まるのではない。道徳と政治は別、「修己治人」をモットーとしない。朱子学や陽明学の精神修業に集中するのにあきたらず、「聖人の道は政務の筋に入用なるを第一とす」という実用主義を唱える。そのためには、経学のほかに、詩・文・歴史・律・和学・兵学・数学・書学も学ばねばならないとした。

徂徠が追求した実用というのは「経世済民」の学である。そのため、現実の幕政や藩政を担当するものからの支持をえた。一七〇九（宝永六）年には、江戸の茅場町に私塾の蘐園《けんえん》を開く。

国学と蘭学の塾

儒教だけでない。古学の研究方法に刺激されて、仏教とともに儒教を批判、日本の古典の研究から日本の民族的精神を解明しようとする国学が生まれる。本居宣長は『古事記伝』にはじまる研究によって、日本の古来の神の信仰と天皇崇拝を唱えた。代表的な国学の私塾は宣長が一七五八（宝暦七）年に松坂に開いた「鈴の屋」であるが、その後には宣長に私淑した平田篤胤が「息吹舎《いぶきのや》」を設立するなど、国学塾が各地に生まれた。

キリスト教は排斥されたが、キリスト教抜きの西洋の科学である蘭学の発達とともに、蘭学塾も生まれた。一七七四（安永三）年に『解体新書』が出版されたころには杉田玄白の蘭学塾「天真楼」が生まれ、そこに学んだ仙台藩医の大槻玄沢は「芝蘭堂《しらんどう》」を開いた。玄沢の実質的な後継者の宇田川玄真らに学んだ緒方洪庵は大坂に「適塾」を開く。長崎ではシーボルトの「鳴滝塾」で蘭方医の教育がおこなわれた。武術の塾もあった。砲術の塾も生まれる。

若者は師をもとめ、笈《おい》を負うて、京都にも、江戸にも、大坂にも、長崎にも、その他の地にもでかけた。日本は私塾による教育の時代をむかえた。

私塾では四書が中心

教育を重視する儒教の浸透は私塾や寺子屋を普及させた。朱子学が主流であったことから、私塾では『論語』『大学』『中庸』『孟子』の四書や『小学』『孝経』が教科書となった。それは庶民にもよまれるようになる。

川柳にも、

大学を袱紗《ふくさ》に包む丸額《まるびたえ》

とよまれた。「丸額」は額を丸く剃りあげる少年のこと。儒教の教科書は袱紗に大切に包まれてもちはこばれた。

大学を上げて壁から出たを読み

「壁から出た」は『孝経』のこと。秦の始皇帝の焚書のとき孔子の徒が書院の壁のなかに隠していたものが漢代になった世にでたのでそういわれる。『大学』が終わったつぎは『孝経』の番だという。

素読（くりかえしの音読）が中心、「読書百遍意自ずから通ず」である。上級の私塾では輪読（順番に読み解釈の研究）、会読（複数での読書と研究）、講義もあった。

江戸時代以前には革命（「湯武討伐論」）を説いているとの理由から忌避されがちだった『孟子』も朱子学の普及で武士階級の必読書となった。教育に熱心であった孟子の母の故事もよく知られるようになり、孟子の母が子の孟子の教育のために家をよく移したという「孟母三遷」の故事をからかい、

おっかさん又越すのかと孟子言い

という川柳もつくられた。

蘭学、医学の塾に入門するにも、漢籍の修業は不可欠である。漢籍の中心となった四書が広く学ばれるようになった。封建イデオロギーとしての儒教ではなく、孔子の「仁」の教えも学ぶようになる。

第4章　保科正之の政治と朱子学研究

一六四三（寛永二〇）年、三代将軍徳川家光の異母兄弟である保科正之が会津藩主に就任、家光の死後には四代将軍徳川家綱の後見役をまかせられた。二三年間後見役の地位にあった正之は開幕いらいの武断主義を人治主義の幕政に転換、大名の改易による浪人の大量発生を抑えた。明暦の大火では、江戸の市民の立場にたって江戸の改造を指揮、焼失した江戸城の天守閣を再建しなかった。会津藩政では家老の助けをえて窮民救済のための「社倉制」や高齢者への老養扶持の制度を実施する。庶民も学ぶことができた稽古堂を郭外の桂林寺町に設立した。それは藩校・日新館の起源となる。藩主や藩士には武士として守るべき「家訓十五条」を遺した。好学の正之の政治の基礎には儒教があった。土岐長元や横田俊益から儒教を修め、後年には山崎闇斎を侍講として朱子学の研究につとめてもいる。

1　保科正之の朱子学と藩政

会津藩主・保科正之

加藤明成のあと会津の主となる保科正之は一六一一（慶長一六）年に二代将軍徳川秀忠の四男としてうまれた。母は秀忠の乳母大姥局《おおうばのつぼね》の侍女だったお静、正室のお江《ごう》に気遣って誕生は公にされずに育られた。大姥局のはからいで武田信玄の次女の見性院《けんしょういん》に養育され、七歳のときに信州高遠藩の保科氏が武田氏に仕えていた縁で高遠藩主の保科正光の養子となった。少年時代には城下の建福寺（臨済宗妙心寺派）にのぼり鉄斎に学んでいる。

二一歳で高遠藩を襲封したが、三代将軍となった異母兄の家光に引き立てられ、一六三六（寛永一三）年に出羽山形二〇万石に転封した後、一六四三（寛永二〇）年に会津二三万石の藩主に就いた。領地は会津、耶麻、河沼、大沼の会津四郡と越後の一部（東蒲原郡）である。前代の加藤明成の領地から安積、岩瀬郡が切り離され、それに会津の南部の南山《みなみやま》の分の五万石は天領（南山御蔵入領）とされた（図６）。明成の四〇万石より一七万石少ない。表向き御三家である水戸藩の二八万石を超えないようにしたというのが定説である。しかし、南山は会津藩の預り地とされ、実質は二八万石、奥羽では仙台六二万石に次ぐ石高だった（中村彰彦『保科正之』二一頁）。

一六五一（慶安四）年に亡くなった家光からは家光の子で四代将軍となる一一歳の家綱の後見役を委ねられていた。老中よりも格上、実質的な「副将軍」である。そのため正之は常時江戸の桜田門（正式には外桜田門）内にあった上屋敷で暮らすことになる（三代松平正容《まさかた》のときに上屋敷は大手前竜ノ口、ついで幕末まで使用された和田倉門内に移る）。

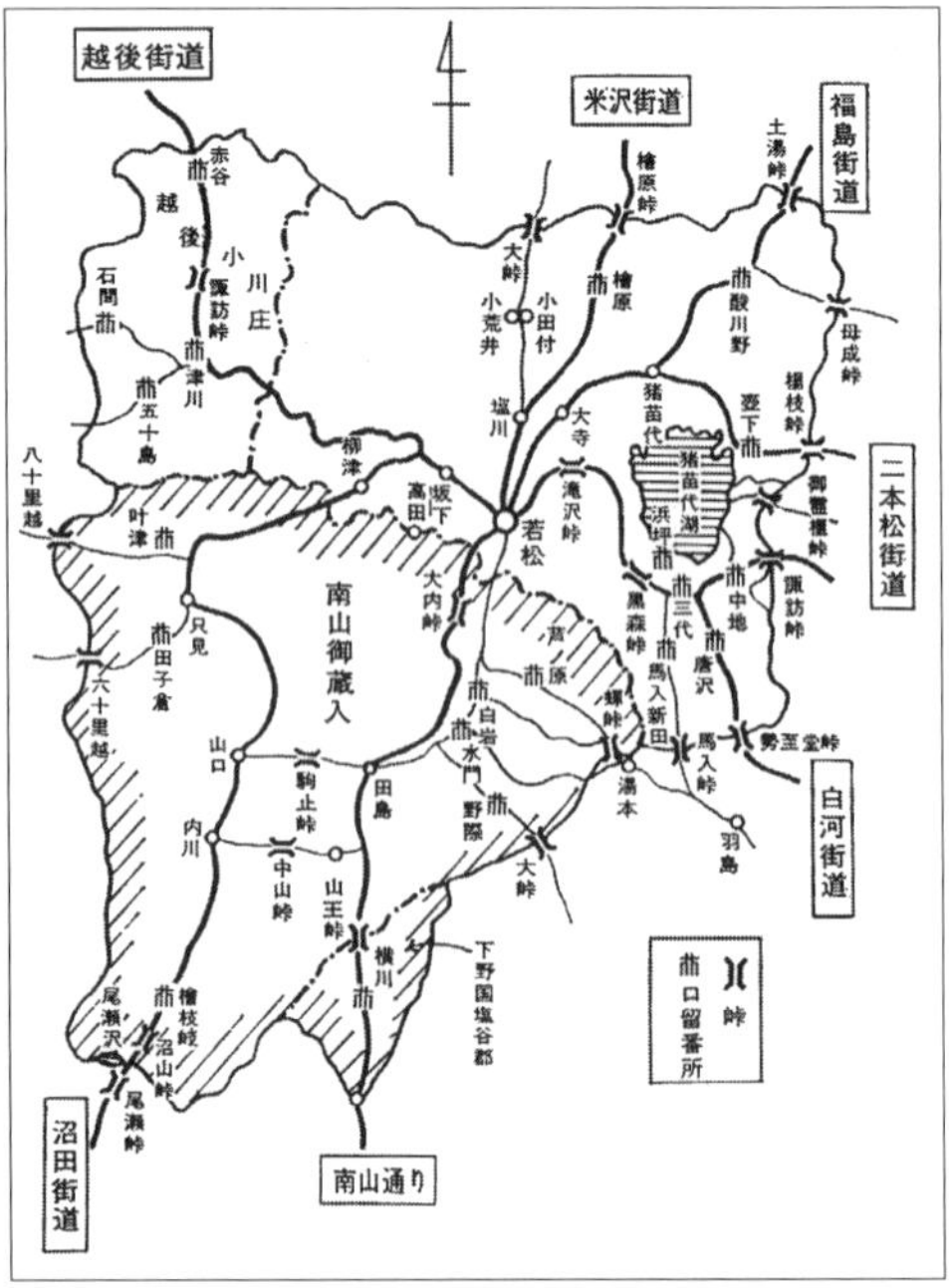

図6　近世会津藩の領地。会津領と南山御蔵入。

家光は姓も徳川一門の「松平」に改めさせようとしたが、養父に義理立ててそれを辞退、保科で通した。松平を名乗るようになるのは、三代正容のとき、会津藩は御三家につぐ「御家門」と位置づけられた（中村彰彦『保科正之』七一頁）。

藩政は家老の北原采女《うめね》や田中正玄《まさはる》らが正之の意をうけておこなわれた。とくに、正玄は名家老と評され、幕府大老の土井利勝《としかつ》は「天下に三人の家老がいる。尾州の成瀬隼人《はやと》、紀州の安藤帯刀《たてわき》、そして肥後守（正之のこと）の田中三郎兵衛（正玄のこと）がそうである」とのべていた。

土岐長元と横田俊益

少年時代に高遠の寺で学び、その後は『六韜《りくとう》』『三略《さんりゃく》』などの兵学書や老荘に親しみ、大徳寺住持の沢庵《たくあん》について禅にも親しんでいた正之は一六五二（承応元）年、四二歳のときに江戸の藩邸で儒教に造詣の深い御典医（幕府の儒医）の土岐長元《ちょうげん》から『小学』を学び、儒教に開眼した。藩士大河原臣教《おみのり》の書いた正之の伝記『千載《ちとせ》の松』によると、正之は「『大学』『論語』『孟子』『中庸』の類は、或は因循と而已《のみ》思ひ、むなしく年月を消費せしこと残念の至りと後悔せらし由」とかたっていたという。『千載の松』には正之は長元に家綱のために『輔養編《ほようへん》』を編述させた。将軍としての教養を記した書で、家綱に献上、藩士にもわけあたえた。

そのためであろう、一六五六（明暦二）年から家老田中正玄の推薦で儒学者横田俊益《としなが》が侍講に迎えられる。俊益は城下大町の豪商倉田俊次の子、若松では一三、四歳ころに興徳寺で法話を聴き、儒医の田中学内から四書を、葛岡玄興から『詩経』を、成願寺《じょうがんじ》の鉄額から『論語』を学び、一七歳のときに上京して藤原惺窩の門人である堀杏庵の次男の堀立庵に入門、帰郷後は藩主加藤明成の知遇をえた。一六三八（寛永一五）年には江戸の林羅山の塾に入門し、加藤家が転封となる一六四三（寛永二〇）

年まで学んでいた。

儒教に開眼した正之は侍講の俊益から五経のひとつである『詩経』の講義をうけた。それは七年つづき、一六六二年に『詩経』三〇〇篇の講義が終了するが、「秦風黄鳥篇」で殉死の悪風が説かれているのを学び、殉死の禁止令を出したといわれる。『詩経』の講義の終了で俊益はいったん会津にもどるが、一六六七（寛文七年）年から再度侍講となった俊益から死の直前まで、朱子の歴史書『資治《しじ》通鑑綱目《つがんこうもく》』の講義うけている。

侍講・山崎闇斎

一六六五（寛文五）年には京都で私塾を営んでいた朱子学者の山崎闇斎を侍講にむかえた。毎年のように江戸に下る闇斎からは江戸藩邸で四書五経や『近思録』の講義をうけた。闇斎が会津にまで足を延ばしたのは、一六七〇（寛文一〇）年に会津に帰る正之に同行したときだけである。その年のうちに江戸に戻った（石川謙『近世教育教育における近代化の傾向』一三〇頁）。

正之の朱子学研究は大名芸などではなかった。朱子が玉山でおこなった講義の抄録である『玉山講義附録』、朱子学の基礎を築いた北宋の程明道・程伊川の二程子の著述から政治と教育にかんする名言を抄録した『二程治教録』、二程子の学統をつぐ楊亀山・羅予章・李延年の諸説を集録し、学問の本質をあきらかにした『伊洛《いらく》三子伝心録』からなる「会津三部書」を山崎闇斎と横田俊益の協力でまとめ、藩の開版所で印刷・刊行した。家老の友松氏興《うじおき》には『会津風土記』を編纂させた。林羅山の門人で、正之に仕えて朱子学を講じた服部安休には『会津神社志』の作成を命じた。これらの二部をあわせて「会津五部書」といわれた。

正之だけでない、平和な時代となって好学の大名が現れる。当時、江戸の人々は、

学問好きの殿たちの出入《いでい》る門はどれどれぞ　水戸のお屋敷　保科殿　内膳屋敷に新太郎

といっていた。「保科殿」は保科正之、「水戸のお屋敷」は徳川光圀、「新太郎」は池田光政、「内膳屋敷」は板倉内膳正重矩《ないぜんのかみしげのり》である。重矩は老中、京都所司代をつとめた下野烏山藩主である。

好学の正之のもとで会津藩は朱子学の藩となったが、朱子学を批判する山鹿素行が誕生した藩でもあった。正之はそんな素行にも目を光らせる。素行が朱子学批判の『聖教要録』を刊行すると、一六六六年に素行を赤穂藩に蟄居させた。山崎闇斎を招いた翌年のことであり、素行が許されて江戸にもどるのは正之の死後三年たった一六七五年である。

武断主義から文治主義へ

三代将軍家光までの武断政治のもとで大名の改易、転封、減封がつづき、浪人が多数発生した（六〇

頁)。とくに、幕府は嗣子のなかった当主が急死したとき養子を迎えてお家断絶を避けるのを禁じたので世嗣断絶による改易が続出した。それにたいして、儒教の精神による文治政治へ切り替えようとした正之は「末期養子の禁」を緩和して、世嗣断絶による改易を減らした。改易による浪人発生をなくして、社会の安定をはかろうとしたのである。一六六四(寛文四)年米沢藩主の上杉綱勝が家督相続者を決めることなく死去したときには、石高を削減するだけで、上杉家を存続させた。

会津藩ではすでに実施していた「殉死の禁」についても、一六六三(寛文三)年の武家諸法度の公布にさいして、口頭伝達している。家光の死にさいしても老中の堀田正盛や阿部重次をはじめとする側近が殉死したが、その後は禁じている。優秀な人材の喪失を避けようとしたのである。

四代将軍の家綱には「左様せい様」との異名があったように、根のやさしい将軍であった。生来の性格でもあったのだろうが、正之は家綱に儒教教育をさずけていた。新井白石の『白石手簡』によると仁政の手本の書である『貞観政要』を好んでいたという。藤原惺窩が家康のために講じた書である(五六頁)。

五代将軍には家綱の弟の綱吉が就任した。綱吉も好学の将軍であった。鵞峰の子で林家塾を継いだ鳳岡《ほうこう》(信篤)を招き儒教について討論、みずから幕臣に四書についての講義をおこなっている。一六九一(元禄四)年に聖堂(孔子廟)と林家塾を湯島に移転した。孔子の故郷の昌平郷にちなみ、付近の坂は昌平坂と命名された。それを機に鳳岡は大学頭《だいがくのかみ》に任ぜられる。幕府の文教官僚のトップに位置づけられたのである。

同時に朱子学が幕府の教学となる。黒塗りの壮麗な聖堂は寛永寺の根本中堂に見劣りしない。儒教で社会を治める文治主義の象徴となった。林家塾の規模も拡大した。聖堂は現在の湯島聖堂と同じ場所、塾があったのは東京医科歯科大学あたりである。

でも、庶民には朱子学は身近なものではなかった。聖堂は仏教寺院にも見えたのだろう。

どう思ったか聖堂で数珠を出し

という川柳もつくられている。

一七八七（寛政九）年、林家塾は幕府直轄の昌平黌（昌平坂学問所）となり、規模を拡大した。翌々年には「寛政異学の禁」で朱子学が官学となった。

「家訓《かきん》十五カ条」——将軍への忠勤

家老の友松氏興《うじおき》も正之の近くにあって闇斎に学んでいたが、四書五経や朱子学の理論は難解であるので藩主や家臣にその心構えを平易に説く文を作成してほしいと正之に要望、その要望が容れられて、一六六八（寛文八）年に生まれたのが「家訓十五カ条」である。正之が起草、山崎闇斎が潤色した。

家督を正経《まさつね》に引き継ぐ前年のことで、後代の藩主への遺言といえるものであった。

第一条の「大君（将軍）の儀、一心大切に忠勤に存すべく、列国の例を以て自ら処《お》るべからず。若《も》し二心を懐《いだ》かば、則ち我が子孫にあらず、面々決して従うべからず」にはじまり、第一五条の「もし（子孫が）その志を失い、遊楽を好み、驕奢をいたし、士民をしてその所を失わしめるようなことがあれば、すみやかに上表して蟄居せよ」の一五ケ条である。将軍家にひたむきに忠義をつくせ、他の藩とおなじようでは満足してはならない。それができなかったものは身を退けである。二―一四条には忠孝・孝悌尊重、風儀の奨励、法の遵守、社倉の設置などが説かれている。文治主義の表明、儒教の精神の法制化である。

家老に登用されたものは血判を押して「家訓」を守ることを誓った。毎年正月と八月には城中本丸の上段の間で大目付（後に学校奉行）が「家訓」を朗読し、礼服を着用した藩主と家臣は下座に居並んで聴した。

2　正之のもとの藩政

上級藩士の住まいと俸禄

氏郷いらいそうであったように郭内には四五〇軒ほどの士中（上士）の家があり、家族や使用人とともに暮らしていた。家老などの重臣の邸宅は城にちかい本一之町や甲賀口に通ずる甲賀町通りや大町口に屋敷をかまえていて、その土地の広さが三〇〇〇坪を超える家老の邸宅もあった。一般の侍の家で四五〇坪から九〇〇坪、ただし、家の坪数は小さく三〇坪から四五坪ほどであった。土地の一部は畑となって野菜を栽培していた（野口信一『シリーズ藩物語　会津藩』七八頁）。

一般の侍のあいだでは屋敷にあまり差がない。それは俸禄についてもいえることであった。士中の八〇パーセント以上が一〇〇石から四〇〇石の中間層であった。家老でも多くて数千石、他藩にみられるような一万石を超えるような家老は藩政間を通じて皆無、家老の北原采女が二〇〇〇石、田中正玄で四〇〇〇石であった。この藩士構成が実力主義の基礎となり、藩校教育を充実させた要因のひとつとみることができる。水戸藩では附家老の中山氏は二万五〇〇〇石、国家老の山野辺氏は一万石、大名クラスであった。

下級武士の生活

寄合（中士）や足軽（下士）が家族と暮らしたのは郭外、城の東北部の徒之町や長丁、城の南の型町や御弓町などに住居があたえられていた。その数は時代によって変動するが寄合はおよそ士中の半分ほど、足軽は倍以上であったようだ。間口が三、四間の家に住み、ふだん城下の治安や警備、末端の行政的な庶務にあたっていた彼らの禄は郭内の藩士よりずっと低い。内職で暮らしを立てねばならなかった。寺子屋の師匠や武術の道場の指南役になれるのはごく一部であった。
徒之町や長丁を流れる車川《くるまがわ》には精米用の水車があり、それを使った米搗《つ》きも下級武士の内職のひとつであった。

おふくろに百と端銭差出して三うすと誇る弥太が三郎

という狂歌が『徒之町百首』に載る（『歴史春秋』一二五号）。ふつうは半日で一臼がやっとの仕事、搗き賃は一臼五〇文、それを一日で三臼も搗き、その稼ぎの一五〇文を母に差し出したという。「弥太」とは下級武士の通称、「弥太が三郎」はその三男のことである。下級武士の米搗きの内職は白河の城下の谷津田川に架けられた水車でもおこなわれていた。
漆器の木地つくりの内職もさかんであった。

彼岸中あてにするなと七日町　五器の問屋に弥太が断る

「彼岸」とは春の彼岸におこなわれる彼岸獅子舞の祭、「五器」とは「御器」とも書かれる、会津塗のお椀のこと。お椀の木地作りの内職をしていた弥太にも彼岸獅子の祭は最大の楽しみ、そのときは仕事ができないと七日町の問屋に断っている。会津塗りの問屋も郭外の七日町にあった。

庭の土塀も畑となった。

徒の町土塀の南瓜実いりけり　松茸山に弥太や行くらん

という狂歌は土塀で育った南瓜も実ったので、それを弁当にして松茸狩りにゆくとよむ。

会津藩にかぎらず、下級武士には内職が当たり前、傘張りや提灯作り、米搗きが定番の内職、樵や漁や山菜とりの内職もあった。土地特有な内職では、天童の将棋駒作りや大館の曲げわっぱ作りはよく知られているが、会津藩では会津塗の木地つくりのほか代表的な民芸品である赤べこや起き上がり小法師の製作も会津藩士の内職となった。木綿の機織りをおこなう武家の妻女もいた。

そんな下級武士の日々の生活は楽ではなかったが、彼岸獅子舞の祭など、郭内に住む上級武士とはちがった下級武士らしい楽しみもあった。そんな生活を狂歌によんでいた余裕もあった。

会津郡松窪・上新井、耶麻郡の小新井、河沼郡の坂下・浜崎の五村には藩から土地があたえらえ、土地からあがる米を禄とされた地方御家人《じかたごけにん》とよばれていた下級武士がいた。武士の身分であるが、ふだんは農村で地主的な生活をしていた。

郭外の町民と農民

郭外の中心は札の辻のあった大町、そのまわりには馬場町、甲賀町、七日町、新町、後町などの町が広がる。一六六五（寛文五）年の段階で酒屋二〇五軒、塗師一九〇軒、米屋一一〇軒、紺屋一〇一軒、質屋七七軒などの商屋が軒を並べていた。会津の代表的産業は会津米をつかった酒造業と氏郷いらいの漆器業である。

町方の統治のために町奉行の下に一〇区に分けられた町ごとに町役人の検断がおかれた。頂点の惣検断には芦名時代いらい支配者がかわっても商人司の地位にありつづけた簗田《やなだ》氏が任じられ、そのほかの検断には芦名時代からの倉田氏、近江から蒲生氏にしたがった倉田家のほか、坂内、小池家があった。

農村部における行政も整備される。藩の役所として会津・河沼・大沼・耶麻の四郡の四カ所に郡《こおり》役所（長が郡奉行《こおりぶぎょう》）をおき、その下に一五カ所の代官所（長が代官）を配して村々を支配した。行政の最小単位である村では肝煎《きもいり》のほか、地首《じがしら》、老百姓《おのな》（五人組から選ばれる）の村方三役が村政を担った。さらに、十数カ村（一万石ほど）がまとめられて組が構成され、郷頭がおかれた。藩からの通達は代官をへて郷頭へ、郷頭から肝煎に達せられた。肝煎は庄屋や村長《むらおさ》、郷頭は大庄屋に相当したが、どちらも世襲であった。郷頭や肝煎には酒造業を兼ねるものが多かった。

世襲の肝煎や郷頭は芦名氏の臣として従っていた土豪や地侍にさかのぼれるものが少なくない。会津の支配者は伊達・蒲生・上杉・蒲生（再）・加藤と代わったが、帰農した土豪や地侍を家臣に取り立てるのでなく、といって一般農民としてあつかうのでもなく、地域にたいする統率力を利用、中間的行政官として遇してきた。苗字帯刀がゆるされたが身分は農民、武家とは一線を画されていた。

士農工商という身分制度では農民、町民は身分上は武士の下であるが、経済的には町役人や村役人クラスの町民や農民は下級武士はもちろん一般の武士よりも裕福であった。会津藩にかぎらず、江戸時代の社会の特徴といえる。

正之の経世済民

藩主の保科正之は経世済民の名君であった。江戸の市街地の大半を焼失し、一〇万人が死亡した一六五七（明暦三）年の明暦の大火（振り袖火事）では陣頭指揮に立って、一日一〇〇〇俵の炊き出しをおこない、町民には一六万両の救助金を支給した。幕府の貯蓄が空になるとの周囲の声には、幕府の貯蓄はこのようなときに使うものだと一喝する。被害は出火よりも延焼しやすい都市の構造にあるとの観点にたって、復興計画に全力をあげ、焼け落ちた江戸城の天守閣は「ただ遠く観望致す迄の事なり」（『千載の松』）として再建しなかった。天守閣よりも被災民の救済を優先するのである。この火事で林羅山は書庫を焼失、そのショックのためか、四日後に死去している。

会津の藩政でも一六五四年には飢饉などに備えて村々に米を貯蔵し、凶作のとき貸与して窮民を救おうとする「社倉制」を日本ではじめて実施した。社倉制は中国の隋の時代にもおこなわれたが、南宋の朱子が制度化したといわれており、会津藩も側近の土岐長元による助言により採用した。藩政の基本は領民の生活の安定である。『孟子』もいうように「恒産なくして恒心なし」である。それに合わせて「不慈なる事」として産子《うぶこ》殺しを禁止した。その結果、藩の人口は増加した。

九〇歳以上の高齢者には身分、男女を問わず終生一人扶持（男一日玄米五合、女三合）を藩から支給する老養扶持の制度を実施した。医療の面では、旅で病気となった者は医者に診断させ、金をもたない旅人には藩が代わって支払ってやるよう指示した。弱者の救済という社会保障に気を配る。

米の穫れない荒地にも課税するというそれまでの苛政も廃止した。石高は減少したが、正之の優しさに心をうたれた領民はひそかに開墾していた隠田《おんでん》を自己申請し、そのため石高は増加した。

正之の生い立ちや性格も無視できないが、儒教の徒であったことも見逃せない。儒教の根幹にある「仁」とは思いやり、他人の痛みを理解できる心である。孔子は弟子の樊遅《ばんち》の「仁とはなにか」との質問に、「人を愛す」（顔淵）と答えている。その思いやりの心で「人を治める」、それが「仁政」である。正之は残酷な刑も廃止している。

3　会津藩の学校のはじまり

稽古堂の設立

会津にもどった侍講の横田俊益は正之の指示のもと、一六六四（寛文四）年、若松の桂林寺町（会津若松市大町）に藩士も学べる私塾「稽古堂《けいこどう》」を開いた。好学で、儒教に親しんだ正之は武士や庶民の教育に熱意のある大名であった。文治主義の藩政も教育からである。林羅山の開塾から三四年後であった。

堂主には肥前生まれの岡田如黙《じょもく》が就任した。一七歳で上京して学を修め、三〇歳で仏門にはいり、会津の実相寺を訪れた後、落合村（磐梯町）で儒教、医学、詩文、和歌などを教えていた。稽古堂では横田俊益も教えた。その講義には家老の田中正玄や友松氏興らも出席している。

藩に保護された稽古堂は日新館の源流となる。小川渉の『会津藩教育考』(六三頁)も「それこの堂や、わが藩、学文所の濫觴なり」と書く。

藩校「講所」の創設、稽古堂は町講所に

正之の死の二年後の一六七四（延宝二）年、二代藩主の正経《まさつね》は若松城の北の堀端（甲賀町通りと本《ほん》一ノ丁の交わる辻の東北角）に藩士用の藩校「講所」を建設した。父の意志をうけついだのだろう。名古屋の明倫堂、岡山の花畠教場、米沢の興譲館、仙台の養賢堂などと並ぶ最初期の藩校であった。

だが、会津藩最初の藩校の「講所」は衰退、閉校となった。しかし、正之の六男で三代藩主となった松平正容《まさかた》（この代から松平を名乗る）は、一六八八（元禄元）年に一〇〇石を与えて「講所」を復興、翌年には「講所」の中に孔子堂を設立する。

それまでの藩士も庶民も学べる稽古堂では堂主の如黙が一六八五（貞享二）年に真木村《まきむら》（慶徳町真木、喜多方市）へ配流となり、一六八八年には庶民専用の学校の「町講所」となって、甲賀町の郭門近くに移された。教育は藩士用の「講所」と庶民用の「町講所」に分離された。「町講所」も講堂の規模を拡大し、藩から五〇石が与えられ、数度の火災に逢ったが、そのたびに再建されている。

享保期（一七一六―一七三六）、武芸が奨励された。だが、家中の士風は惰弱となり、学術はおろそかになった。

4　正之の神道

宗門改め

会津は仏都、有力な寺院が多い。正之は会津に入部するさい、最上山形から保科家ゆかりの九寺を会津に移している。高遠いらいの僧もいた。しかし、迷信的な加持祈祷や寺参りに警告をあたえ、迷信的な祠は取り壊して田畑にし、その年貢は「社倉」におさめさせ、神社の修理費用にあてさせた。来歴二〇年未満の寺院は取り壊している（『会津の歴史』一七七頁）。

そのうえで会津の寺院にはキリシタン対策の役を担わせる。一六六四年にはキリシタン禁制の高札を立て、翌年には宗門改めの役人を任じて、領民には寺の檀家になることを命じ、キリシタンでないことの証明である寺請証文を提出させるようにした。

領民には寺の檀家になるのを命じた正之が仏教に帰依することはなかった。父徳川秀忠は徳川家の菩提寺の増上寺に仏式で葬られたが、正之には菩提寺というものはなく、神社を保護した。服部安休には領内の神社の調査にあたらせ、『会津五部書』のひとつの『会津神社志』の編纂をさせている。

土津神社

吉川惟足《これたり》から吉川神道を学んだ正之は吉川神道の信者となり、土津《はにつ》霊神の神号をうけた。土は宇宙の根源としての土、津は会津の津のことである。

吉川神道というのは、吉田神道から仏教臭を除き、朱子学の思想を加味、君臣の道を重んじる神儒一致の神道であった。皇室を守護するという尊王思想でもあった。この正之を介して吉川神道は山崎闇斎にも影響をあたえ、天照大御神の子孫である天皇が統治する道だとする垂加神道を唱えている。

一六六九（寛文九）年、五九歳になった正之は家督を四男正経に譲ったが、その翌年会津に帰ったとき、

見ねばこそさぞな気色のかはるらめ六十になりてかへる故郷《ふるさと》

と詠んでいる。来年は還暦、目もひどく患い、人生の終わりが近いことを感じていたのであろう。

正之は一六七二年にふたたび会津に帰国すると磐梯山の麓の見祢山《みねやま》を墓所と定め、神道の礼をもって葬るべしと遺言し、その年のうちに帰府、三田藩邸で没した。遺言に従って、見祢山に葬られた。祖父家康は東照大権現として日光山に祀られたが、正之は磐梯山に土津霊神として祀られる。ふたりとも山に帰るのであるが、家康は神仏習合の神として、正之は神儒一致の神としてであった。

吉川惟足から神道を学んでいた友松氏興が二〇〇〇石の禄を返上して、磐梯《いわはし》神社の末社として土津神社を創建した。家老の友松氏興は死後まで主君を助ける。闇斎には「諸国の士人で為すある者、土佐の野中兼山と会津の友松氏興に及ぶものなし」との言葉がのこされている。

二代正経以下の藩主は正之の命で一八歳で亡くなった嫡男正頼《まさより》の墓所として開かれた若松の東の院内山（会津若松市東山院内）に葬られた。一六八一年に死去した正経は他の大名に準じて仏葬であったが、三代の正容から九代容保《かたもり》まで正之の神葬を踏襲する。

第5章　藩校・日新館の誕生

一八〇一（享和元）年、郭内の城の西側に上士の子弟のために藩校の日新館が建設された。当初は荻生徂徠の古学を基礎とする教育だったが、すぐに朱子学が基礎となる。授業は素読所（小学）で経書の素読にはじまり、習字を学び、武術を修めた、優秀な生徒は日新館内の講釈所（大学）に進級した。講釈所でとくに優秀であったものは江戸の昌平黌への遊学が命じられた。中士の寄合の子弟には北学館と南学館が郭外に用意され、日新館に準じた教育がおこなわれた。猪苗代城にも、江戸藩邸にも、警備で派遣された三浦半島にも日新館の分校が設立される。会津藩士の子弟のいるところどこにも学校があった。城下には私塾も寺子屋も武術の道場も生まれた。若松では日新館の就学前の子弟には「汁《じゅう》の掟《おきて》」による礼儀教育があった。会津藩の教育は儒教による人間完成が目標とされていた。

1　藩校の整備

田中玄宰の教育改革

一七八一（天明一）年、名家老田中正玄の曾孫である田中玄宰《はるなか》が家老に就任したとき、保科正之によって基礎の築かれた会津藩の財政は危機的状態にあった。就任の翌年と翌々年には天明の大飢饉に見舞われた家老の玄宰は社倉米の放出、酒造禁止などによって領民の救済にあたったが、多数の餓死者をださねばならなかった。抜本的な改革がもとめられた。

藩の再建には藩士の教育から見直さねばならないと考えた玄宰は藩校の拡充に着手する。その方針は、学問に生きる「儒者」を養うのではなく、その地位にふさわしい能力と誠実さを備えた「人材」を育てねばならないということであった。

全国的にも一八世紀の後半から士風の立て直しと藩政の改革のための人材養成を目的にして各地の藩で藩校が設立されるようになっていた。福島県内でも宝暦年間には磐城平藩が施政堂、守山藩が養老館を、天明年間には三春藩が明徳堂、寛政年間には白河藩が立教館を設立した。一九世紀に入ると日新館のあとに下手渡《しもてど》藩の学問所、二本松藩の敬学館、福島藩の講学所、相馬中村藩の育英館の設立がつづいた。

東講所と西講所

玄宰は一七八八（天明八）年に城のすぐ北の本一ノ丁《ほんいちのちょう》にあった上級藩士用の「講所」の規模を拡大して、「東講所」とし、また、城の西の米代一之丁《よねだいいちのちょう》と米代二之丁の間に新たに弓・馬・刀・槍の武術のために「西講所」を設立した。「西講所」には火縄銃の練習場もつくられた。

このとき上級藩士の子弟は一一歳で東講所に入学して素読をはじめ、一三歳になると書道を習った。その目的は「孝悌を本とし、人々に受る所の徳をなし材を達し、国家有用の人物をなすべきこと」にあった。一四歳からは武術が加わる。午前中に東講所で素読と書道を学び、午後は西講所で弓・馬・刀・槍の時間となった。文武両道の教育である。

北学館（青藍舎）と南学館（友善舎）

おなじ一七八八年には甲賀町の郭門近くにあった「町講所」とは別に南町口を出たところの花畑丁《はなばたけちょう》にも「町講所」が設けられた。だが、このとき庶民の入学が排され、郭外に住む下級藩士でも寄合（中士）の子弟用の学校となる。日新館が完成した翌年の一八〇二年には甲賀町の「町講所」は北学館、花畑丁の「町講所」は南学館と命名された。それぞれ青藍舎と友善舎ともよばれた（図13）。

こうして士中（上士）と寄合（中士）の藩士教育はそれぞれ日新館と南・北学館の別の学校で教育されることになる。足軽（下士）は原則的には藩の学校教育から外された。

もちろん、私塾や寺子屋には身分に関係なく、足軽も庶民の子弟も通うことができた。郭外には多くは藩士の二、三男が師匠であった寺子屋が二〇カ所ほどあった。地方でも、坂下・高田・小荒井・小田付・田島・塩川をはじめ多くの村に寺子屋が開かれた（『会津の歴史』二〇六頁）。藩内の各地に置かれた代官所では長屋をつかった郷校が営まれ、ここでは足軽も庶民も学ぶことができた。

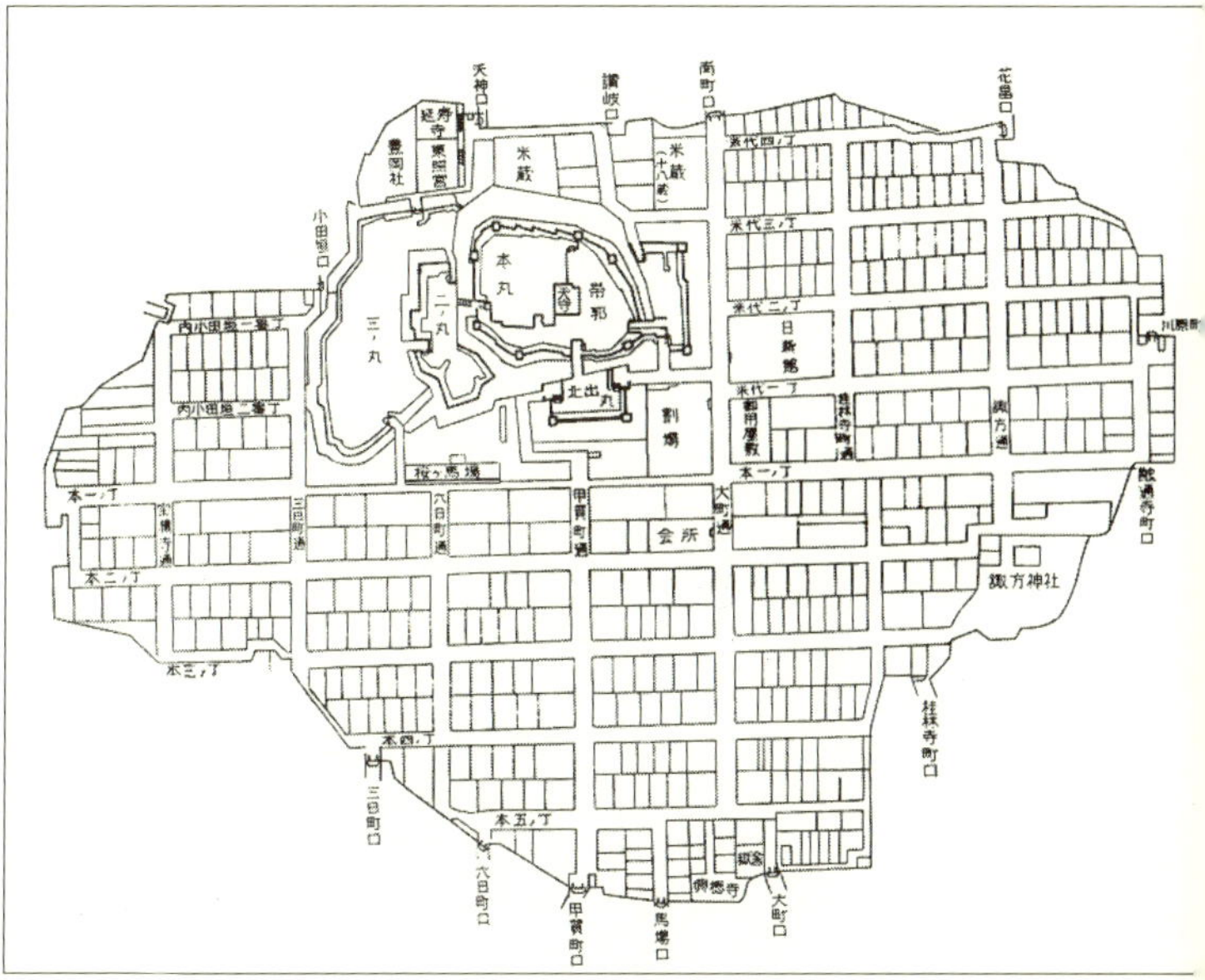

図７　若松城下の郭内。上が南、日新館は若松城の西、米代にある。

2　日新館の建設

徂徠派・古屋昔陽の登用

田中玄宰は藩政の儒者の養成ではなく藩政の改革のため、道徳よりも政治を重視する徂徠派の古学者古屋昔陽《せきよう》を熊本藩から招聘しようとした。人間形成第一ではなく、「聖人の道は政務に入用なるを第一とする」（荻生徂徠）である。だが、五代藩主容頌《かたのぶ》をはじめ藩の首脳は古学者の派遣は藩祖正之いらいの朱子学に反するとして否定的であった。一七九〇（寛政二）年には幕府直轄の学校では古学などの異学の教育を禁ずるという「寛政異学の禁」を発した老中松平定信も難色をしめした。

しかし、玄宰は一七九一年に昔陽の会津招聘を実現させた。そして、昔陽をブレーンにして殖産興業、人材登用、武備の充実、節約の法、身分の明確化などに取り組む。その最大の事業が日新館の設立であった。

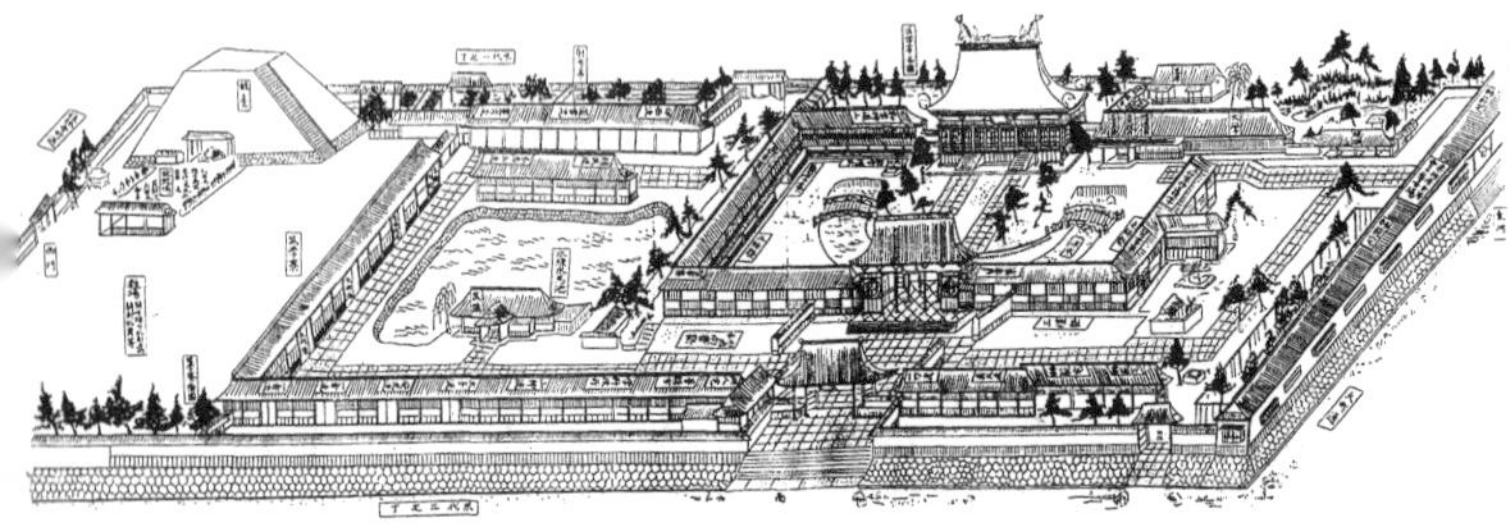

図8　日新館。米代二丁目を正面として大町通りと桂林寺通の間に設立された。

日新館の校舎

日新館の設立というのは上級藩士用の東講所と西講所の両講所を統合、文武をあわせた学舎と孔子を祀る大成殿を建設することであった。敷地には城の西にあった「西講所」を拡張した東西二丁、南北一丁、七〇〇〇余坪の土地が用意されたが、藩の財政は逼迫、建築資金の三〇〇〇両を捻出する余裕がなかった。そのとき資金を提供してくれたのが、上杉氏の家臣だったが、上杉の米沢転封に従わず若松で帰商した須田新九郎である。その資金のお陰で一八〇一年に文武の学舎が完成、一八〇三年には大成殿の造営がなった（図８）。校名は『書経』の「日日新而又日新」からとられて「日新館」とされた。

日新館の中心には儒教の象徴である孔子を祀る大成殿が置かれた。正門の南門から戟門《げきもん》を通ると中庭となり、泮水《はんすい》の橋をわたると大成殿（泮宮《はんきゅう》）となる。南門には「過化存神」、戟門には「金声玉振」の扁額が掲げられた。それぞれ『孟子』の尽心篇上と万章篇下のことばで、「過化存神《かかぞんしん》」は聖人が通り過ぎるところでは徳化があり、聖人のおるところでは神のような感化があるということ、「金声玉振《きんせいぎょくしん》」は音楽が金（鐘《しょう》）を鳴らすのにはじまり玉の楽器を打って終わるように、智と徳が終始そなわっていることを意味する。

戟門の両側には中庭を囲むように二階建ての東塾と西塾の素読所（小学）が建つ。東塾は三礼塾、毛詩塾、書学寮、和学方、神道方、雅楽方の教室、西塾は尚書塾、二経塾、書学寮、医学寮、礼式方、算術方、天文方、神道方、和学方の教室となる。大成殿のすぐ東に講釈所（大学）があった。昔陽は儒教の教育だけでなく、実用に役立つ多様な学問を提供する多数科制をとりいれたのである。

その他、図書を所蔵する文庫が講釈所の北側に、天文方のため天体観測用の観台（天文台）が敷地の北西の隅に設けられた。北門の近くに教科書の印刷をおこなう開版所があった。

武芸稽古場と師匠の宿舎は大成殿と東・西塾を囲むように配された。武術の種類は、弓術（三流派）・馬術（三流派）・槍術（三流派）・刀術（五流派）・砲術（一〇流派）・柔術（五流派）・居合術（三流派）・水練術（一流派）であった。弓術・槍術・刀術は流派ごとの道場が用意され、その他は共有の道場がつかわれた。海のない藩だが、水練が重視され、館内には水練と水馬の訓練用の池が穿かれ、館外にも的場や騎射の訓練場、射撃の練習場がもうけられた（図8、9）。

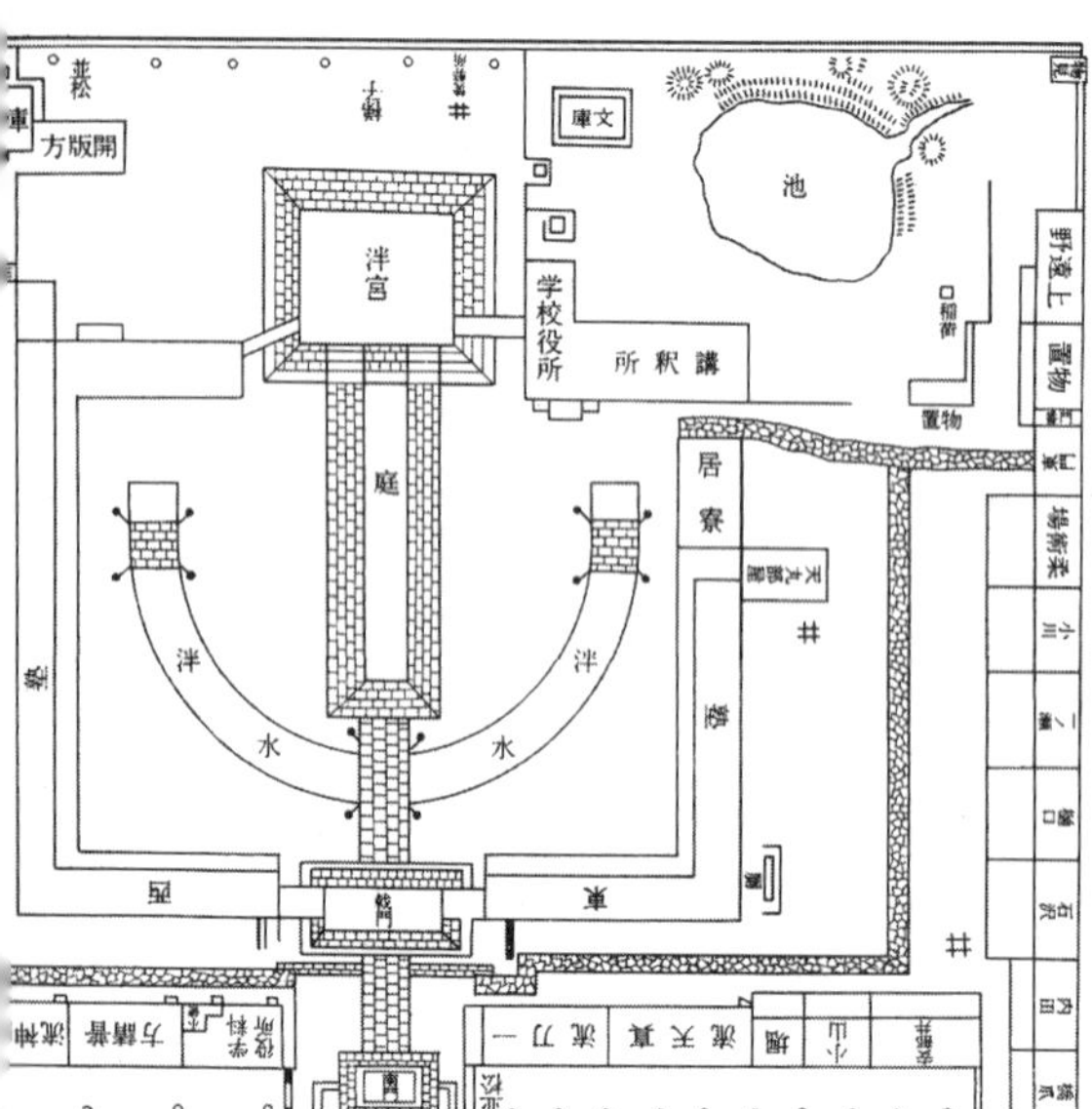

図9　日新館平面図

古くは藩校は文道のみ、武道は城下の道場に任せていた。しかし、日新館は「東講所」「西講所」における文武両道教育を継承、武道教育を重視する。小川渉も日新館教育の特徴に武道重視をあげていた(『会津藩教育考』六六一頁)。とはいっても、有力な藩校では文武両道教育が一般的となった。

武道教育は心の教育でもあった。どんなときでも身から離してならない大小二本の刀は武器であり、権力の象徴であるが、武士の魂でもある。恥を厭い、名誉を重んじ、身を正しくするための心の象徴でもあった。不当な理由で人を殺傷してならないのはいうまでもなく、それで威嚇するようなことがあってはならない。新渡戸稲造も『武士道』(一三章)でいう、「武士道は刀の正当なる使用を大いに重んじたるごとく、その濫用を非としかつ憎んだ。場合を心得ずして刀を揮った者は、卑怯者であり法螺吹《ほらふき》であった」(矢内原忠雄訳一一三頁)、と。

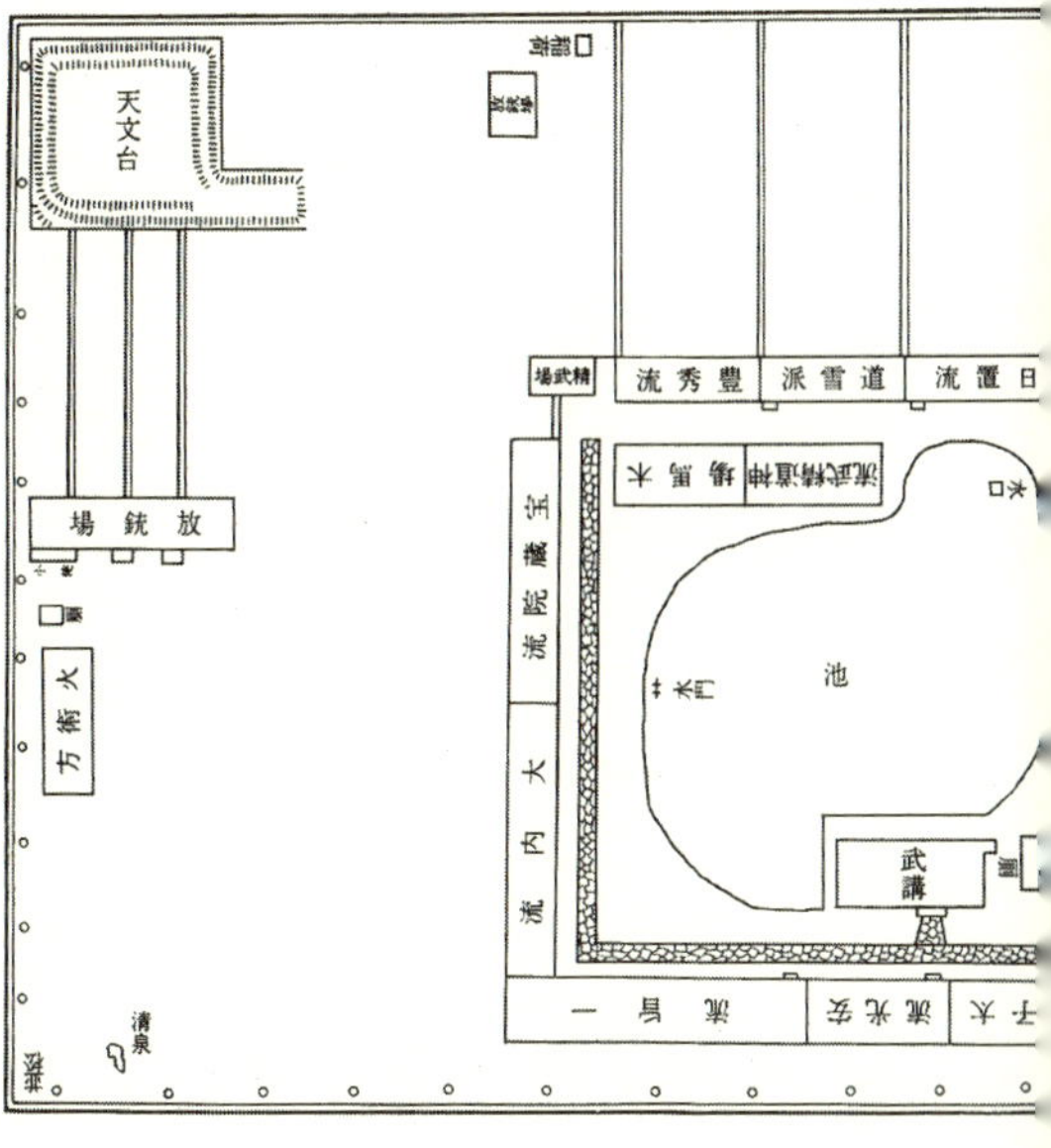

日新館の後、規模の大きな長州藩の明倫館、岡山藩の藩学校、熊本藩の時習館などが建てられたが、日新館は最大規模の藩校だった。常時一〇〇〇人から一三〇〇人ほどの生徒が在籍していた。藩校の研究者笠井助治は「その規模結構に於て当時の諸藩校中の雄」とのべている（『近世藩校の綜合的研究』六五頁）。

日新館の教育課程――基礎は朱子学

日新館の初期のカリキュラムは徂徠学にもとづき教育の目的は「儒者」を育てるのではなく、「経世済民」にある。民の生活を安定させるのにふさわしい「人材」を育てることにあるとされた。道徳と政治は別物とされた。

しかし、古屋昔陽が日新館の完成の五年後に死去、その二年後には田中玄宰が世を去ると七代藩主松平容衆《かたひろ》は日新館の教育を朱子学を旨とすることに改めた。教育目標は「人材」の養成よりも、人間の人格的な成長と完成となる。孔

図 10　日新館での素読の学習風景

子のいう「君子」、朱子学のいう「聖人」をめざすことになる。

日新館は初級の素読所（小学）と上級の講釈所（大学）からなる。日新館に入学ができるのは士中の藩士の子弟。士中の藩士の子弟は全員一〇歳から日新館の素読所に入学しなければならなかった。創設時は一一歳からであったが、一八一三（文化一三）年に一〇歳からとなった。クラスは生徒の郭内の住居によって儒教の経書から命名された三礼塾、毛詩塾、五経塾、尚書塾に分けられた。素読所（小学）は第四等から第一等までの四段階のクラスがあり、年齢でなく成績で上級に進級できた。能力主義による進級制度の等級制も日新館の特徴、この点は古屋昔陽が重視した等級制を継承していた。

入学すると第四等に編入され、『孝経』と『大学』『論語』『孟子』『中庸』『小学』『詩経』『書経』『礼記』『易経』『春秋』の四書五経の素読と後述する『日新館童子訓』の学習にはじまり、『日新館童子訓』をのぞく一一経の素読を終えれば修了となって進級した（図10）。第三等では四書（朱子の註による『四書集註』）と『小学』『春秋左氏伝』の独習がおこなわれ、春と秋の試験で進級した。朱子学教育の色彩が濃くなる。第二等では四書と『小学』のほか『礼記集註』『蒙求』『十八史略』が教科書となり、その解釈を学習した。春と秋の試験で進級、第一等では四書、『近思録』『玉山講義附録』『二程治教録』『伊洛三子伝心録』『詩経集註』『書経集註』『周易本義』『春秋胡氏伝』『春秋左氏伝』『国語』『史記』『前漢書』『後漢書』など朱子学中心の書がテキストとされた。一六歳で第一等を修了したものには褒賞として『詩経集註』と『周易本義』が下賜されることになっており、毎年二、三人が褒賞をうけていた。第一等を修了したものの学力について小川渉は師範学校の卒業者と同等であるとのべている（『会津藩教育考』一九九頁）。

家格や長男か二、三男かでも修業義務が異なっていた。三〇〇石以下の長男は第三等まで、三〇〇石以上五〇〇石以下の長男は第二等まで、五〇〇石以上は第一等まで進級しなければならないとされた。次男以下はより低いクラスでよく、三〇〇石以上の次男以下は第三等まででよかった。一八歳で一等になるのが標準的な基準とみられており、定められる等級まで完遂できない場合、長男は三五歳まで、次男以下は二一歳まで在学せねばならなかった。

経書の学習のほかに、一二歳なると書学寮で、ひらがな、カタカナ、数字から、手紙文、楷書、行書、草書の習字が加わり、一五歳になると午後は武学寮において弓・馬・刀・槍・砲などの武芸の修業となる。それに長沼流兵学の講義（武講）があった。素読や習字の授業でも武芸の修業でも不礼・

図11　日新館での弓術の稽古風景

不作法がきびしくたしなめられた。礼儀を躾ける場でもあった（図11）。

素読所（小学）の第一等を修了したものは講釈所（大学）へ進級する。講釈所では「常に経義を研究し、会読及び作文を業とす。春秋に対策あり」（『会津藩教育考』八頁）、儒者による経書の講釈や学生同士の輪講や討議がおこなわれた。そのさいには四書五経や史書を無点本（訓点のない本）で読めねばならなかった。それに漢詩や作文が加わる。上・中・下の三等の等級からなり、講釈所でも春秋の試験で進級が決まる。上等になると経書と史書の討論と自主研究が主体となる。中等に進んだもののなかで、とくに優秀なものは後述するように江戸に遊学ができた。

素読所（小学）と講釈所（大学）における朱子学と書道の教育と武術が核となったが、文道では昔陽の多数科制を継承して雅楽、神道、和学、礼式の教養科目と算術、天文、医学という自然科学も選択科目として用意され、武道については弓術・馬術・槍術・刀術・砲術などが用意され、しかも多流派の師範による指導があった。

和歌教育の和学は比較的人気があったが、全体として選択科目の希望者は少なかった。とくに算術と天文の受講者は数えるほどであった。正之のときには当代一流の和算・天文家で、『九数算法』の著書のある島田貞継やその門人で『本朝統暦』『奇偶方数』を著した安藤有益が登用され、日新館には天文台が設置されたのにである。算術は武家の教養ではなく、商人や職人の業とみられていた。

このような日新館教育に力をそそいだ会津藩について、「はじめに」にも引用したように、司馬遼太郎は日本の藩のなかでの「最高傑作」とのべていた。文の教育の点では肥前佐賀藩とともに最高の水準にあり、武勇では佐賀をはるかに抜き、薩摩藩とならび、最強の藩であったというのである(『歴史を紀行する』三六頁)。

医学寮

医師の養成のための医学寮は日新館の西塾の一室があてられた。藩医の子弟は一〇歳になると素読所に入り、その後、医学寮で学んだ。医学には本道科・外科・小児科・痘瘡科・本草科があった。それぞれ、第四等から第一等まであり、試験で進級した。

一八一一(文化八)年には、五ノ丁にあった米倉の跡地四〇〇坪に四五坪の教場が建てられた。十全館と命名される(図12)。ここには藩医の子弟だけでなく町医の子弟も入学でき、遠方の町医の子弟のために三〇坪の寄宿舎が設けられた。下級の藩士の子弟も入学できた(『近世教育における近代化の傾向』一八七頁)。一八二〇年には日新館内にもどる。

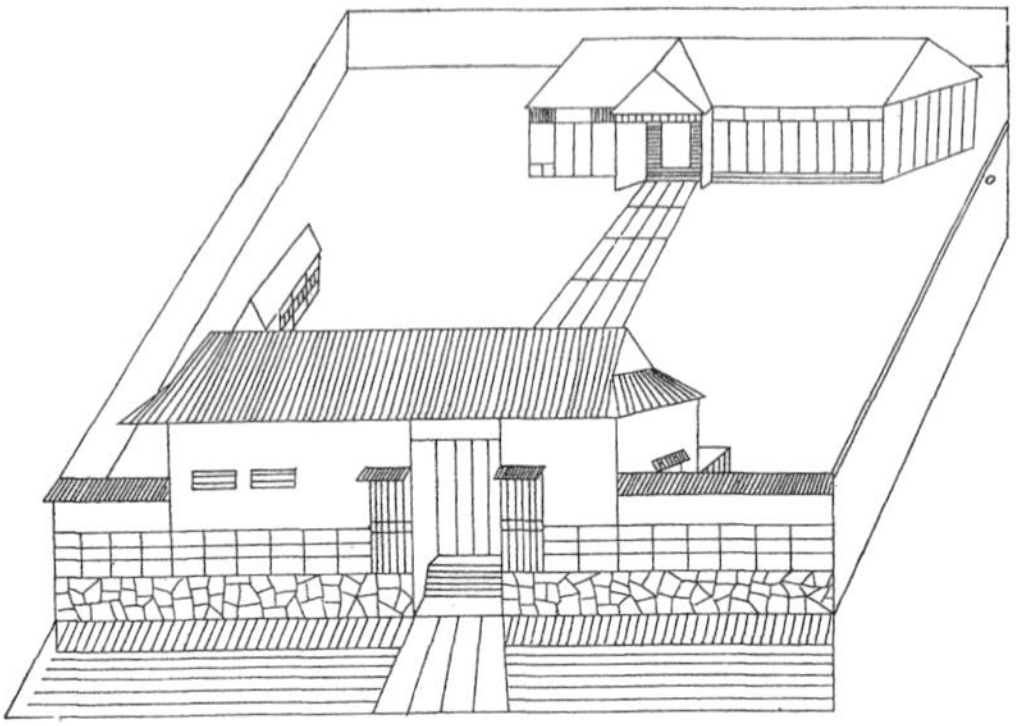

図12 日新館・医学寮。『日新館誌』による。十全館として独立したときの校舎

仁と礼――人間形成のための教育

礼儀の重視も日新館の特徴であった。孔子も「君子は博《ひろ》く文を学び、之を約《やく》するに礼を以てせば、亦《また》以て畔《そむ》かざる可《べ》きか」(『論語』雍也)という。幅ひろい学問の習得が必要なのはいうまでもないが、礼を欠かしてはならない。「博文約礼」であってこそ人間らしい人間となれる。

もちろん、形だけの礼は無用である。日新館の礼式方では小笠原流の作法の教育があったが、仁の精神をともなった礼が学ばれねばならない。孔子は「人にして不仁《ふじん》ならば、礼を如何《いかん》せん」(『論語』八佾《はちいつ》)ともいう。仁徳を失った礼ではなんの意味もない。内なる仁が外にあらわれた礼であらねばならない。新渡戸稲造の『武士道』(第六章)にも小笠原宗家(小笠原清務《きよかね》)の「礼道の要は心を練るにあり。礼をもって端座すれば兇人《きょうじん》剣を取りて向かうとも害を加うること能わず」(矢内原忠雄訳六〇頁)という言葉が見られる。

書道も実用だけでなく人間形成にも役に立つ。「書は人なり」である。「書は心画なり」とか「心正しければ即ち筆正し」という言葉もある。武術も技量を高めるだけでない、人間を磨く目的もあった。武術も人間形成に欠かせないとされたが、そこでも礼が欠かせない。「礼に始まり礼に終わる」といわれてきた。

紐制・襟制

会津藩に厳格な身分制が存在したのはいうまでもない。近習(文官)と外様(武官)とも上士、寄合、足軽に分けられたのはもちろん、さらに一一階級に細分された。しかも身分が衣装でわかるように、羽織の紐の色と衣服の半襟の色で区別するという紐制《ひもせい》・襟制《えりせい》があった。

士中と寄合は羽織の紐の色で区別され、士中は納戸《なんど》色紐(濃緑色)・黒色紐・紺色紐・花色紐(うすい藍色)の四階級、日新館で学べるのは花色紐以上の藩士の子弟であった。寄合も羽織の紐で区別されて、茶色紐・萌黄《もえぎ》色紐(黄緑色)・浅黄色紐(うすい黄色)の三階級からなる。足軽は半襟の色で区別されて黒色襟・大和柿色襟、白鼠色襟、浅葱《あさぎ》色襟(うすい青色)の四階級となる。浅黄色紐以下の俸禄は毎月支給される「月割」であったが、萌黄色紐になると年俸制の「年割」になる。春には昇格・昇給があった。『徒町百首』の、

春風に御祝儀をひるがえし　年割ほこる弥太が入口

は月割から年割になった喜びをうたっている。親類縁者や同僚のものが祝儀をもって弥太の家を訪れてくれる。年割となったというのは浅黄色紐から萌黄色紐へと階級が昇格したことでもあった。

郭内の本一之丁の近くに屋敷をもつ文官の家老や猪苗代城代、武官の番頭、大組頭などは最上階級

の納戸色紐である。武芸指南役であった山本覚馬は士中の最下級の花色紐であったが、右筆《ゆうひつ》（文書係）となると黒色紐に昇格した。

吉田松陰の日新館見学

ロシアの南下政策に対する北辺の海防の実情を自分の目で確かめようとして東北遊歴にでた長州藩校明倫館の兵学師範吉田松陰が一八五二（嘉永五）年初頭、日新館をたずねている。松陰の『東北遊日記』によると、前年の一二月に盛岡藩士の江幡五郎と熊本藩士の宮部鼎蔵を連れだって江戸を立ち、水戸では水戸学者の会沢正志斎《せいしさい》や豊田天功《てんこう》の教えをうけ、北の手綱《てずな》（高萩市）では宝蔵院槍術師範の阿久津彦五郎と議論し、陸奥に入り白河では盛岡にむかった江幡と別れて、一月二九日に若松に入った。その翌日、江戸で剣術道場の練兵館を主宰していた斎藤弥九郎の長子である新太郎の紹介状をもって、以前に練兵館で修業をしていた会津藩士の井深蔵人《くらんど》を訪問した。松陰は以前に江戸の練兵館を訪ねており、また、新太郎が明倫館で長州藩士を指導していた。そのようなことで、松陰と新太郎とは知己の間柄であった。

井深蔵人は一年三カ月前に故人となっていたが、蔵人の孫の茂松が松陰を居合術の指南役で槍術にすぐれた黒河内伝五郎に案内してくれた。「会津の麒麟」と称えられ江戸では「鬼の小太郎」と恐れられた法蔵院流槍術指南役の志賀小太郎の弟子の伝五郎は、小太郎が西国を巡業で萩で技を披露した後、一八四三（天保一四）年には長州藩から招待をうけたとき小太郎に従って萩を訪ね、一年あまり門人の育成にあたっており、松陰とも知り合いであった。二年前に三八歳で亡くなっていた小太郎は萩から会津にもどるさい三人の長州藩士を会津に連れ帰り、日新館で槍の修業をさせている。そのひとりの岡部半蔵の門人が山県有朋であった（滝沢洋之『吉田松陰・会津を行く』三九頁）。

翌日には日新館教授の高津平蔵（淄川《いせん》）と安部井帽山（弁之助）と会う。二人とも古賀精里《せいり》門下生として江戸で遊学の経験があり、とくに、高津平蔵は会津藩が蝦夷地に派遣されたとき、従軍している。平蔵から松陰は北辺の海防の実情を聞けたにちがいない。平蔵も帽山もすぐれた漢詩人である。

三日目は、志賀与三兵衛と軍事奉行の広川勝助を訪ね、江川太郎左衛門に依頼して口径七寸、砲長七尺あまりのペキサンス砲を鋳造、それを装備した軍艦を「東の海（猪苗代湖）」で訓練しているとの話を聞いている。四日目は、茂松と東山にある会津藩主の二代目以下の墓を詣で、温泉に浸かる。五日目には、伝五郎と茂松から日新館のカリキュラムをくわしく聞くことができた。会津藩には特有の「紐制・襟制」があり、花色紐以上の藩士の子弟が入学できるという制度に興味をしめしている。

六日目に若松を発ち、越後に向かったが、その朝、伝五郎の特別の計らいでひそかに日新館を見学できた。日新館について「大門（南門）の扁額には過化存神とあり、中門（戟門）には金声玉振と書き記している。門の左には太鼓を置き、その太鼓をうって時刻を報らせる。正面の聖堂を大成殿という。堂の左右に四塾があって生徒を置き、習書・神道・和学・礼式を学ばせ、また学校の役所がある。

聖堂の右には射場・馬場及び印刷場・武芸の家居及び剣槍場があって、その外《ほか》を囲む。東門の扁額には日新館と記してある」と、日新館の概要が記述されている（『吉田松陰全集・10』一三六頁）。

山鹿流兵学師範の松陰だが、日新館に近い山鹿素行の生誕地には寄っていないようだ。七日間の滞在で多くの藩士との交友ができた。斎藤新太郎あての手紙で、会津藩について「藩素より文武の士に乏しからざれば、甚しくは寂寥ならず」とのべている（『吉田松陰全集・8』一三九頁）。

江戸への遊学

一七九〇年、老中に白河藩主松平定信の「寛政異学の禁」によって幕府教学では朱子学を奨励したが、一七九七（寛政九）年、その一環として林家塾を幕府の直轄の学校・昌平黌（昌平坂学問所）とし、朱子学者の尾藤二洲《じしゅう》や古賀精里を教授に招いた。当初は入学を幕府直参に限ったが、諸藩の藩士の入学も認めるようになり、そのために諸藩の藩士の学寮としての書生寮を設立した。

会津藩では日新館の講釈所（大学）でとくに優秀と評価されたものは江戸の昌平黌などへの遊学が命ぜられた。すでに名があがった高津平蔵、安部井帽山、小川渉《わたる》も昌平黌への遊学組だが、以下に登場する秋山左衛門、秋月悌次郎、南摩綱紀《つなのり》、広沢安住《やすとう》、永岡久茂《ひさしげ》、安部井政治《せいじ》、倉沢平治右衛門《へいじえもん》、井深元政らが江戸に遊学、昌平黌に入学した。藩の武士なので書生寮に入った。期間は原則三年であったが、延長もあった。

修学の場は昌平黌だけでない。秋月悌次郎の場合、江戸にのぼると四年間会津藩の藩儒の牧原只次郎や幕府の藩儒の松平謹次郎に学んだあと、昌平黌に入学、佐藤一斎《いっさい》や安積艮斎《ごんさい》に師事するとともに、学外では金子霜山《そうざん》、栗原又楽、藤森天山、安井息軒に学んでいる。長く書生寮の寮長をつとめた。同寮生には弘道館の訓導で徳川慶喜の懐刀となる水戸藩の原市之進、「抹殺博士」の異名をとり東京帝国大学教授となった薩摩藩の重野安繹《やすつぐ》がいた（松本健一『秋月悌次郎』五六頁）。一八五九年、三三歳のとき卒業してただちに藩命で諸国の遊歴にでた。水戸では武田耕雲斎、原市之進に会い、重野安繹をたより、薩摩にまで足をのばした（重野は不在）。萩も訪れ、全国にその文名は知られていた秋月は藩校明倫館では詩文にすぐれた長州藩士の奥平謙輔に会い、謙輔の詩文の添削をおこなっている。一六年前には槍の名手の志賀小太郎が長州藩士に槍術を指南した明倫館である。備中松山では長岡藩の河井継之助とあっている。遊歴には昌平黌での交友が役に立ち、遊歴は新たな人脈をひろげた。

秋月のあと南摩綱紀が書生寮の寮長を継ぐ。南摩は一八五一（嘉永四）年に昌平黌を卒業すると藩命により杉田成卿《せいけい》らに師事して洋学を修め、一八五五（安政二）年からは西国遊歴、その見聞を『負笈管見』にまとめている。遊学と諸国遊歴は他国の政治制度や風俗を知ることのできる貴重な機会であった。三五歳のとき帰国、日新館教授に就任する。

一八一〇（文化七）年このかた会津藩から江戸に遊学した人数は三九名、このうち昌平黌に入学、書生寮に入寮した数は一九人であった。この数は佐賀藩、仙台藩、薩摩藩につぐ（鈴木三八男『「昌平黌」

物語』一五頁）。山国の会津であったが、江戸で学び、他藩の藩士と交流しようとしていた。広沢安住は昌平黌に遊学する前、伊東祐順を連れ立ってペリーが来航した一八五五年江戸にのぼり、水戸藩の藤田東湖《とうこ》の教えをうけ、水戸では会沢正志斎らと交友している。

砲術師範の子の山本覚馬《かくま》は昌平黌ではなく、佐久間象山の砲術塾や蘭学塾に入門した。兵学師範の松陰が東北旅行をしていた当時、覚馬は象山の砲術で修業中であった。日新館の秀才で藩主容保の小姓となった小出光照《みつてる》（山川大蔵の妹の操と結婚）は江戸遊学が許されると古谷作左衛門の塾に入門して洋学を学んでいる。古屋は蘭方医の高松凌雲の兄、幕臣となり戊辰戦争では衝鋒隊を結成、新政府軍と戦った。

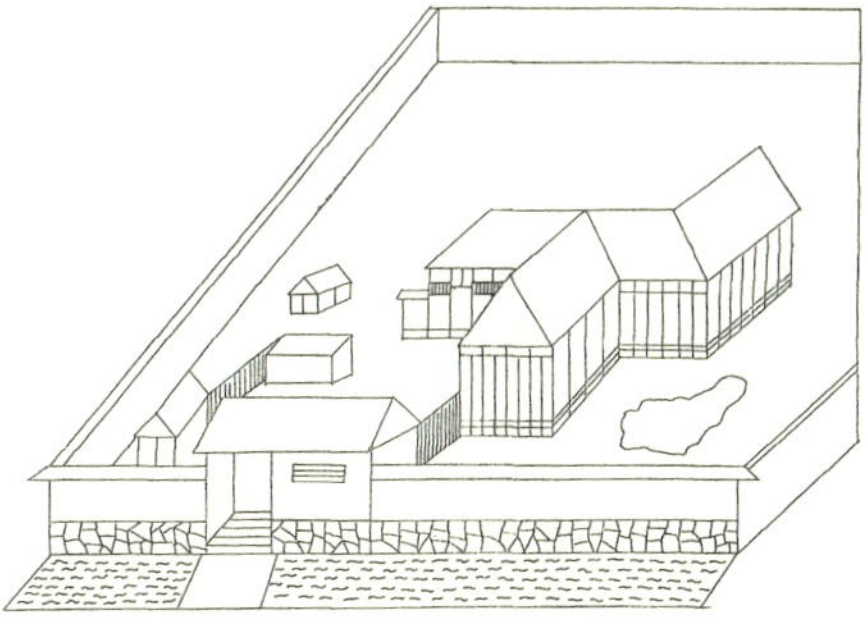

図13　南学館。友善舎、『日新館誌』による。南町口近くの花畑丁にあった。甲賀町には北学館（青藍舎）。

北学館と南学館の拡大

郭外に住む寄合（中士）の子弟は甲賀町の北学館と花畑丁の南学館で、日新館に準じた教育をうけた。両館とも規模を拡大、一八二〇年にはそれぞれ北素読所と南素読所ともよばれるようになる。教育課程は日新館と同様に四等から一等までの等級があり、一等に進級したものは本校の日新館の講釈所（大学）に進学できたので、両館は日新館の分校でもあった。原則は寄合の子弟のための学校であったが、足軽でも「その業の優秀なるものをば特選を以て入学を許されたり」という（小川渉『会津藩教育考』三〇九頁）。

日新館の素読所に相当し、南・北素読所と称されたが、読み書きとともに算術が必修とされた。上級の武士が好まなかった算術を下級の藩士に学ばせたのである。従来の武術の鉄砲が重視された。足軽には弓組と鉄砲組があり、その組屋敷の近傍には弓のための的場と鉄砲のための角場《かどば》鉄砲場が設けられていた（『会津藩教育考』三二八頁）。城下には足軽でも通える武術の道場が多数あった（一二四頁）。

猪苗代学校、成章館と考興館、養正館と集義館

猪苗代の亀ケ城の城代家老の邸内には藩士の子弟のために猪苗代学校が設けられた。猪苗代学校の教育課程も日新館に準じており、当初は日新館から講師が派

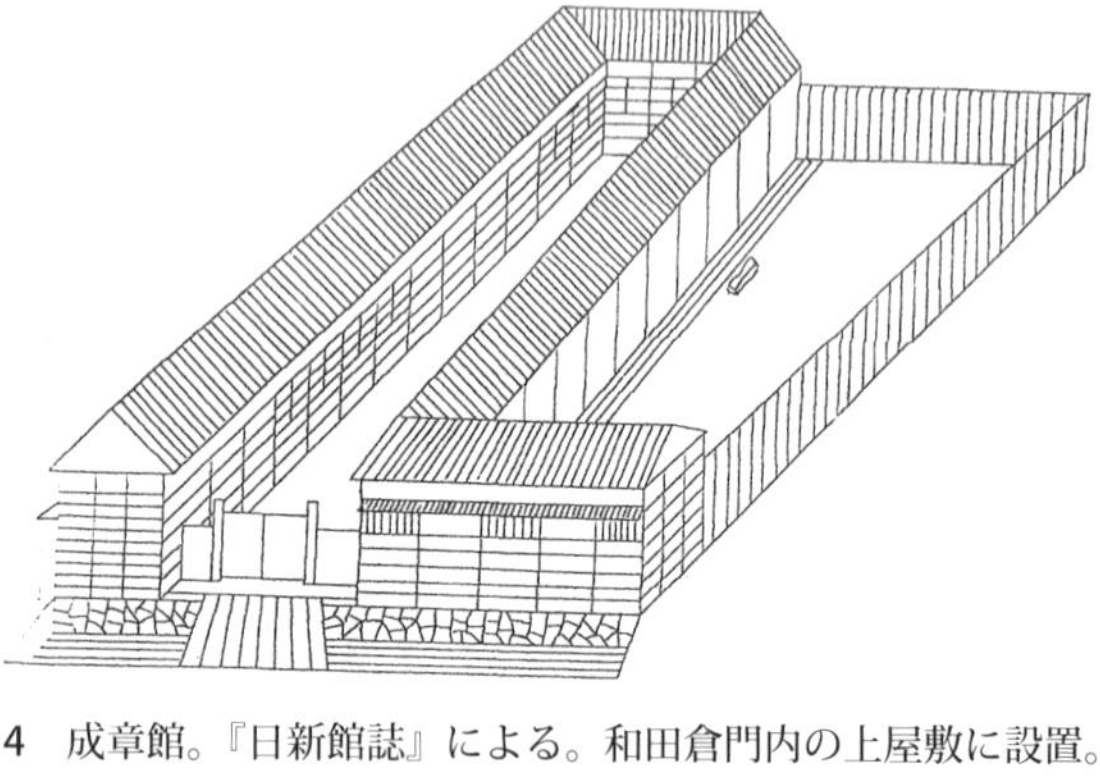

図14　成章館。『日新館誌』による。和田倉門内の上屋敷に設置。

遣されたが、その後専任となった。ここでは下級の藩士も襖ひとつ隔てられた隣の座敷で受講できた。兵学の講義も武術の訓練もおこなわれた。

江戸に住む会津藩士のためにも日新館の建設にあわせて、和田倉門内の上屋敷には成章館が、芝新銭座の中屋敷には考興館が設けられ、文武の教育がおこなわれていた（図14）。江戸詰の儒者の教師は毎朝素読をさずけ、隔日に講義をおこない、その間にも有志のために会読の指導をした。業務に差し支えないときには、下級の藩士も学べた。藩主や側近への特別講義もあった。成章館には四〇名、考興館には三〇名ほどの諸生（生徒・学生）がいた（『近世教育における近代化の傾向』二三二頁）。

外国船の来航に備えて、江戸での警備が長期間におよび、家族をひきつれた一〇年におよぶ滞在であったためであろう、子弟のために相模の観音崎には養正館が、三崎には集義館がつくられた（一五五頁）（図15）。両校では外国船にたいする警備という役目柄、砲術の訓練がおこなわれていた。蝦夷地のときには

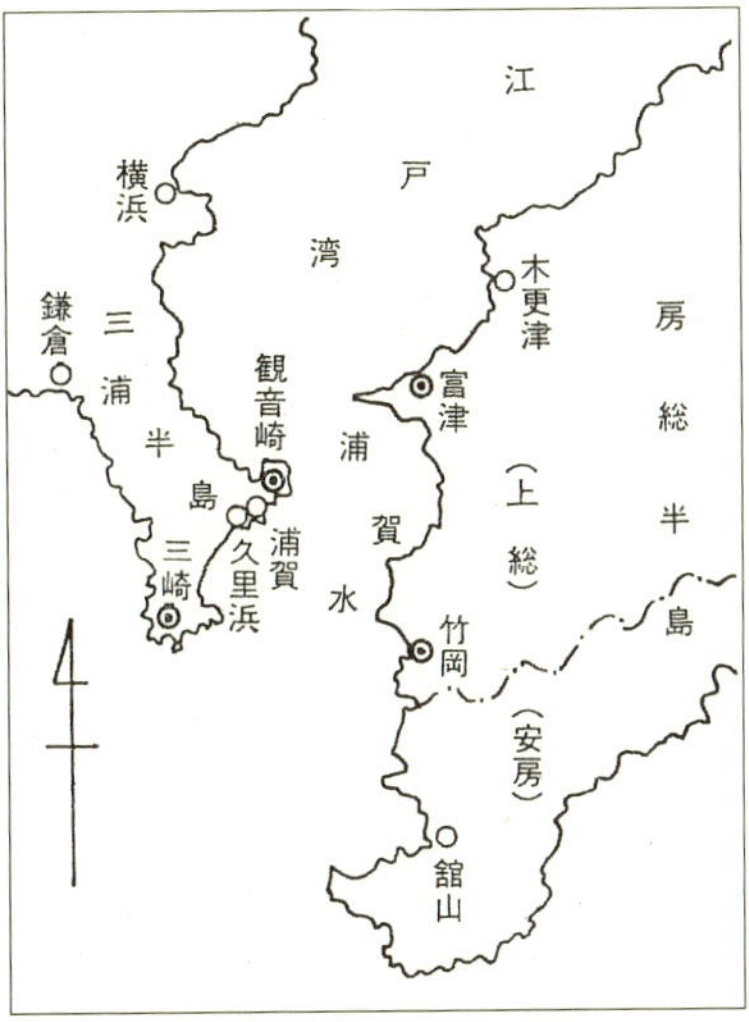

図15　会津藩による江戸湾警備。第１回は三浦半島沿岸、第２回は房総半島沿岸。二重マルは本陣の所在。

藩士単独の短期間の警備であったためであろう、藩の学校は設立されなかった。房州の富津と竹岡での警備でも家族同伴の藩士も多かったようであるが、期間が六年間と短かかったためであろうか、正式には学校を設けなかったようである。派遣地から若松に帰国すれば、日新館に入学ができたようだ。父が富津に送られた永岡久茂は一七歳のとき帰国して日新館に入学している（小桧山六郎ほか編『幕末会津藩士銘々伝・下』一一六頁）。

会津藩が領内に設置した一五カ所の代官所では代官所の長屋を教場として読み書き、武芸を習わせていた。下級藩士の地方御家人《じかたごけにん》の住む会津郡の松窪・上荒井、耶麻郡の小荒井、河沼郡の坂下・浜崎では村ごとに槍・刀・砲術の稽古場が設けられ、師範が出張して稽古をつけていた（『近世教育における近代化の傾向』二二八頁）。

『日新館童子訓』

日新館は文武両道の学問所だが礼節が重視された。身を清くし、品行を高くすること、学問の前に躾や礼儀を身につけねばならないとされた。そのため、一八〇一年、松平容頌は田中玄宰と日新館の和学師範となる沢田名垂《なたり》の協力で、日新館の設立と併せて日新館は独自に道徳の教科書『日新館童子訓』二巻も制作する。儒教の基本である「仁」のありかたを具体的に語り、容頌がコメントをする。上・下巻の全七五話はすべて日本の話、そのうち一九話は会津藩での実話である。初学者も読めるように和文で書かれた。「会津三部書」が上級用の朱子学の教科書とされたのにたいして、『日新館童子訓』は初級用の教科書であった。

容頌は上巻の序文で、父母への孝、主君への忠、師への学恩を欠いては万巻の書を暗記し、多能多芸となっても人としては失格であるとし、主君、父母、師につかえ、友と交わるときの心得をのべ、主君への忠も師への学恩も孝が基礎にあるとみている。「博文約礼」である。そして、下巻の序文で『孝経』の「忠臣は孝子のいる家からあらわれる」を引用して、忠臣の前に父母への孝であらねばならない、とのべる（中村彰彦『会津論語』一三八頁）。

朋友との交わり、長幼の序、主君への諫言《かんげん》の大切さを説く容頌は、第七〇話で「このような福を得る道は父母につかえて孝行の誠を尽くし、兄につかえて悌順の道を守り、朋友に信頼を受けて一族睦まじく、男女の別をわきまえ召し使いまでに情深く、人の難儀を救い慈愛を施し、人の見ざるを戒め聞かざるを恐れ、徳を備えて善行積むことである」とのべる。父子の親、夫婦の別、長幼の序、朋友の信をあげ、目下の者や難儀の者への慈しみを説く（『会津論語』二〇四頁）。

それとともに、容頌が繰り返すのは朱子学がモットーとする「修己治人」の教えである。たとえば、第三六話は「身を修め家を斉《ととの》え仁を尊び義に安んじ心を尽くし、国家の用に立つべきことを学び、出仕して実際に国家の用に立つことを『功労を立てる』という」と説く。『大学』には「修身・斉家・治国・平天下」とあり、朱子学は要約して「修己治人」とした（『会津論語』一一四頁）。

『日新館童子訓』には白河藩主の松平定信が序を寄せ、本書は初学者用の朱子学の修身作法の書『小学』を参考にしているとのべている（松平容頌『日新館童子訓』一九頁）。『小学』も朱子学の教えを具体的な例で語ろうした入門書である。具体的という点では『論語』もそうである。しかも、『論語』が「子（孔子）曰く」とはじまる孔子の言行録であるが、『日新館童子訓』では「容頌いわく」とはじまるコメントが載るので、『日新館童子訓』は「会津論語」とも称された。

『日新館童子訓』は藩士の全家庭に配られた。そこでは日新館に通えない婦女子も読むことができた。

「什の掟」

田中玄宰は藩校の設立に尽力したが、就学前教育も重視した。郭内に住む上級の藩士の子弟は日新館に入学するまでは午前中は父や祖父や縁者、あるいは城下にある私塾で読み書きの教育をうけた。後に陸軍大将となった柴五郎は七歳から近所に住む桜井五郎と飯田文治から『孝経』と四書の素読をさずけられている。ただ、意味を解さぬ棒暗記には興味がわかなかったとのべている（『ある明治人の記録』一一頁）。

柴五郎だけでなかったろう、

師の影を七尺去るともう遊び

という川柳もある。だが、郭内の藩士の子弟は、午後には「什《じゅう》」の仲間で礼儀や躾けの教育をうけた。「什」というのは居住地をもとに日新館への入学前の六歳から九歳までの一〇人ほどからなる集団である。「什」には「什長」をおき、毎日当番の者の家でつぎの「什の掟」を復唱させた。

一、年長者のいうことに背いてはなりませぬ。
二、年長者にはお辞儀をしなければなりませぬ。
三、虚言《うそ》をいうてはなりませぬ。
四、卑怯なふるまいをしてはなりませぬ。
五、弱いものをいじめてはなりませぬ。
六、戸外で物を食べてはなりませぬ。
七、戸外で婦人とことばを交わしてはなりませぬ。
　ならぬことはならぬものです。

日新館に入学し、『日新館童子訓』を学ぶまえに礼儀の基本を身につけねばならない。『論語』は「弟子《ていし》、入りては則《すなわ》ち孝、出でては則ち弟、謹みて信あり。汎《ひろ》く衆を愛し、仁に親しむ。行ひて余力有らば、則ち以て文を学ばん」（学而）とのべている。家では両親に孝であるが、外にあっては目上に従順、言葉は信実、すべての人を愛し、仁に親しむ。なお、力が余っていたならば、学問である。「余力学文」といわれる。この仁についてのべた「余力学文」は礼についてのべた「博文約礼」と意味に変わりがない（一〇九頁）。嘘をつかず、卑怯を厭い、目下、弱者への慈しみを忘れず、男女の別をわきまえるという「什の掟」は礼を具体的に教え、身につけさせようとしたのである。「ならぬことはならぬものです」。儒教的真理であって、反論はゆるされない。理屈ではない。

儒教の根幹は「仁」の追求にあった。他人への思いやりの仁である。新渡戸稲造は『武士道』（第五章）で「孔子も孟子も、人を治むる者の最高の必要条件は仁に存することを繰り返した」（四九頁）、「弱者、劣者、敗者に対する仁は、武士に適《ふさ》わしき徳として称賛せられた」（五三頁）とのべていたが、「什の掟」は「武士道」の予備教育であった。主君への忠誠、親への孝行はもとより、弱者へのいたわりを忘れないのが武士道の基本であった。

4　私塾と道場

会津の私塾

日新館や南・北学館の教授のなかには自宅で塾を開くものもいた。昌平黌に遊学をした秋山左衛門は北学館の教授と日新館の医学師範となるが、一八四四（弘化元）年には自宅では漢学と医学を教えた。日新館で安部井帽山の学風をうけついだ杉山凱は一八三六（天保七）年に南・北学館の学生のため、補習の塾を開いている。南・北学館から日新館へ進学するもののほどんとは凱の塾の学生であった。のち日新館の医学寮でも教えるようになる。

私塾では朱子学に限られていなかった。日新館が朱子学一色であったため、朱子学と異なる学派の私塾が求められていたのであって、日新館で徂徠学を講じていた米沢昌大は一八〇九（文化六）年に日新館を辞して、徂徠学の塾を開いた。藩儒宗川茂弘の弟で、一生部屋住みの身だった宗川茂《しげる》は一八三四（天保五）年に郭外の新町に塾を開く。ここでは秋月悌次郎、永岡久茂、広沢安任、安倍井政治、伊東祐順《すけより》らが日新館への通学の間に教えをうけていたが、日新館で昌平黌遊学の内命があった伊東祐順はそれを辞退して茂塾に入門、自らも塾を開く。その信条は「いたずらに浮華詩文を作るはわが志にあらず、要は躬行実践あるのみ」であった。陽明学的である（『近世教育における近代化の傾向』二三九頁以下）。

藩教である朱子学への批判は山川大蔵や佐川官兵衛にもあった。山川は日新館の朱子学教育にあきたらず、陽明学を学んでいたという（中村彰彦『山川家の兄弟』三〇頁）。佐川も陽明学の入門書である『伝習録』を愛読している（中村彰彦『鬼官兵衛烈風録』五五頁）。大塩平八郎、吉田松陰、高杉晋作、西郷隆盛、河井継之助らと共通して、「村の教師」の中江藤樹とは異質な行動的陽明学の支持者とみることができる。

儒教以外でも、日新館の和学師範であった沢田名垂は国学塾を開いていた。日新館の素読指南であった山内玄齢は一八二七年に藩命で江戸の渋川家で天文学を学び、帰国後は自宅で天文学と地理学を教えた（『近世教育における近代化の傾向』二四七頁）。

武術の道場

弓術・槍術・刀術・砲術など師範の邸宅を稽古場とする武術の道場が郭内、郭外に多数存在した。武学寮の師範が開いた道場もあった。会津藩随一の武術家で居合術指南役で剣道、柔術、薙刀術、槍術にも通じていた黒河内伝五郎は郭外の新町に道場を開いていた。これらの道場には日新館の武学寮に通うことのできない下級武士も入門ができた。優秀なものは日新館の武学寮への入学も認められていた（『近世教育における近代化の傾向』二二四頁）。

『会津藩教育考』（三一三頁以下）には道場（宅稽古場）の流派と稽古場が記載されている。それによると、弓術（五流派、七カ所）、槍術（二流派、四カ所）、刀術（一四流派、二二カ所）、砲術（一四流派）、算術（三流派、三カ所）、居合術（六流派、一五カ所）、水練術（一流派）、薙刀（二流派、二カ所）、町見術（一流派、一カ所）、壇《だん》術（一流派、三カ所）、手棒《てぼう》術（一流派、一カ所）、手裏剣術（一流派、一カ所）、本棒《ほんぼう》術（一流派、二カ所）、捕手《とりて》術（一流派、二カ所）、鎖鎌術（一流派、一カ所）、体挫術（一流派、二カ所）、三ツ道具術（一流派、一カ所）。

日新館の武術寮では教えられない武術と流派の武術の道場も城下で開かれていた。算術や町見術（測量の一種）も武術道場に分類されていた。砲術には必要であるとみられていたからであろうか。

郭内には日新館があり、郭外には北学館と南学館があり、多数の私塾と武術の道場があった。城下のあらゆるところに教育の場があった。

5　会津の寺子屋

寺子屋の拡大

武士だけでなく、農村でも村役人になるような農民には文書の読み書きの能力が不可欠であった。代官との文書の交換がおこなわれ、村の寄合でも文書が必要となる。町人も商取引業での文書のやりとりの発達で読み書きの能力が求められ、読み書きを教える寺子屋が町にも村にもうまれた。

私塾や寺子屋の設置に幕府や藩が口出しをすることはなかった。だれでも自由に開設できたが、城下町では武士、とくに、武士の二・三男が寺子屋を営むことが多かった。農村部では僧侶や神官や医師や上層農民が師匠となった。そこでは授業料を払えば、身分に関係なく学べた。ふつう、修学の期間は六歳から一二歳ごろまでであった。

教育の内容にも幕府や藩の干渉がなかったが、どこでも読み書きにはじまり、習字が重視された。算術もあり、九九を覚えた。教科書には『千字文』『三字経』『国尽』『庭訓往来』『商売往来』『百姓往来』などがつかわれた。「往来」とは教科書のことだが、本来手紙のやり取りのこと、文章の模範である。女子には貝原益軒の『女大学』、熊沢蕃山の『女子訓』といった教科書があった。

寺子屋は江戸時代中期に拡大、天保年間に著しく増加した。文部省が編纂、一八九二年に発行された『日本教育史資料』第八、九巻の「私塾寺子屋表」に掲載された寺子屋は全国で約一万五〇〇〇。実際はその数倍は存在したとみられている。

寺子屋の師匠は尊敬されていた。川柳にも、

家持ちの次に並ぶは論語よみ

とある。町内の寄り合いなどの席次では、上席が長屋の主人、その次が寺子屋の師匠だったという。

それでも金には無縁であった。

百両は夢にだも見ぬ貧学者

私塾で四書を学ぶにも、手習いや読み書きが前提となる。いっぽうで、『論語』を教科書とする寺子屋の師匠も少なくなかった。寺子屋と私塾の区別はそれほどはっきりしていない。四書のほか古今の名文を収めた『文選』もつかわれた。でも、

細見を四書文選の間《あ》いに読み

という川柳もある。「細見」とは『吉原細見』（吉原遊女評判記）のこと。

その吉原の遊女も美貌だけでなく教養と気品がもとめられた。芸能百般はもちろん、和歌俳句はもとより、書もたしなみ、馴染みの客に手紙を書けねばならない。

猪牙の文へんほんとして読んで行き

日本橋葺屋《かやや》町（中央区日本橋人形町）にあった吉原遊郭は宝暦の火事（振り袖火事）の後に北の日本堤（台東区千束）に移転したので、隅田川を猪牙舟《ちょき》で吉原にでかける客が多くなる。この客は遊女からの手紙を川風に翩翻とひるがえしている。猪牙舟とは舳先が猪の牙ように細長い屋根なしの川舟で、櫓でこぐ。小型で一人乗りだが、速度がでるのが特徴であった。

会津の寺子屋

上級の武士のあいだでは、父や祖父、あるいは近所のものが教師となってくれた。たとえば、山川健次郎は父が早く亡くなったので家老だった祖父から教えをうけている（星亮一『山川健次郎伝』一〇頁）。

どこの城下にも共通していることなのだが、会津の寺子屋が開かれたのは主に町人の住む郭外の城下や農民の住む郷村であった。『日本教育史資料』の第八巻（六八一頁）に載る藩士井関庚太郎の寺子屋は徒之町に開かれている。規模が大きく、寺子は男子一五〇名、女子五〇名であった。日新館の執事を病のために辞した堀長勝は小荒井村（喜多方市）に移り、一八二一（文政四）年に寺子屋を開設した。期間は三七年にも及び、弟子は一〇〇〇人にも達したという（佐藤健郎『喜多方地名散歩』歴史春秋社、五四頁）。

家庭教育

家庭では女性は裁縫を習う。歌も習う。教師を招き、歌の教育をさせる家もあった。私塾へ通う女性もめずらしくなかった。井関庚太郎の塾には五〇名の女子塾生がいた。それでも、なによりも礼儀がきつく教えられた。女性は日新館には通えなかったが、藩士の家庭には『日新館童子訓』が分けられていたので、それからも礼儀を学べた。

武術を習う女性もいた。江戸の上屋敷に生まれた中野竹子は五、六歳のとき「百人一首」を全首暗唱できたといわれ、一五、六歳には経書・史書に通じ、詩文、和歌をよくしたが、七、八歳のころから藩士の赤岡大助《だいすけ》のもとに日々通い、薙刀《なぎなた》の修業をするとともに、江戸屋敷から会津へもどってからも黒河内伝五郎や赤岡大助の道場に通った。みずからも読み書きの寺子屋を開き、そこでは薙刀も教える女師匠であった。

砲術指南の山本権八の娘であった山本八重は七歳のときには『日新館童子訓』を暗唱していた。両親から子守歌がわりに聞かされていたという。それとともに、少女時代に自宅で父の権八から銃の手ほどきをうけ、山本家に寄寓していた蘭学所教授の川崎尚之助から洋銃や大砲の仕組みを学び、白虎隊士として自刃する隣家の伊東悌次郎には銃の操作を教えている。

6　会津の歌人と俳人

藩士たちの歌人

藩士は日新館の和学寮の師範から和歌の教育をうけることができた。「いたずらに浮華詩文を作るはわが志にあらず」という私塾教師の伊東祐順のようなものもいたが、多くの藩士が和歌をたしなんだ。前には名歌の誉れ高い源義家や源実朝の歌、それに氏郷の辞世を紹介したが（三五、四九頁）、その歌詠みの武士の伝統は会津藩にもうけつがれていた。

藩政の改革に尽力、天明の大飢饉に対処しながら日新館を創設した田中玄宰は、

たみ艸《くさ》の嘆きにかゝる雨雲をとくはらひかし見弥のかみ風

と、農民のため雨の止むのを見弥山の保科正之をまつる土津神社に祈った歌を残している。

各地を修業でまわり、吉田松陰とも知己で、若松で再会した居合術指南役の黒河内伝五郎には、

難波津の梅が香とほくなりにけりのぼるやいく瀬淀のかは舟

がある。

六代藩主容住《かたおき》の侍講の子に生まれ、日新館の和学師範となった沢田名垂の一首に、理想郷の常世に帰る雁をうたう、

常世辺《よこよべ》をいづこと指《さし》て雲深き天路《あまじ》行くらん夜半のかりがね

がある。

名垂の後任の和学師範となったのが弟子の野矢常方である。伯父で日新館槍術師範の志賀重方に槍術を習い、黒河内伝五郎、重方とともに西国に武者修行し、日新館では槍術師範もつとめた武人だが、沢田名垂には和歌を学んだ歌人でもあった。一首に、

君がため散れと教へておのれまづあらしにむかふ桜井の里

がある。後醍醐天皇の側近で建武の新政の立役者であった楠正成の桜井駅での子の正行との別れをう

たう。戦前の『修身』の国定教科書にも掲載された。

漢詩も作られた。松陰が会った高津平蔵（淄川）は佐賀藩の草場佩川《はいせん》とならんで東西の二川と称えられた漢詩人であった。教え子の秋月悌次郎や南摩綱紀も漢詩をよくした。

会津の武士には「文」は人間教育に必須であると考えられていた。文字通り文武両道であった。

会津の俳人たち

連歌から生まれた俳諧が全国的にひろがった。寺子屋が読み書きの能力を高めたが、庶民の文字の愛好が読み書きの学習意欲を高めた。俳諧の広がりが文字文化を拡大もさせる。

若松では荒川梅二《うめじ》（家老北原采女家の家臣）、根本精器（鍔師、京都で俳句を修業）、遠藤香村（画家、谷文晁の門人）らが活躍する（大槻清三・上野敬二『会津俳諧史』二五頁以下）。芭蕉が「奥の細道」の旅で会津には立ちよらなかったのを残念がる梅二や精器は滝沢峠の山頂に『笈の小文』の一句「ひとつ脱てうしろにおひぬ衣かへ」を刻んだ芭蕉の句碑を建てた。もとは和歌の浦（和歌山市）で更衣の日（四月朔日）を迎えたとき詠まれた。旅路でも衣を一枚脱いで背に負うた。

俳句は町人にもひろまり、町人の町の喜多方では関本巨石（小田付村出身）によって俳壇の基礎がきずかれる。

日の光分けて尊し葵草

は巨石の猪苗代見祢山での一首である。子の如髪《じょはつ》、孫の直有《ただなお》、曾孫の半岱《はんたい》、椿二《ちんじ》らも俳人として活躍した。名の知られた門人には知来《ちらい》、里中《りちゅう》、芦鶴《ろかく》、三石、洗石、可石がいた。

米沢街道と阿賀川とが交わり、物流の中心地だった塩川には呉服商でありながら会津の俳聖といわれた斎藤皐雄《はやお》がいた。塩川の風景をよんだ一首に、

初空や舟にけふりのほつと立つ

がある。

第6章　会津の藤樹学

会津藩の教育の中心は若松の日新館にあったが、会津盆地の北の地方では肝煎や郷頭らの上層農民によって陽明学の学習と研究がおこなわれていた。稽古堂が生まれたころ、若松の町医の大河原養伯《ようはく》と荒井真庵《しんあん》が京都にのぼり、陽明学者中江藤樹の高弟である淵岡山《ふちこうざん》をたずねて藤樹学を学び、帰郷して喜多方やその周辺の肝煎や郷頭に伝え、それによって各地で学習会の「清座」がひらかれた。上京して淵岡山から直に学ぶものもあらわれる。会津は最大の藤樹学の支持者の地となった。村役人だが、武士ではない郷頭・肝煎には藩よりも家、「忠」よりも「孝」を重んじる藤樹学が好まれた。それに、多くが芦名氏の臣下の後裔だった彼らは、新しく会津の領主となった保科・松平氏の朱子学よりも、反朱子学の陽明学者に近親感をいだいていたようだ。

1　喜多方と淵岡山

北方＝喜多方

会津藩の北部の耶麻《やま》郡はその名のとおり磐梯・飯森・飯豊《いいで》の山々が連なる郡である。その山々の南に会津盆地が開け、盆地を流れる日橋川《にっぱしがわ》と阿賀川《あががわ》以北に「北方《きたかた》」があった。明治になって喜多方町がうまれる（図4）。

芦名時代には芦名氏の一族や武将の勢力下にあった喜多方地方は小荒井《こあらい》、小田付《おだづき》を中心に塚原、熊倉、小沼、五目《ごめ》、慶徳《けいとく》などの村々からなる純農村地帯であったが、芦名氏が伊達政宗に滅ぼされ、ついで蒲生氏郷が会津の支配者となると、近江から会津に移された塗師や木地師が若松だけでなく北方にも住むようになり、小荒井や塚原を中心に「北方椀」「北方茶托」などの漆器業が盛んとなった。良質の米と水が産んでくれる酒造業、味噌・醤油業も発達した。

芦名氏が伊達政宗に滅ぼされたとき芦名時代以来の重臣たちはその地位を保障され、「奥州仕置」で政宗が会津を追われると、多くの重臣は政宗にしたがって会津を離れた。しかし、重臣のもとにいた土豪の多くは会津に残り、郷頭や肝煎として農民の指導層を形成した。この郷頭や肝煎のあいだに生まれたのが藩政期を通して継続された藤樹学の学習と研究である。藤樹学とは陽明学者である中江藤樹の教えである。会津では儒教でも日新館の朱子学とは異質な陽明学が学ばれていた。

淵岡山

陽明学者中江藤樹の高弟であった熊沢蕃山は岡山藩に仕え、藩の教育体制の整備に尽力したが、もうひとりの高弟の淵岡山は京都の北の栂尾《とがのお》に隠棲したあと、一六七四（延宝二）年からは京都西陣葭屋町《よしやまち》の四〇〇坪の敷地に藤樹の祀堂と書院を建てて士庶の教育にあたった。近くには保科正之の侍講となった朱子学者の山崎闇斎の塾があった。

「村の教師」だった藤樹の弟子は「町の教師」となる。藤樹の孝道説と良知説をうけついだ岡山は「忠義」よりも「孝」を重視し、だれでも内省的修養によって情欲を去り、それで良知にいたることができるとみていた。それによって身分の上下を超えて聖人となれる。

会津の人々は淵岡山から中江藤樹の教えを学ぶ。蒲生氏郷につづく二度目の近江とのつながりである。

2　藤樹学の学習と研究——清座

「前三子」

寛文・延宝年間（一六六一—一六八〇）、若松の町医の大河原養伯と荒井真庵が京都にのぼり四年あまり、医学の修業とともに淵岡山に入門して藤樹学を学んだ。帰郷後、二人は若松の稽古堂堂主である岡田如黙（無為庵《むいあん》）や小荒井村の肝煎である矢部惣四郎に藤樹学を伝えた。養伯と真庵に師事した矢部惣四郎も上京、岡山に入門、帰郷すると、小荒井村と小田付村を中心に「清座」とよばれるようになる学習の場を設け、高額、塩川、北山にも広げた。学んだ教えを仲間に伝える。「良知」はすべての人間に宿るという平等観にたち、「朋友」の関係を重視した陽明学では同志意識が強かった。君臣という上下の関係が重視される朱子学と対蹠的だった。

矢部の薦めで、耶麻郡小田付村の五十嵐養安《ようあん》、耶麻郡漆村（北山、北塩原村）の遠藤謙安（庄七郎）、同郡上高額村《かみたかびたい》（関柴村、喜多方市）の東条方秀《ほうしゅう》が上京して岡山に学び、帰郷して教えをひろめた。五十嵐、遠藤は郷頭（大庄屋）、東条は肝煎（名主、村長）であった。親孝行者で、農民の側にたって問題を処理した郷頭の遠藤謙安は『日新館童子訓』の第二一話にも採用された（『喜多方市史・2』二八四頁）。

五十嵐養安、遠藤謙安、東条方秀は「前三子」と称された。

農閑期には郷頭、肝煎らの村役人宅で「清座」が開かれる。そこでは「心学」とよばれた藤樹学の孝悌忠臣の道徳が平易に説かれた。もっとも重視されたのが、「孝」であった。教材には『孝経』はもとより、『論語』をはじめとする四書、藤樹の著書である『翁問答』『春風』『鑑草』『原人』『孝経啓蒙』『論語解』などがつかわれた。

淵岡山には大阪、江戸をはじめ津、伊勢、美作、肥後など二四カ国からの入門があったが、会津盆地の北の地は岡山の最大の門人を擁する地となった。一六八一（天和元）年に淵岡山は故郷の仙台の母の墓参の帰路、会津、北方、熱塩をたずねている（古川治『淵岡山』一五頁）。岡山は一六八六年に没するが、五十嵐養安は資金を募集し、一七〇二（元禄一五）年に葭屋町に藤樹の祀堂を建立した。

「後三子」

三代藩主松平正容は陽明学にある「知行合一」という行動重視の思想が領内に広がることを危惧し、一六八三（天和三）年に藤樹学を禁止した。稽古堂の岡田如黙が真木《まき》村へ幽閉されもした（九二頁）。しかし、「前三子」たちが説く藤樹学が藩学の朱子学や神道を否定するものでなく、藩政を批判するものでもなく、「知行合一」を強調する行動的な陽明学でないことを理解した正容は二年後には禁止令を解いた。それでも、矢部惣四郎が夭折し、前三子が没した享保期（一七一六―一七三六）以降藤樹学は停滞する。

藤樹学が再興されるのは天明・寛政期（一七八一―一八〇〇）である。東条方尭《ほうぎょう》（熊倉組の郷頭）、井上友信（小田付村肝煎）、矢部湖岸《こがん》（矢部文庵の養子）、栗村以敬（塩川村の酒造業者）、井上安貞（井上友信の弟）、北川親懿《ちかよし》（小沼組の郷頭）、中野義都《よしくに》（隠棲した会津藩士）らの活動によって停滞が打破される。

「前三子」の東条方秀の曾孫である東条方尭は郷頭の職とともに藤樹学の指導者も祖先から継承した。方尭の兄の貞蔵は淵岡山の孫の婿に入り、淵貞蔵となって京都・葭屋町の書院の主を継いだ。それによって淵岡山の直系の学統は会津人に引き継がれた。

芦名氏一族の猪苗代盛国の子孫である中野義都は熊倉村に移り住んだ。神道や武芸にも秀でて、一七八四（天明四）年には藩主容敬の侍講もつとめ、見弥山神社の社司にも就いた。著作が多く、『藤門像画』もそのひとつである。『日新館童子訓』第三話には衣食住にも事欠いた中野義都に献身的に援助した上高額《かみたかびたい》村の門弟の武右衛門の話が載る。

井上安貞は『岡山先生示教録』『二見直養の語録』の研究がある。『藤門像画』で中野義都は井上安貞に、

学んで時に習ふ　悦楽窮まりなし

毫力を用ひずして　真気を存養す
良知の真を見て　幽妙の理を悟り
学脈分明　天伊の祐を降す

の賛を贈っている。

「前三子」の五十嵐養庵の孫である矢部湖岸は塩川、漆《うるし》、上高額、小田付、小荒井を巡回して「清座」を開くとともに、藩命で代官所に設けられた郷校の教師ともなって、肝煎や町民、農民に教授した。井上安貞、矢部湖岸、中野義都は「後三子」と称される。

寛政期の藤樹学をリードしたのは小沼組の郷頭となった北川親懿である。井上安貞の門に入り、中野義都からは神道を学んだ。一七八六（天明六）年には京都で淵貞の子の惟倫と藤樹学についての議論をしている。一八〇七年には藩から心学（藤樹学）奨励の指示をうけ、その後心学師範を命じられた。著書には『岡山先生示教録』『北川子示教録』など多数があり、藤樹学に新しい息吹をあたえた。

「後三子」の後、幕末に会津藤樹学の中心であったのは北川親懿の孫で一八三六年に『会津藤樹学道統譜』をまとめた三浦親馨である。しかし、会津藩の改易、「学制」の施行で藤樹学も衰退する。一八八四（明治一四）年には親馨も死去、会津藤樹学の道統は絶える。

3　藤樹学を生んだ土壌

朱子学への対抗——土豪の学としての藤樹学

会津藤樹学の指導者は郷頭・肝煎層であった。農民には理よりも心を重視、忠臣よりも孝行を重視する藤樹学が惹かれたのは理解できる。それに、身分の上下を超えた人間の平等観にたつ陽明学は農民、町人にうけいれやすかった。

すでにのべたように、農民とはいっても、郷頭や肝煎は芦名時代には芦名氏とともに会津に土着し、芦名氏にしたがっていた土豪や地侍の流れをくむ農民である。会津は伊達氏以下蒲生、上杉、蒲生（再）、加藤、保科（松平）氏に支配されたが、郷頭や肝煎には芦名氏の臣下の後裔であるとの自負もある。土豪や地侍としての新来の保科・松平氏にたいする対抗意識が朱子学に対抗する思想である陽明学に近親感を感じさせたことはありうる。もちろん、孟子の性善説を継承した「良知説」を唱える陽明学こそが儒教の正統であるとの意識もあったろう（伊藤典松『会津喜多方の歩み』三三六頁）。

会津藩には支配される地位にあるが、一般農民に対しては支配者である。「修己治人」の学である儒教を学ぶことの意義は小さくない。しかし、武士ではない、藩よりも家、「忠」よりも「孝」である。

それゆえ孝行を重んじる藤樹学が好まれたといえよう。

農民・町民の学習

郷頭・肝煎の子弟には読み書きが不可欠であっただけでない。芦名時代以前から恵日寺を中心とした仏教の浸透は僧侶はいうまでもなく、一般信者にも経典を通して文字の文化にかかわる機会となった。「モンロー主義」の会津では庶民の読み書きへの関心を高め、能力を上昇させていたのである。

それとともに、喜多方を中心とする商業の発達は寺子屋教育を拡大した。藩の代官所を利用する郷校もつくられた。それによって、農民・町民のあいだに連歌や俳句も広まり、関本巨石のような俳壇の指導者もでる。藤樹学や文芸の普及が寺子屋教育を拡大させる。その教育が藤樹学や文芸を普及させた。

若松は近い。若松の儒学者に学ぶこともできた。『日新館童子訓』第一四話では孝行息子の薄市《うすきいち》郎右衛門《ろうえもん》がとりあげられるが、市郎右衛門は農事の合間に若松の城下に儒者をたずね四書五経にあらわれる言葉の意味を問い、孔子や孟子の教えを実行しようとしていた。

第7章　水戸藩の教育との比較

水戸藩も会津藩とおなじく伊達藩など北の外様藩にたいする守りの役を担わされてきた。ともに親藩、石高もちかい。両藩とも朱子学が重視された藩であった。しかし、教育体制という点では対蹠的であった。会津藩が一八〇一年に日新館を設立、就学前からの一貫した義務教育を施したのにたいして、水戸藩が力を注いだのは二代藩主徳川光圀がはじめた『大日本史』の編纂であった。編纂のために彰考館も設立された。藩校弘道館の設立は遅れ、仮開館は一八四一（天保一二）年、本開館は一八五七（安政四）年、水戸藩の教育の中心は庶民も学べる私塾であった。そこでは会沢正志斎や藤田東湖らによって尊王攘夷論を唱える水戸学がうみだされた。西国の志士は尊王攘夷論の感化をうける。彼らは過激化、京都を舞台にして討幕に向かう。やがて会津藩はその鎮圧の役を任じられる。

1　会津藩と水戸藩

正之と光圀

会津藩主の保科正之は四代将軍家綱の後見人とし実質的な「副将軍」であったが、水戸藩は代々参勤交代がなく江戸に常住して将軍を補佐する定府《じょうふ》の藩で、徳川光圀は「副将軍」とよばれることがあった。ふたりは共通して好学の大名、親密な仲であった。

両藩とも仙台藩などの北の諸藩にたいする守りの役をになった親藩であった。水戸藩は御三家、会津藩は御家門、石高にもほとんど差がない。光圀も正之も徳川家康の孫、しかも、正之と同様、光圀も庶子、奥付き老女の娘の子に生まれ、家臣の三木之次の家で育てられている。

光圀は正之より一七歳下、政治家としても、学問の点でも正之に心服するところがあったにちがいない。徳富蘇峰（猪一郎）は「その家格は別として、光圀が正之に兄事す可きは、当然である」とし、ふたりの性格については「正之は、本来の保守党であり、光圀は本来の進歩党であった。正之は決して脱線せず、光圀は往々《わうわう》にして脱線す」（徳富猪一郎『近世日本国民史・16』三五三頁）とのべていた。

『大日本史』の編纂――前期水戸学

教育政策をみると対蹠的ともいえる藩であった。会津藩では正之のときに稽古堂が設けられ、二代藩主正経《まさつね》のときに藩校の「講所」が生まれ、五代藩主容頌のときの一八〇一年に日新館が設立されたが、水戸藩の藩校の弘道館の仮開館は一八四一年、本開館は一八五七年であった。

光圀が力を注いだのは、『大日本史』の編纂である。その編纂のために江戸の上屋敷には彰考館《しょうこうかん》も設立された。そこには林羅山の門人の人見卜幽《ぼくゆう》、辻端亭《たんてい》、明から亡命した朱舜水《しゅしゅんすい》、さらに朱舜水の教えをうけた安積澹泊《たんぱく》、山崎闇斎の孫弟子の栗山潜峰《せんぽう》らの水戸藩士のほか、妙心寺の僧だった佐々宗淳《むねきよ》、松永尺五の子の松永昌易の門人の森尚謙《しょうけん》、木下順庵の門下の三宅観瀾《かんらん》らが招かれた。多くが朱子学を修めたものであった。常時五〇名ほどの館員が活動、その運営には藩の収入の三分の一が注ぎこまれたといわれている。一六九〇年光圀は家督を兄の子の綱條《つなえだ》にゆづり、太田の西山荘に隠居すると、水戸彰考館を設立した。

水戸藩が教育を軽視していたのではない。光圀には藩校設立の意図もあった。だが、藩の財政がそれをゆるさなかったようだ。それでも、一六七二年から江戸の彰考館で儒官による定期的な講釈がおこなわれ、一六九七年からは久慈郡太田村の馬場御殿でも講釈がはじまった。館は教育の場でもあった。水戸彰考館（水館）の幹部であった森尚謙は一六九六年に城下の自宅で私塾をひらいた。これを光圀が儼塾《げんじゅく》と命名した（鈴木映一『水戸藩学問・教育史の研究』二四〇頁）。

光圀も幕府の教学である朱子学の視点で日本史を研究、皇室の尊厳を解明しようとした。前期水戸学といわれるものである。この点では光圀と同世代で、会津生まれの山鹿素行の日本中華主義にちかい。正之の侍講であった山崎闇斎の尊王論をうけついでもいたようにおもわれる。正之とともに、湯武放伐論に反対していた。もちろん、御三家の藩主の光圀のことである。尊王であっても幕府を否定するのではない。尊王であり、敬幕であった。それは会津藩にも共通するが、徳富蘇峰がいうように「会津は将軍第一主義、水戸は天皇第一主義」であった（徳富猪一郎『近世日本国民史・16』三六七頁）。

2　尊王攘夷思想の醸成

後期水戸学の成立

光圀の没後『大日本史』の編纂事業は停滞したが、一八世紀の末から一九世紀にかけて、立原《たちはら》翠軒《すいけん》、藤田幽谷《ゆうこく》、小宮山楓軒《ふうけん》らの水戸彰考館を中心に『大日本史』の事業が活発化する。その館員のひとりであった若い藤田幽谷は尊王の理を説く『正名論《せいめいろん》』を書いて時の老中の松平定信に贈った。林羅山が「上下定分の理」を唱えたように、朱子学では君臣の関係（名）を上下の関係（分）でとらえる名分論が説かれているが、幽谷は名分論を天皇にまで拡大する。幕府が天皇を尊び、大名が幕府を尊べば、藩士は大名は敬い、幕藩体制の秩序が保たれるとして、尊王の重要性を主張した。前期水戸学が『大日本史』の研究から尊王論が唱えられたが、朱子学をもとに尊王敬幕論の正当性が説かれる。

ロシアのワクスマンなど、外国船の来航が頻発するようになると、幽谷の門人の会沢正志斎《せいしさい》、豊田天功《てんこう》、幽谷の子息の東湖からは尊王論に併せて、日本は神州、異国人に国土を踏ませてはならないという尊王攘夷論が唱えられるようになる。常陸の海岸の大津村（北茨城市）にイギリスの捕鯨船が来航した一八二四年の翌年、会沢は尊王攘夷論を論述した『新論』を著す。後期水戸学の成立である。

水戸では私塾が中心

尊王攘夷論が議論されたのは水戸の城下の私塾であり、そこで水戸学者がそだつ。日新館教育は優れた儒学者である教育者をうんだが、水戸の私塾からは水戸学の思想家がうまれた。立原翠軒の私塾「此君館《しくん》」からは藤田幽谷がそだち、幽谷の「青藍舎《せいらん》」からは会沢正志斎、豊田天功、子息の東湖らがそだった。さらに正志斎は「五軒塾《ごけん》」をひらき、東湖は父幽谷の「青藍舎」をひきついだ。

これら水戸学の思想家が上級の藩士の子弟でなかったのにも注目される。幽谷は水戸の古着屋の子、正志斎は農民育ちの下級武士の子、豊田天功は庄屋の子である。明治以降も『大日本史』の編纂にたずさわった栗田寛《ひろし》は城下の油屋の子で、豊田天功の教えをうけた。

私塾にそだった水戸学者は朱子学を基礎に国家の改革思想を創出したが、日新館に学んだ会津藩士からは朱子学を超えた国家思想はうまれなかった。藩祖の正之がそうであったように保守的、儒教の教えに適った人間であることに心がける。日本の伝統をうけついで政治思想より文学に勤《いそ》しみ、和歌や漢詩に親しむ。

弘道館の創設

設立は遅れたが、水戸には日本最大の藩校が出現した。大手門前の家老屋敷など一二区を移転して文武両道の弘道館の敷地とした。日新館の約七倍の五万坪である。教育理念と教育内容も練りに練られ、設立前の一八三八年に弘道館の教育方針である『弘道館記』が藤田東湖によって起草され、藩主徳川斉昭の名で公表された。東湖はその解説書の『弘道館記述義』を書く。尊王攘夷論が説かれ、神儒一致、忠孝一致、文武一致、学問事業一致、治教一致の重要性が唱えられた。とくに、神儒一致と学問事業一致に弘道館の特質があった。

神儒一致は羅山や闇斎らによっても唱えられていた日本儒教の特徴といえるものであるが、弘道館の中央部には孔子廟とともに鹿島神社が建ち、鹿島神社の祭神の武甕槌神《たけいかつちのかみ》が祀られる。他の藩校には類例をみない。水戸学は本居宣長の国学が重視した『古事記』に学び、「国体」の観念を明確にしていた。松陰は処刑される数日前に「本居学と水戸学とは頗る不同あれども、尊攘の二字はいづれも同じ」(『吉田松陰全集・9』四八八頁）とのべている。

学問事業一致では水戸学者たちは学者にとどまらず、藩政を指導し、幕末の改革運動を牽引した。この点、知行合一、陽明学的である。会津の喜多方の農民の藤樹学の陽明学とは異なって、水戸藩士は行動的であった。朱子学が藩教であった会津に山川大蔵や佐川官兵衛など行動的な陽明学の支持者もいたが、水戸藩士は全体としてより行動的であった。陽明学的な行動性は東北旅行の途中で会沢正志斎や豊田天功に教えをうけた吉田松陰にも受け継がれた。水戸学は朱子学に出発しながら、陽明学、国学をも総合した学なのである。

日新館では入学は一〇歳、就学前には「什」の教育があり、藩による幼年からの一貫教育が実施されていた。それにたいして、弘道館の入学は一五歳、それまでは城下の私塾で基礎教育がおこなわれた。昌平黌で秋月悌次郎と交流のあった原市之進も東湖と正志斎の塾で学び、弘道館に入学して、昌平黌に遊学、帰国して弘道館の訓導となるとともに、城下の五軒町に私塾・菁莪塾を開設している。

水戸藩では会津藩の藤樹学の「清座」のような農民の学習の場は生まれなかった。弘道館の完成以前から農村の上層農民のための郷校が設立され、一五校にのぼったが、そこは、弘道館の分校といえる尊王攘夷論を基本とする文武の学校であった。「清座」と性格の異なる学校であった（瀬谷義彦『水戸藩郷校の史的研究』）。

尊王攘夷運動の中心は西国へ

水戸学の尊王攘夷論は全国的、とくに西国の志士の関心をよんだ。『新論』や『弘道館記述義』は多くの読者を獲得、吉田松陰のほか、久留米水天宮神官の真木和泉《まきいずみ》、松陰の門下生の久坂玄瑞《げんずい》は水戸を訪ね、水戸学を学んだ。横井小楠は水戸への留学の希望は酒の失敗で実現しなかったが、江戸の東湖に学び、橋本左内、佐久間象山、西郷隆盛は江戸の東湖と交わっている。西郷は「彼の宅へ差し越し申し候と清水に浴し候塩梅《あんばい》にて、心中一点の雲霞なく、唯清浄なる心に相成り、帰路を忘れ候次第に御座候」(『西郷隆盛全集・1』五一頁)とのべていた。水戸学だけでなく、水戸学者たちの人間性にも惹かれた。水戸学者は全国の志士の教師となる。会津にも吉田松陰ら他藩からの訪問があったが、水戸は会津の比ではない、幕末における幕政改革の学的聖地となった。

水戸藩主の斉昭は助川(日立市)に海防城を築き、家老山野辺義観《よしみ》とその家臣を定住させ、藩の海防につとめた。幕命で隠居させられたが一八五三年には幕府の海防参与に就任、幕府に大砲七四門を献納する。大老の井伊直弼が日米友好通商条約を調印すると、尾張藩主徳川慶恕《よしくみ》(慶勝)、福井藩主松平春嶽、水戸藩主徳川慶篤らと不時登城、直弼を詰問した。学問事業一致、行動的であった。

井伊による安政の大獄では、橋本左内や吉田松陰らの志士とともに、とくに水戸藩士が狙われる。家老安島帯刀《あじまたてわき》は切腹、家臣の茅根伊予之助《ちのねいよのすけ》と鵜飼吉左衛門《うがいきちざえもん》は斬罪、鵜飼幸吉は獄門、藩主徳川慶篤《よしあつ》、家老中山信宝《のぶとみ》は隠居・謹慎、前藩主徳川斉昭は永蟄居であった。それにたいして尊王攘夷派の水戸藩士は脱藩、浪士となって桜田門外で大老井伊直弼を暗殺した（桜田門外の変）。「義を見てせざるは勇なきなり」（『論語』為政篇）、「知行合一」の決起であった。安政の大獄への復讐であり、条約調印に対する義憤であった。浪士は全員捕らえられ、処刑された。

一八六四（元治元）年には東湖の子の藤田小四郎ら尊王攘夷激派の天狗党は斉昭時代の功臣の武田耕雲斎《こううんさい》を首領にたて、幕府の即時鎖港を訴えて筑波山に挙兵する。藩士のほか私塾、郷校で育った農民も参加した。それにたいして弘道館の諸生（学生）を中心として門閥派の市川三左衛門が率いる諸生党は幕府軍の援助をうけて乱の鎮圧にあたる。天狗党の内部では昌平黌で安井息軒に学び、野口郷校の校主だった田中愿蔵《げんぞう》は討幕を主張して独自な行動にでた。しかし、北の八溝山周辺で棚倉藩を中心とする軍勢に討伐される。愿蔵は塙《はなわ》代官所によって処刑された。

本隊の武田耕雲斎と藤田小四郎の隊は禁裏御守衛総督となり京都に滞在していた徳川慶喜を通じて朝廷に攘夷を訴えようとして西上したが、慶喜は期待に反して討伐のために幕府軍を率いていることを知って加賀藩に投降する。天狗党員八二八名のうち武田耕雲斎や藤田小四郎ら三五二名が幕府軍によって斬首された。水戸では市川三左衛門が実権を掌握、天狗党関係者はきびしく処罰される。この天狗・諸生の抗争では、天狗党だけで一四九二名が命を失った。水戸藩は尊王攘夷運動の指導力を失い、尊王攘夷運動を主導するのは薩長ら西国諸藩の志士となる。徳富蘇峰のいうように水戸にとって、「播種は我、収穫は他」であった（徳富猪一郎『維新回天の偉業における水戸の功績』二〇頁）。

会津藩も尊王敬幕であるが、「将軍第一主義」である。「家訓十五カ条」によって将軍への忠勤が絶対とされてきた。それに地理的な性格もあって、「モンロー主義」の伝統の水脈が流れていたようにおもわれる。それとも関係するのか、蘇峰が正之を「保守党」と評したが、会津藩全体が保守的であった。水戸藩のように下士や庶民が藩政の指導者となることはなかった。それでいて派閥や上士・下士間の深刻な抗争がうまれなかった会津藩は、京都で荒れ狂う尊王攘夷運動の鎮圧に駆りだされることになる。

第8章　幕末における幕府の教育

一八五三（嘉永六）年に米極東艦隊司令官ペリーが来航、日米和親条約がむすばれると、幕府は蘭学教育のために蕃書調所（のち開成所）を開設、江戸の蘭学医が設立した種痘所を幕府直轄の医学所にした。さらに、長崎海軍伝習所を設置、オランダ人士官による洋式海軍の訓練をはじめた。そこには医学の伝習所が付設される。伝習が終わると、訓練を修了した幕臣を教官とする軍艦操練所が江戸に設立された。弓・馬・刀・槍の武術にかわり、洋式の陸軍の訓練のための講武所もつくられた。横浜にはフランス人士官による三兵《さんぺい》伝習がはじまり、フランス語の学校も開設された。開国で来日したアメリカ人宣教師が横浜などで英語塾を開く。幕府も横浜に英学所を設置した。黒船の来航を機に日本の教育の主座は儒教の人間教育から、科学と医学と軍事と外国語の教育に変わる。

1　会津藩の沿岸警備

三浦半島には養正館と集義館が設置される

大航海時代のポルトガル、スペイン、オランダにかわって西からはイギリスとフランスが、北からはロシアが、東からはアメリカが日本を脅かしていた。イギリスにはじまる産業革命と資本主義の波は、アジアに押し寄せ、極東の国の幕藩体制を揺るがしはじめていたのである。

仙台藩士の兄のもとで部屋住みの身だった林子平は一七九一（寛政三）年に『海国兵談』を自費出版して、異国船の来航を警告、とくに江戸湾の防備が急務であると訴えた。しかし、老中首座の松平定信は翌年四月、『海国兵談』の刊行は厳禁されている「処士横議」（在野の論者による幕府批判）だとして、版木を没収、子平を蟄居処分とした。ところが、その年の九月、ロシアのラクスマンが根室に来航、江戸への入港をもとめてくると、松平定信は急遽沿岸諸藩に海防を命じ、みずから相模と伊豆を巡察している。

定信が老中を辞してからであるが、幕府は蝦夷地《えぞち》（北海道）を直轄地とし、一八〇八年には会津藩と仙台藩に蝦夷地警備を命じた。会津藩では一六〇〇名あまりの兵が一年間宗谷・利尻島・樺太で警備に従事する。樺太にも台場をきずき、大砲を据えた。蝦夷地警備からもどった翌年の一八一〇年、会津藩には江戸湾警備を命じられ、一四〇〇名の藩兵が三浦半島の観音崎（横須賀市）・浦賀（同）・三崎（三浦市）に一〇年間滞在、砲台の建設などをおこなっている（図15）。このとき、藩士の子弟の教育のために、観音崎に養正館が、三崎に集義館が設置された。教育内容は不詳だが、経書の素読と講義のほ、砲術訓練がおこなわれていた（『近代教育における近代化の傾向』二三三頁）。

相模からもどった二七年後の一八四七（弘化四）年、対岸の房総半島の富津（富津市）と竹ケ岡（同）の警備が命ぜられ、警備が六年間つづき、その後は品川第二台場の防備を命じられた。江戸湾警備には会津藩のほか、白河、忍、川越、彦根などの譜代の藩が動員された。

一六世紀のアジアにおけるヨーロッパの貿易は主として金銀香料などアジアの特産物の仲介貿易であったが、一九世紀の資本主義経済は自国の工業のための原料を持ち去り、自国の工業製品を他国に売りさばこうとし、そのため、原料の輸送に必要な港を開かせ、通商条約を締結しようとした。

日米和親条約と日米修好通商条約

そのような情勢のなか、一八五三（嘉永六）年六月、アメリカのマシュー・ペリーは蒸気船二隻をふくむ大砲を備えた艦隊四隻を率いて江戸湾に来航、開国を要求した。老中首座の阿部正弘は御三家、外様、旗本、庶民、それに天皇からも意見を聴取、ふたたび来航すると一八五四（安政元）年三月三日に神奈川の横浜村で日米和親条約を締結、下田と箱館（函館）を開港、領事をおくことをみとめ、つづいて幕府はイギリス、ロシア、オランダとも同様な条約を締結する。交渉の中心の役をになったのはそれまで外交にかかわっていた大学頭の林復斎《ふくさい》であった。

和親条約では開港はしても、通商はみとめなかったのだが、一八五六年にアメリカ領事に就任したタウンゼント・ハリスは通商条約の締結を迫った。翌年に阿部が三九歳で急死すると、老中の堀田正睦《まさよし》は孝明天皇の勅許をえたうえでの通商条約締結にうごく。しかし天皇からは拒否された。ところが、新しく大老に就任した井伊直弼は勅許をえないまま、一八五八年六月一九日に日米修好通商条約に調印、開国に踏み切り、オランダ、イギリス、フランスとも締結する。前述したように、その批判者にたいして安政の大獄をおこなった井伊は、桜田門外で水戸浪士に暗殺された。

幕府は権威を喪失した。幕府は公武合体路線に向かうが、尊王攘夷論を主張する西国雄藩の志士の行動が激しくなる。

2　洋学教育の整備

蕃書調所・開成所

開国をむかえて、日米和親条約の締結を主導した阿部正弘は、対外問題の処理と軍備の充実のために洋学教育の整備と洋式の軍事組織の拡充に着手した。一八五六（安政三）年には幕府天文方の蘭書の翻訳機関である蕃書和解御用を改編して九段坂下（千代田区坂下南）に幕臣への洋学教育のために蕃書調所《ばんしょしらべじょ》を開設する。当初「洋学所」とよばれたが大学頭林復斎の異議で「蕃書調所」に変えられた。教授職は箕作阮甫《げんぽ》（津山藩士）と杉田成卿《せいけい》（小浜藩士）が任命された。教授手伝には川本幸民《こうみん》（三田藩士）、高畠五郎（徳島藩士）、松木弘安（寺島宗則、薩摩藩医）、東条英庵（長州藩医）、原田敬策（備中浪人）、手塚律蔵（佐倉藩士）、田島順輔《じゅんすけ》（安中藩士）、句読教授には設楽莞爾《しだらかんじ》（幕臣）、杉山三八（同）、村上誠之丞（同）。句読教授をのぞき、蘭学塾でそだった諸藩の蘭学者が幕府の教官に迎えられた。つづけて、村田蔵六（大村益次郎、宇和島藩医）、市川斎宮（福井藩士）、木村軍太郎（佐倉藩士）、杉亨二《こうじ》（肥前藩医）らも加わった。生徒数は一九一名。一八五八年からは諸藩の藩士の入学もみとめた。会津藩の入学はなかったが、会津藩は蕃書調所の設立の翌年、独自に蘭学の教育をはじめた（一六九頁）。

一八六二（文久二）年には蕃書調所は洋学調所と改称され、よりひろい校地の神田一ツ橋門外（千代田区錦町）に移転、ついで翌年からは開成所とよばれるようになった。イギリス、フランス、アメリカなどとの通商が認められると、カリキュラムには、英学の堀達之助、乙骨太郎乙《おつこつたろうおつ》、千村五郎《ちむらごろう》、竹原勇四郎、箕作麟祥、渡部温《おん》、仏学担当の村上英俊《ひでとし》、林正十郎、小林鼎輔《ていすけ》、独学の市川兼恭《かねのり》、加藤弘之が加わり、化学の柳川春三《やながわしゅんさん》、物産学の伊藤圭介、数学の神田孝平のほか西周《あまね》、津田真道《まみち》らも登用された（大久保利謙『日本の大学』一三三頁以下』）。

一八六七年には長崎の精得館のハラタマが外国人教師として開成所に招聘された。しかし、翌年幕府は崩壊、江戸で講義する機会はなかった。

種痘所・医学所

奥医師の多紀元孝《たきもとたか》が一七六五（明和二）年、江戸の神田佐久間町に開設した漢方医の学校の躋寿館《せいじゅかん》が一七九一（寛政三）年に幕府の直轄の学校となって医学館と改称された。医学館は一八〇六年大火で焼失したが、浅草向柳原に再建された。

一方、長崎のシーボルトの鳴滝塾で学んだ伊東玄朴《げんぼく》、戸塚静海《じょうかい》、大槻俊斎《しゅんさい》ら江戸在住の蘭方医八三名が一八五八年に神田お玉ケ池（東京都千代田区岩本町）に種痘所を開設した。蕃書調所が設立された二年後である。翌年西洋医学所と改称され、翌一八六〇年には初代頭取に大槻俊斎が就任した。

一八六二年、医学所の二代頭取に適塾を主宰していた緒方洪庵が就任、長崎でポンペの教えをうけた松本良順《りょうじゅん》（順）が江戸にもどり頭取助《たすけ》となった。一八六三年には医学所と改称する。ところが、六月に洪庵が喀血して死去、松本良順が後任となった（小川鼎三『医学の歴史』一六五頁）。

幕府直轄の医学校には漢方医の医学館と西洋医の医学所の二校が存在した。

３　海軍の教育

長崎海軍伝習所

海軍についてもオランダに軍艦を注文、オランダ軍人を教官として、海軍士官を養成することを目的に長崎西奉行所に長崎海軍伝習所を設立した（長崎県庁、出島の向かい）。航海術、造船術、砲術と数学、地理、歴史の基礎科目の教育のほかポンペによる医学伝習もおこなわれた。日本の防備という観点から幕臣だけでなく、諸藩の藩士の教育もおこなった。

一八五五年の第一期生には総監の永井尚志《なおゆき》以下、幕臣からは勝海舟、矢田堀景蔵、小野友五郎、佐々倉桐太郎、塚本明毅《あきたけ》ら、薩摩藩からは川村純義、五代友厚ら、佐賀藩からは佐野常民らの西国の藩も参加する。一八五六年の第二期生には幕臣では榎本武揚、肥田浜五郎、伴鉄太郎、沢太郎左衛門、勝海舟らが、一八五七年の第三期生には赤松則良《のりよし》（大三郎）、内田正雄（恒次郎）、松本良順、勝海舟らが参加した。会津藩からの参加はなかった。

精得館

一八五七年にはポンペは長崎奉行所内に医学伝習所を設立、松本良順、長与専斎、池田謙斎に医学の講義をおこなった。一八六〇年に海軍の伝習は終了するがポンペは残留、小島《こしま》郷（長崎市西小島）に洋式病院の小島《こしま》養生所を開院、そのなかに医学伝習所を移した。

一八六二年にポンペが帰国、後任の医師のボードインは養生所と医学所を統合して精得館《せいとくかん》と改称、加えて化学の専門家が必要であると進言した。その結果、一八六六年にオランダ人化学者のクーンラート・ハラタマが招聘され、前述のように一八六七年には外国人教師として江戸の開成所に招かれたが、幕府は崩壊、開成所で講義をおこなうことはなく、新政府のもとで新設された大阪舎密局で化学や物理学を教えることになる。

長崎の語学教育――フルベッキの来日

幕府は一八五七年に英語、フランス語、ロシア語の通詞養成のための語学伝習所を設立したが、翌年には奉行所役人や通詞の子弟に英語を教える長崎英語伝習所に変え、済美館《せいびかん》とも呼ばれるようになる。講義は長崎海軍伝習所のオランダ人士官らが担当、一八五九年に長崎に上陸したオランダ改革派のアメリカ人宣教師のG・F・フルベッキが加わる。唐通事《とうつうじ》出身の何礼之《がのりゆき》、佐賀藩の大隈重信、副島種臣、山口尚芳《なおよし》、土佐藩の馬場辰猪、福井藩の日下部太郎らを教えている。フルベッキは維新後には明治政府に出仕、開成学校、大学南校の教師となった。済美館は維新後、長崎府管轄の和・洋・漢学を教える広運館となった。

一八五九年には米国聖公会（イギリス国教会系）のJ・リギンズとCh・M・ウイリアムズが長崎に来航している。リギンズは翌年帰国、ウイリアムズもいったん帰国したが再来日、大阪の川口寄留地（大阪市西区）に私塾を開設した。

軍艦操練所・海軍所

長崎海軍伝習所が閉鎖されると、海軍士官の養成は築地の講武所に併設された軍艦操練所で日本人士官による教育が開始される。総督は永井尚志《なおゆき》、教授方頭取矢田堀景蔵、教授は佐々倉桐太郎、小野友五郎、中浜万次郎、塚本明毅、勝海舟、伴鉄太郎、新井郁之助、肥田浜五郎、赤松則良、田口俊平《しゅんぺい》らの長崎海軍伝習所の修了者が就任、訓練には長崎海軍伝習所いらいの観光丸や新しく購入された咸臨丸《かんりんまる》が使用された。万延年間（一八六〇—六一）からは諸藩からの学生も受け入れた。しかし、江戸湾を警備し、軍艦もつくっていた会津藩からの入学はない。

海軍伝習が終了した二年後の一八六二年には、軍艦操練所の内田正雄、榎本武揚、沢太郎左衛門、赤松則良、田口俊平が、蕃書調所の西周と津田真道、長崎でなおポンペのもとで修業中だった伊東玄伯、林研海らとともにオランダに留学する。その間、講武所の移転にともない軍艦操練所は拡張され、一八六六年海軍所となった。海軍教育だけでなく、行政機関の機能ももつようになる。一八六七年榎本武揚はオランダ留学から開陽丸で帰国、幕府海軍頭並、海軍副総裁に就任した。海軍総裁は矢田堀景蔵であった。

4　陸軍の教育

砲術塾での訓練

アヘン戦争で清がイギリスに敗れたとの報に接した幕府は一八四一（天保一二）年六月に長崎の砲術家の高島秋帆《しゅうはん》を江戸に招請、武州徳丸ケ原（東京都板橋区高島平）で砲術訓練をおこなった。そのとき砲術を伝授された韮山《にらやま》代官の江川太郎左衛門（英竜）と幕臣の下曽根金三郎は砲術塾を開く。両塾に神田お玉ケ池に儒学塾を開いていた松代藩士の佐久間象山が入門した。主君の真田幸貫が老中となって海防掛となったためである。そこで砲術を学んだ象山は一八五〇（嘉永三）年木挽町《こびきちょう》（中央区銀座と築地の間）にみずからの砲術の塾を開設、象山の「東洋の道徳、西洋の芸術（技術）」のとおり、午前は儒学、午後が砲術を教えた。大砲の技術だけでない、「夷の術をもって夷を制す」ための砲術の意義を教えようとした。吉田松陰らが象山の門人となった。会津藩からは砲術師範の子の山本覚馬が江川塾と象山塾に入門している。

講武所と陸軍所

幕府も砲術を重視した軍備の整備を急ぐ。老中の阿部はペリーが二度目に来航した一八五四年、現在の浜離宮の南側に大砲の操練場を開き、翌々年には築地に移して講武所と称した。一八六一（万延元）年には神田小川町に移転、旗本・御家人とその子弟に砲術などの洋式調練をおこなった。伝統的な弓術・槍術・剣術・柔術の部門もおかれたが、弓術と柔術は廃止される。教官には高島秋帆、下曽根金三郎のほか、男谷信友《おたにのぶとも》、勝海舟、榊原鍵吉《さかきばらけんきち》、窪田清音《すがね》、伊庭秀業《いばひでなり》らがよばれた。開成所の大村益次郎も講武所の教官となる。幕府が直接武術教育をはじめたのである。

差し当たって一〇〇〇人の兵が小川町のほか、江戸城西の丸下、大手前、三番町の屯所に配された。水戸の天狗党の鎮圧、長州征伐に出動している。一八六六年には陸軍所が小川町に設置され、そこに講武所は吸収された。

三兵伝習所

一八六六（慶応二）年一二月になると幕府は勘定奉行の小栗忠順（上野介）の提言で、歩兵・騎兵・

砲兵の三兵という西洋式陸軍の編成を目的にフランス人教官による三兵伝習所を設置した。場所は横浜警備のために大岡川沿いに設置した太田陣屋（南区南太田）、教官にはフランスからシャルル・シャノワーヌ団長以下副団長のジュール・ブリュネら士官、下士官一九人が招かれた。日本人士官養成のための日本最初の洋式軍事訓練である。学生は二三〇人。

蕃書調所から陸軍所にはいった大鳥圭介も参加した。大鳥は播磨赤穂藩細念村の医師の子、池田光政の創設した閑谷学校に入門、大坂の適塾に学んだあと、江戸にでて、坪井忠益塾の塾頭、砲術の江川塾の教授となった後、蕃書調所に出仕している。一八六六年直参にとりたてられ、小栗忠順の推薦で三兵伝習所に伝習生となった。幕臣の子にうまれ、江戸で漢学を、長崎で英語を学び、さらに幕命で横浜のヘボン塾に入門した沼間守一《ぬまもりかず》も入所する。昌平黌に学び講武所に出仕し、頭取を命じられた新井郁之助も参加する。栗本鋤雲の養子や小栗忠順の家臣なども伝習生となった。

翌一八六七年六月には江戸の陸軍所に移転した。そこで、四大隊、三二〇〇人に伝習隊が編成された。兵士の多くは町人や農民の次三男である。武士は鉄砲の使用を嫌っていた。大鳥は歩兵奉行に就任した。沼間は第二伝習隊隊長となる。

諸藩からの参加もあった。会津藩も一八六八（慶応四）年正月、会津藩士二、三〇名の参加を老中に願いでた。しかし、京都では鳥羽・伏見の戦いが勃発、三兵伝習も中止された。会津藩士の参加は実現しなかったとみられている（倉沢剛『幕末教育史の研究・3』六一五頁）。

横浜仏語伝習所

フランス軍事顧問団が来日する前年の一八六五年四月に幕府は大岡川を下った河口の弁天社の脇（県立歴史博物館あたり）に伝習生のフランス語教育のために横浜仏語伝習所を開設した。所長は外国奉行の川勝広道、フランス側の責任者はフランス駐日公使のレオン・ロッシュ、教官にはフランス公使館の秘書で通訳のメルメ・ド・カッションや公使館員のシャルル・ビュランらのフランス人が駆りだされた。

江戸の開成所ではフランス語の教師も日本人であったが、ここではフランス人による教育がおこなわれた。フランス語の学校であったが、歴史、地理、数学、幾何学、それに英語もフランス語で教えられた。学生定員は三〇名で出発、その後増員される。修了者は三兵伝習所やフランス人技師を招き開設された横須賀製鉄所などにおくられた。

横浜英学所と修文館――ヘボンの来日

日米修好通商条約で開港され、居留地のうまれた横浜にはアメリカから宣教師が来日、英語教育がおこなわれた。最初に来日したのがＪ・Ｃ・ヘボンで、プリンストン大学とペンシルバニア大学に学んだ米国長老教会に属する医師でもあった宣教師である。ヘボンは神奈川に上陸、成仏寺《じょうぶつ》（神奈川区神奈川本町）でアメリカの領事館員や商館の人々に日曜礼拝をはじめ、夫人は日本人むけの英語塾をはじめた。

幕府も英語教育に力を入れる。一八五九年一〇月には神奈川奉行の運上所（のちの税関、中区日本大通、県立歴史博物館あたり）の近くに英学所を開設する。ヘボンのほかつづけて来日した米国オランダ改革派教会のS・R・ブラウン、J・C・バラ、米国長老派教会のD・タムソンらの宣教師、それに英語に通じた奉行所の日本人役人が教えた。江戸の開成所でも英語教育がおこなわれていたが、横浜の英学所ではアメリカ人から学べた。大鳥圭介はここでも英語を学んでいる。一八六六年焼失したが再興された。

夫人だけでなく、ヘボンじしんも居留地の自宅で英語塾を開き、そこには前述の沼間守一や原田一道、講武所教授であった大村益次郎らが入門した。夫人の英語塾では林董《ただす》（のち外務大臣）、高橋是清（のち総理大臣）、矢田部良吉（のち東京大学教授）らが学んでいる。横浜はフランス語、英語の教育の本場となる。

神奈川奉行は一八六五年、漢学稽古のため江戸の昌平黌より教師を招き、伊勢山下（西区紅葉ケ丘）にあった奉行役宅に昌平黌の分校的な施設であった文学所も設けている。翌年修文館と改称した。維新後も存続、英学所を統合して英語を教える学校となった（『神奈川県教育史通史編・上巻』一三七頁）。

第9章　京都守護職と幕末の日新館

ペリーの来航を機に諸藩も教育や軍備の整備にのりだす。会津藩でも山本覚馬が江戸の江川太郎左衛門と佐久間象山の砲術塾に入門、帰国して日新館教授に任命されると、昌平黌の遊学中に蘭学を修めた南摩綱紀《なんまつなのり》と日新館に蘭学所を設立した。山本覚馬は兵学と砲術などを、南摩綱紀は蘭学を担当した。河沼郡駒板村の農家に生まれ、適塾に遊学した古川春英《しゅんえい》が医学を教え、藩外からは蘭学と舎密学《せいみがく》(化学)に優れた但馬出石藩出身の川崎尚之助《しょうのすけ》が鉄砲や弾薬の製造の教育にあたった。一八六二(文久二)年、藩主松平容保が京都守護職に任じられ、一〇〇〇名ほどの藩士が京都に派遣されると、京都にも若い藩士のための日新館が設立され、会津の日新館教授だった安部井政治《せいじ》が教える。山本覚馬も容保に従って京都にのぼり、蘭学や英学を教える会津洋学所を設立した。

1　蘭学と兵制の洋式化

会津藩の蘭学と砲術修業

蝦夷地や江戸湾の警備に動員された会津藩は洋式砲術の導入を計画、一八四二（天保一三）年には砲術指南役山本良高を江戸に派遣、高島秋帆にはじまる高島流の砲術を学ばさせた。このころ会津藩は三浦半島につづいて対岸の房総半島での警備を命じられ、砲台の建設にあたっている。若松を訪れた吉田松陰は『東北遊日記』に、会津藩が口径七寸、砲長七尺あまりのペキサンス砲を鋳造、それを装備した軍艦の訓練をしていると聞いたと記していたが（一一二頁）、ペキサンス砲を鋳造したのは、江戸湾警備にあたっていた藩士であるとみられる。小川渉も江戸湾警備で実際の大砲の訓練がおこなわれていても、地元の会津では木製の模型をつかった演習であったとみていた（『会津藩教育考』二九八頁）。

山本良高が江戸にのぼった八年後の一八五〇年には、大砲奉行林権助《ごんすけ》の推薦で良高の孫で日新館の学生だった二三歳の山本覚馬が江戸遊学を命じられ、江川太郎左衛門と佐久間象山の砲術塾に入門した。「夷の術をもって夷を制す」を説いていた象山の砲術塾には、幕臣の勝海舟や津田真道、適塾に学び五稜郭を設計した武田斐三郎《あやさぶろう》らの門人がおり、翌年には吉田松陰や越後長岡藩の小林虎三郎が入門した。

覚馬はいったん帰藩したが、ペリーが来航した翌一八五三（嘉永六年）年に大砲奉行の林権助が率いる江戸勤番に加えられて江戸にのぼり、象山の塾に再入門する。ところが、一八五四年ペリーが再来航したさい、師の説く「夷の術をもって夷を制す」を実行しようとした吉田松陰は下田に停泊中のポーハタン号に乗り込み、アメリカ行きを訴えるが拒否され、密航の罪で萩の野山獄に収容された。それに連座して象山も松代での蟄居となる。そこで覚馬は象山の門人の勝海舟が赤坂田町に開いた塾に入門、同時に大木忠益（のちの坪井為春《いしゅん》）の塾で蘭学を修めた。オランダ語の語学力はまだ不十分であったが、翻訳書や口授で高野長英の訳した歩・騎・砲を総合する三兵式兵学書の『三兵答古知幾《さんぺいたくちーき》』を学び、ゲーベル銃の腕もみがく。

日新館の蘭学所

勝が長崎海軍伝習所の伝習生となって長崎にむかった翌年の一八五六（安政三）年に帰国した山本覚馬は日新館教授に任命されると翌年、日新館内に蘭学所を設置する。幕府が蕃書調所を開設した翌年である。所長は野村監物《けんもつ》、教授には覚馬と南摩綱紀が就任した。覚馬は兵学と砲術と西洋事情を教え、江戸で漢学とともに蘭学を修めた綱紀は蘭学の講義を担当した。軍事力の近代化をめざしたのである。蘭学所には他藩のものも入学しており、後に京都で覚馬と再開することになる明石博高《ひろあきら》もそのひとりであった。

その後、藩内の河沼郡駒板村（会津若松市河東町）の農家にうまれ、若松の藩医山内春瓏《しゅんろう》に学び緒方洪庵の適塾に遊学した古川春英が医学担当の教授に加わった。さらに、藩外からは覚馬も教えをうけた大木忠益の門人となって蘭学と舎密学（化学）を修めた但馬出石藩出身の川崎尚之助が招聘され、鉄砲や弾薬の製造の教育を担当した。覚馬は大木忠益の塾で尚之助と知りあったようだ。尚之助は覚馬の妹の八重と結婚する。古川春英は一八六〇年に辞職、適塾に再入学、さらに長崎の精得館のボードインについて医学を学ぶ。ここで医学所頭取の松本良順にであった。

会津藩が一八五九（安政六）年に東蝦夷地の警備をゆだねられると、一八六二年には南摩綱紀も標津《しべつ》（北海道標津町）の代官を命じられ、会津を離れて、一八六七年まで勤務する。昌平黌に学び、諸国を遊歴、他藩との交友を深めた綱紀を北辺の代官に任ずるとはどんな理由からだったのだろうか。このときの蝦夷警備には二〇〇名ほどの武官と医師、普請奉行など一七六名の文官が派遣され、標津には会津藩陣屋が建てられ、斜里《しゃり》（北海道斜里町）と紋別（紋別市）には出張陣屋がおかれた。

江戸芝の中屋敷にも蘭学館が設置される。蕃書調所教授だった神田孝平や孝平の師である伊東玄朴の門人らが教授した。

2　京都守護職と京都日新館

容保の京都守護職就任

一八五八年の安政の大獄以後、攘夷運動は先鋭化する。久坂玄瑞や真木和泉《まきいずみ》らは三条実美《さねとみ》をはじめとする公卿と連携、京都は尊攘派の志士が暗躍する無法地帯と化していた。そのなかで「攘夷」は「討幕」に転換する。

そこで、幕府は京都市中の治安維持と御所や二条城の警備のため、それまでの京都所司代と京都町奉行にかわり、京都所司代、京都町奉行、大阪城代、近隣大名を指揮する権限と軍事力をもつ京都守護職を新設し、一八六二（文久二）年閏八月にその職に会津藩主容保を任命した。一八五九年には江戸湾の警備は免ぜられていたが、蝦夷地の警備とあわせての京都の警備である。会津藩では尾張藩の支藩にあたる美濃高須藩から容保が養子に迎えられ、一八五二年に九代藩主を襲っていた。

司馬遼太郎は「その勇猛さとその整然たる藩秩序と、さらに藩士の教養水準の高さを幕府から買われて京都守護職にされた」（『歴史を紀行する』三七頁）という。このとき御家門の福井藩も候補となったが、藩主松平春獄（慶永）は幕府への忠誠をのべる藩祖保科正之の「家訓十五ケ条」をもちだして容保の説得に当たっている。会津藩の内部では強い反対の声があがり、国家老の西郷頼母《たのも》と田中土佐は江戸に馳せ参じて、「まるで薪を負って火を救うようなもの」と辞退を諫言したが、容保は「宗家と盛衰存亡を共にせよ」という藩祖の遺訓である」としりぞける。頼母は家老を辞した。御三家の水戸に発した尊王攘夷運動が激化する京都での取締りに御家門の会津があたることになった(図16)。

「その勇猛さとその整然たる藩秩序と、さらに藩士の教養水準の高さ」が会津藩を苦しめることになるのだが、会津藩は誠実にその任を遂行しようとした。動員された会津藩兵は初期の段階で約一〇〇〇名、その後増員される。本陣は黒谷《くろだに》の金戒光明寺《こんかいこうみょうじ》に置かれたが翌年には、本陣を拡充、御所の西側(京都府庁あたり)に京都守護職屋敷を造営した。会津藩兵は京都市民からも歓迎され、容保は孝明天皇の絶大な信任をうける。容保も孝明天皇に忠節をつくした。幕府は朝廷と幕府と公武合体で難局を乗り越えようとしており、孝明天皇も容保も公武合体を支持していた。

京都守護職の配下には幕臣二〇〇名ほどで構成された京都見廻組がおかれた。隊長には会津藩士手代木直右衛門の弟で旗本の養子となった佐々木只三郎が就任する。武装集団の新撰組も会津藩の配下で尊攘派を取り締まる。新撰組は江戸市谷にあった剣術道場・試衛館《しえいかん》の近藤勇と土方歳三の一派と元水戸藩士の芹沢鴨《せりざわかも》らの水戸派からなり、屯所は京都の壬生《みぶ》におかれていた。三〇名あまりで発足したが、最盛時には二五〇名を超え、屯所はを西本願寺に移された。芹沢は同志に暗殺され、近藤と土方に指導されるようになる。容保の実弟の桑名藩主の松平定敬は京都所司代に就任する。京都所司代屋敷は京都守護職屋敷の南側にあった。

八月十八日の政変と禁門の変
——会薩同盟

一八六三（文久三）年長州藩は尊攘派の公卿をつかって真偽不明の勅書を乱発するなどの策動をくわだてる。親幕府派とみられた公家、武士、学者への脅迫・暴行も頻発する。三条実美とならんで尊攘派の先鋒として知られていた姉小路公知《きんとも》が暗殺されると、下手人として薩摩藩士が逮捕され、そのため薩摩藩は皇居への出入りを止められたが、それは長州勢が仕組んだ芝居であったともみられている。

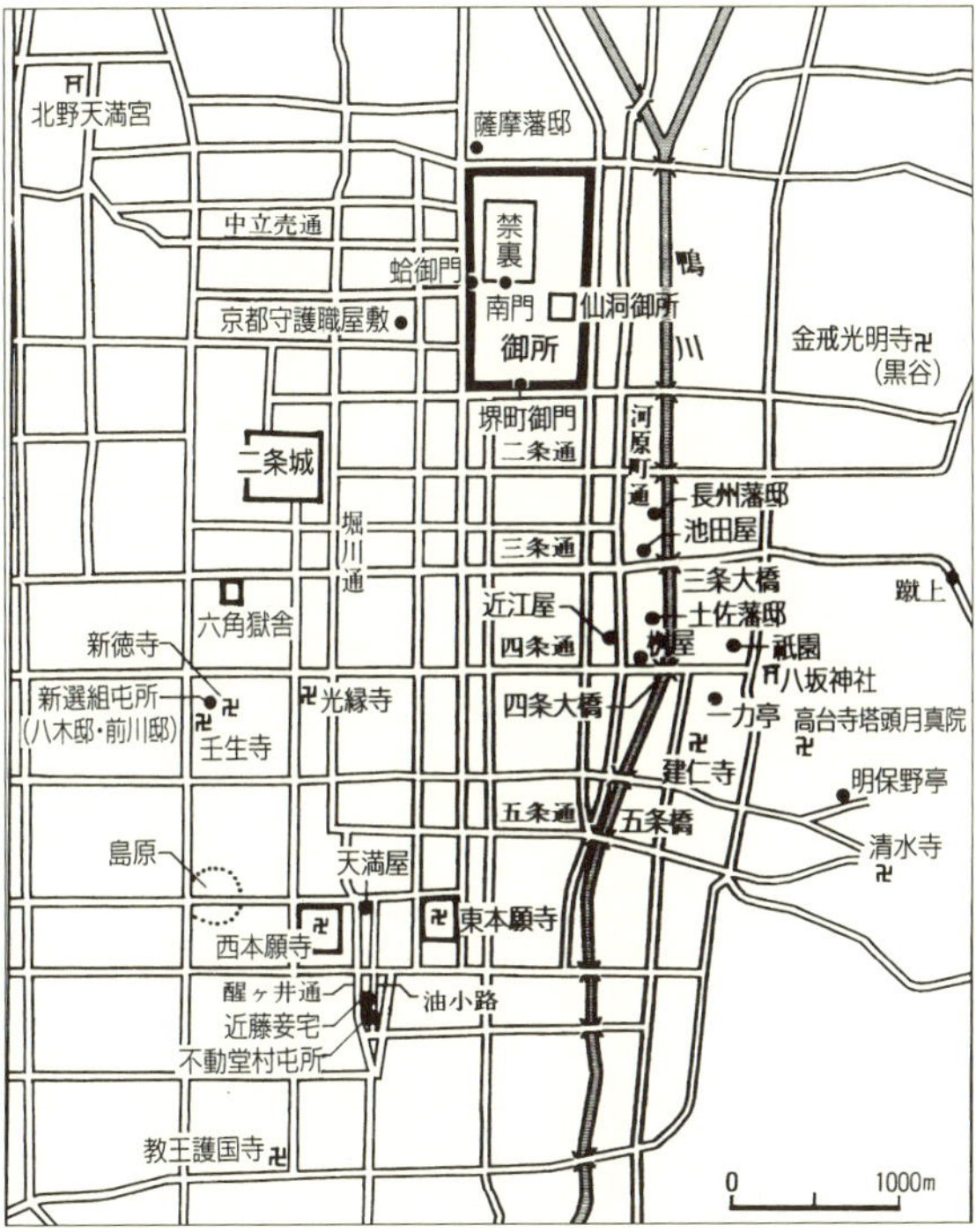

図16　幕末の京都

会津藩では公用方の秋月悌次郎が公武合体派の薩摩藩の島津久光の意をうけた高橋正風《まさかぜ》と交渉、会薩同盟の締結に導く。八月一八日には会津藩と薩摩藩の主導で三条実美ら七公卿の長州勢を京都から追放する。「八月十八日の政変」である。秋月は江戸遊学と諸国遊歴に目処をつけて上京、藩主容保の補佐役として幕府・朝廷・諸藩と交渉にあたる公用方に就任して活動していたが、翌年から一年間、南摩綱紀が代官の任にあった東蝦夷に送られ、斜里の代官をつとめることになった。南摩と同様、適材適所からはかけはなれた人事である。

孝明天皇の容保にたいする信頼は絶大なものであった。八月十八日の政変のあと孝明天皇は容保の忠誠心に深謝する「御宸翰《ごしんかん》」（天皇自筆の手紙）と御製（天皇の和歌）を下賜している（山川浩『京都守護職始末・1』二二二頁）。「御宸翰」には、

堂上以下、暴論を疎《つら》ね不正の処置増長につき、痛心に堪え難く、内命を下せしところ、すみやかに領掌し、憂患掃攘、朕の存念貫徹の段、まったくその方の忠誠にて、深く感悦のあまり、右一箱これを遣わすもの也。

文久三年十月九日

とあった。「堂上」とは清涼殿への昇殿がゆるされている家柄、公卿になれる公家のこと。暴論や不

正をはたらく公卿や長州勢を排除して憂いを払ってくれたことを賞揚、忠誠に感謝する。容保はそれをだれにも見せることなく一八九三（明治二六）年に世を去っている。

それにたいして、長州勢の尊攘派は八月十八日の政変の首謀者を容保と見、その暗殺を計画した。しかし、新撰組はそれをキャッチ、長州藩の定宿であった池田屋を急襲して尊攘派の七人を斬り、容保暗殺を防いだ。

それに激昂した長州藩は京都守護職松平容保らの排除をめざして挙兵した。一八六四（元治元）年七月一九日の「禁門の変」では会津藩が薩摩藩や桑名藩の助けをうけ、長州勢に勝利した。山本覚馬は砲兵隊を率いて長州勢を撃破するという戦功をあげ、この戦いで水戸でも学んだ尊攘派の志士の久坂玄瑞や真木和泉も命を落とす。

幕府は長州に討伐軍をおくった（第一次長州征討）。長州は幕府に恭順をしめすという形で終結した。このとき薩摩の西郷隆盛は討伐軍の参謀であった。

京都日新館と会津藩洋学所

会津藩は京都で長州勢との抗争に追われながらも、藩士の教育を怠っていない。京都守護職屋敷の一角にも日新館の分校を設けた。京都日新館の学校奉行には遅れて上洛した佐川官兵衛が就任、昌平黌に遊学して日新館で教授だった安部井政治が教えた。家族同伴だった江戸常詰や江戸湾警備のときとちがって、京都の会津藩士は単身赴任だった。素読所（小学）に通う年小者はおらず、京都日新館の学生は一七、八歳以上の会津藩士、講釈所（大学）クラスの授業がおこなわれたとおもわれる。

武術にすぐれた佐川官兵衛は、弓・馬・刀・槍の四芸のうち二芸以上に免許をえたもの約四〇名からなる最精鋭の別選組の隊長も兼ねた。さらに、京都日新館の学生一〇〇名からなる諸生組の隊長でもあった。

一八六四（元治元）年二月、若松の日新館に蘭学所を設置した山本覚馬は京都守護職屋敷ちかくの寺を借りて会津藩洋学所を開き蘭学や英学を教授した。蘭学は京都の蘭方医の栗原唯一が、英学は仙台藩士横山謙助が担当した。

佐久間象山・勝海舟・西周

山本覚馬は会津藩洋学所を開設した四カ月後の六月、徳川慶喜によって京都に招かれた佐久間象山と再会する。象山は八年間松代で蟄居の身だった。覚馬と公用方であった広沢安任《やすとう》は五四歳となっていた象山とともに天皇の遷座を討議しているが、公武合体と開国論を説く象山は翌月に尊攘派の熊本藩士河上彦斎《げんさい》に暗殺される。

覚馬も公用方に任じられ、藩主容保の求めもあって京都に滞在していた勝海舟をしばしば訪問するようになる。長崎海軍伝習所での修業を終え、咸臨丸で渡米したのち、軍艦操練所で教えていた勝はそのころ神戸海軍操練所の設立に奔走していた。勝を通してオランダ留学から帰国後に慶喜の顧問となっていた西周を紹介された。開成所教授でもあった西周は京都四条大宮で洋学塾をひらいており、覚馬はそこにも出入りするようになって、フィセリング述・西訳の『万国公法』を暗記するほどになる（一八七四年覚馬は西の『百一新論』を覚馬と南摩綱紀の序文を付して出版する）。勝や西からヨーロッパについて学び、海外に目が向けられる。一八六六年には長崎に赴き、翌年まで滞在、そのさい、精得館のボードインからは患った眼の治療をうけている

第10章　戊辰戦争

京都を主舞台とする尊王攘夷運動は討幕運動に転換、一八六七年一二月九日、幼い明治天皇は「王政復古」を発した。薩摩・長州藩主導による討幕のクーデターであった。朝敵とされた会津藩と桑名藩の兵を主力とする幕府軍は翌年一月、鳥羽・伏見で新政府軍と戦うが、敗れる。新政府軍は江戸城を無血開城、会津に向かう。会津を救済しようする奥羽越列藩同盟軍が結成されたが、新政府軍に白河口を破られ、母成峠《ぼなり》から若松の城下に侵入された。会津藩は鶴ケ城に籠城、戦いをつづけた。婦女子も籠城した。しかし、城に近い小田山からのアームストロング砲による攻撃をうけ、「王政復古」から九カ月あまり、九月二二日に降伏した。日新館は焼け落ちた。藩士は謹慎所送りとなったが、会津藩は子弟の教育は止めなかった。若松の北の塩川には藩士の子弟のために仮日新館が設けられる。

1　小御所会議のクーデター

公議政体論

尊王攘夷運動は尊王討幕運動に発展、先鋭化したが、幕府内外での主潮は議会制の採用による幕政の改革をめざす公議政体論にあった。公武合体の上、権力の主体を幕府から列藩公会議（上院）と諸藩の藩士の会議（下院）に平和裡に移行させるというものである。

公議政体論の理論的指導者の横井小楠は一八六二（文久二）年、幕府に（おそらく慶喜に）提出した『国是七条』の「大いに言路を開き、天下とともに公共の政をなせ」から影響をうけた坂本龍馬は「船中八策」で「上下の議会を置き、すべて公論に基づいて政治を行う」とのべていた。公議政体論派の有力者には土佐の山内容堂《ようどう》、福井の松平春嶽（慶永《よしなが》）、尾張の徳川慶勝《よしかつ》、勝海舟や大久保一翁《いちおう》がいた。オランダ留学から帰り、慶喜の側近となっていた西周も議会制による幕府の改革論者であった。

薩長同盟――武力討幕へ

しかし、第一次長州征討後、幕府改革の情勢は大きく変化した。長州の高杉晋作は奇兵隊やその他の諸隊をを組織、桂小五郎（木戸孝允《たかよし》）とともに藩内の幕府恭順派を倒して藩論を討幕に統一、藩の武備を強化する。蕃書調所と講武所で兵学の教授であった大村益次郎（村田蔵六）を長州藩士として抜擢した。大村は周防の鋳銭司《すぜんじ》村（山口市）の村医の子、広瀬淡窓が開いた豊後日田の咸宜園や適塾に学び、宇和島藩や長崎で蘭学・西洋兵学の研究に従事したあと幕府に仕官していた。

それにたいして幕府は「朝敵」長州への再征（第二次長州征討）を決意、公武合体の証しとして孝明天皇の妹の和宮と結婚した将軍の家茂は一八六五（慶応元）年九月大阪に入り、参内して長州再征の勅許をえ、一一月には三二藩に出兵を命じた。ところが、翌年一月二一日には坂本龍馬と中岡慎太郎の斡旋で薩長同盟が締結される。公議政体論の「船中八策」を書いた坂本龍馬が武力討幕派の長州を助ける。長州藩は薩摩藩名義で大量の洋式銃器を購入、しかも、薩摩藩は第二次長州征討への出兵を拒否した。高杉晋作や大村益次郎の指揮する長州軍の洋式武器は威力を発揮、各地の戦線で幕府軍を圧迫する。その年の一八六六年七月二〇日、将軍家茂が大坂で倒れ、松本良順やボードインの治療の甲斐もなく大坂城で死去すると、幕府は将軍の喪を名目にして停戦を宣した。第二次の征討は失敗だった。

会薩同盟をむすんだ薩摩が長州と同盟する。豹変である。会津藩には寝耳に水、反長州であった薩摩藩を信用していた。後年、公用方であった秋月悌次郎は漢学者の牧野謙次郎に「今よりしてこれを思えば、迂なるかな予が輩や」とみずからの迂闊さを笑っていたという（徳田武『秋月韋軒伝』五五頁）。

一二月五日、水戸藩前藩主徳川斉昭の七男で、家茂の将軍後見職だった徳川慶喜が一五代将軍に就任した。ところが、同月二五日に薩長の倒幕派を抑えてきた孝明天皇が死亡した。その死因についてはさまざまな憶測をよび、痘瘡（天然痘）による病死とされてきたが、石井孝らは討幕派、つまり「勤王派」に毒殺されたとみている（井上清『日本の歴史・中』一一一頁）。

新天皇には孝明天皇の第二皇子で一六歳だった睦仁《むつひと》親王が即位した。明治天皇である。生母は権大納言中山忠能《ただやす》の娘・中山慶子である。

小御所会議のクーデター――京都守護職の終わり

一八六七（慶応三）年一〇月一四日、公家の岩倉具視と新天皇の外祖父である中山忠能の画策で薩摩の大久保利通と長州の広沢真臣《さねおみ》に討幕の「密勅」が下された。朝議もへない「偽勅」である。岩倉具視の秘書で、国学者の玉松操《たままつみさお》が草稿し、公卿の正親町三条実愛《おおぎまちさんじょうさねなる》と中御門経之《なかみかどつねゆき》が執筆したものである。同時に、松平容保と松平定敬の誅戮を命ずる勅書もだされた。

同日、徳川慶喜は「大政奉還」を申しでた。将軍を辞するが、諸侯会議（上院）を開催、みずからは議長に就任する。それには土佐・越前・尾張藩ら公議政体派からの支持があった。「大政奉還」は朝廷に受理され、それによって討幕の企ては名目を失う。討幕延期の旨が薩長両藩に伝えられた。

しかし、討幕をあきらめない岩倉や大久保利通は討幕のクーデターを計画する。一八六七年一二月九日、西郷の指揮のもと薩摩・広島・尾張・福井の藩兵をつかって九つの宮門を押さえ、会津と桑名の兵を退去させ、御所内の学問所において明治天皇臨席の下、「王政復古の大号令」が発せられた。天皇親政による新政権を樹立する。それによって摂政・関白、征夷大将軍をはじめ京都守護職、京都所司代まで幕府の官職は廃され、新たに総裁有栖川宮熾仁親王以下、議定一〇名、参与二〇名が三職に選任された。

ただちに天皇臨席のもと三職の会議が小御所で開かれ、皇族と公家、それに徳川慶勝元尾張藩主・松平春嶽福井前藩主・浅野茂勲《もちこと》広島藩世子・山内容堂前土佐藩主・島津茂久薩摩藩主らが出席した。慶喜、容保、定敬は三職に選任されない。それでも公議政体論派の立場から慶喜を支持する山内容堂の意見を支持する空気がつよかった。しかし、大久保や岩倉の主張で「慶喜の辞官・納地」、容保と定敬の罷免が決定される。反対した山内容堂らは西郷の「小刀で脅せば」に沈黙する。慶喜、容保、定敬は小御所会議でのクーデターに敗れた。それは討幕の除幕であった。

薩長は幼い天皇をも討幕の手段につかうことができた。公家や朝廷にたいしては金も有効につかうことができた。司馬遼太郎は「薩摩藩や長州藩の指導者たちは、上方的現実としての『朝廷』というものをよく知っていた」のであって「公卿や親王をうごかすのに徹底的に金を用いた」（司馬遼太郎『歴史を紀行する』四八頁）とのべている。それにたいして会津の藩士は六歳から「什の掟」で「卑怯なふるまいをしてはなりませぬ」と教え込まれ、金銭の勘定を卑しんできた。薩長の現実主義に勝てなかった。

天皇を手中にした薩長によって会津藩は朝敵に仕立てられた。朝廷と幕府の間を誠心誠意に周旋し、孝明天皇から絶大な信頼をうけていた松平容保は逆賊とされた。

2　鳥羽・伏見の戦い

鳥羽・伏見の戦い――慶喜の逃避行

もちろん慶喜は「辞官・納地」を拒む。二条城に陣取っていた会津、桑名の藩士と幕臣たちは激高した。しかし暴発を危惧した慶喜は容保と松平定敬をともなって二条城を離れ、大阪城に入った。その間、土佐の山内容堂、福井の松平春嶽ら公議政体論派による慶喜復権の巻き返しの動きがあったが、ここでも武力倒幕が不可欠と考えていた西郷隆盛はその口実をつかもうとして江戸で浪士たちに強盗・放火の狼藉をひきおこさせ、幕府の挑発を誘った。江戸市中取締り役を命じられていた庄内藩の芝赤羽橋屯所にも銃弾が打ち込まれると、庄内藩士は浪士たちの巣窟となっている薩摩藩邸を焼討ちした。それに呼応、大阪でも会津・桑名の藩士は主戦派一色となる。慶喜も開戦を決意、一八六八（慶応四）年元旦、諸藩に「幼帝を侮り奉る君側の奸」を一掃する「討薩の表」を配り、参陣をうながした。西郷の作戦は功を奏したのである。これで武力で幕府を倒せると西郷は考えた。

一月三日、上総大喜多藩主大河内正質《まさただ》を総督とする幕府軍約一万が京都をめざして大阪城を進発、藩主稲葉正邦が老中であった淀城にはいった。会津の兵は三〇〇〇。会津の主力の砲兵隊二隊は林権助と白井五郎太夫が率い、ロシアに派遣された山川大蔵《おおくら》（浩）も前年末に帰国して砲兵隊に加わった。佐川官兵衛の別選隊と諸生組も砲兵隊に協力する。禁門の変で勲功をあげた山本覚馬は眼病で出動ができなかった。

会津につぐのが桑名藩の兵一五〇〇であった。大垣藩、高松藩、伊予松山藩の兵も加わる。江戸で編成された幕府陸軍や横浜でフランス式の訓練をうけた伝習隊も幕府陸軍の一部隊として参加した（伝習第一大隊、大鳥圭介の伝習第二大隊は江戸に温存）。佐々木只三郎の京都見廻組、負傷した近藤勇にかわって土方歳三の率いる新撰組も出陣した。大阪城には後詰の五〇〇〇人がいた。幕府海軍は海軍総裁矢田堀景蔵と副総裁榎本武揚が「開陽」「富士山」「蟠竜」「順動」の軍艦と「翔鶴」の輸送船を率いて大阪湾にはいる薩摩の船を警戒していた。

一方、京都への進入を阻止、幕府軍を叩こうとする西郷隆盛が指揮する新政府軍は五〇〇〇。薩摩・長州・土佐・広島の藩兵で、うち、三〇〇〇が薩摩であった。「朝敵」とされていた長州兵の参戦は遅れた。幕府軍と新政府軍が鳥羽・伏見で対峙した（図17）。

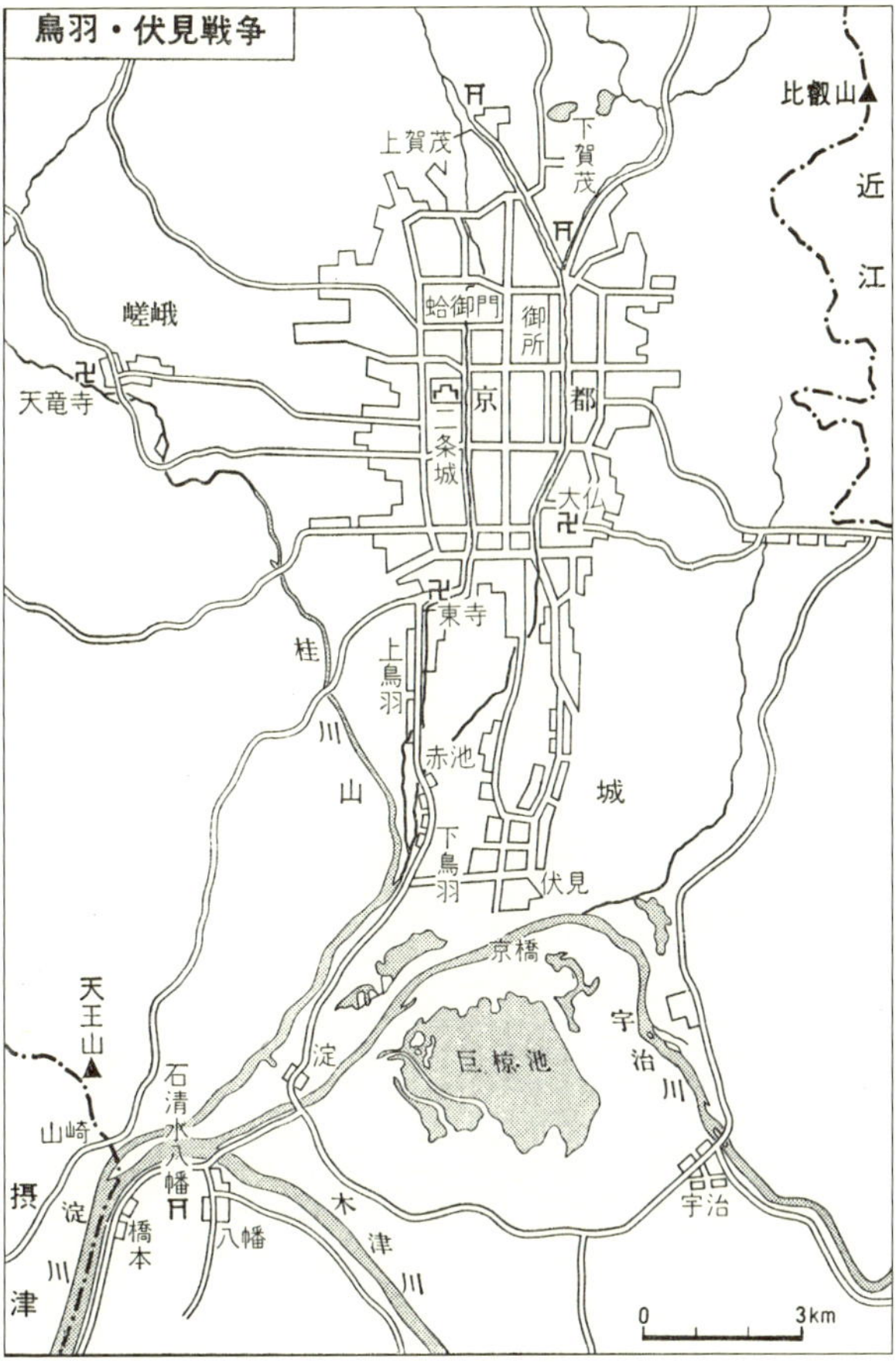

図17　鳥羽・伏見の戦い要図

幕府陸軍奉行竹中重固《しげかた》が指揮する軍は会津兵を先鋒にして伏見口へ、大河内正質と外国奉行滝川具知とが指揮する軍は桑名兵を先鋒にして鳥羽口へ向かった。対する新政府軍は長州・土佐兵が伏見口を、薩摩兵が鳥羽口を固めた。戦闘となる。

両軍の兵器の能力には差があった。薩摩軍は元込・連発式のスペンサー銃を使っていたのに、会津軍では青銅製の四斤山砲《よんきんさんぽう》が主力、火縄銃も使われていた。幕府はフランスから軍事顧問を招き陸軍の洋式化をすすめていたが、時間があまりにも短かった。新政府軍は「錦旗《きんき》（錦《にしき》の御旗《みはた》）」という手もつかった。岩倉具視が大久保利通と品川弥二郎に捏造させたものである。「錦旗」は新政府軍が天皇の軍である証であるならば、新政府軍と戦う軍は朝敵となる。これが威力を発揮した。

五日になり、淀・千両松で戦っていた幕府軍が淀城で立て直しをはかろうとしたが、淀藩に入城を阻まれる。老中の稲葉正邦が藩主である淀藩が新政府軍についたのである。山崎を守っていた津藩も寝返る。戦況は幕府軍に不利となった。戦死者も新政府軍が約一一〇人であったのにたいして幕府軍が約二八〇人にのぼった。うち一二〇人は会津藩、砲兵隊長の白井五郎太夫は戦死、林権助は負傷し、江戸への船中で死去した。山本覚馬の弟の三郎も、林権助の子の又三郎も戦死した。別選隊や諸生組の大半も失われた。新撰組の戦死者も多かった。

それでも、会津藩や桑名藩や幕府の将兵には兵力も戦う意気も残されていた。会津の砲兵隊は山川大蔵が指揮をとることになった。ところが、一月六日、将軍慶喜はひそかに大阪湾に停泊していた軍艦「開陽」に乗り込み、艦長榎本武揚が不在であったので、副長の沢太郎左衛門に命じて江戸に向かわせた。軍艦「開陽」は薩長を討つのではなく、将軍の逃亡につかわれた。しかも、老中の板倉勝静と酒井忠惇《ただあつ》、それに松平容保と松平定敬《さだあき》ら戦闘継続を訴える側近を「関東にもどって、しかる後存念がある」と説得、随従させての逃避行だった。

天下分け目の戦いは将軍慶喜の逃避行で勝負があった。幕府軍や会津藩兵も幕府やアメリカの蒸気船で江戸に向かった。

3 江戸開城

新政府は鎮撫総督府を設置

新政府は一月七日、正式に徳川慶喜追討命を出し、東海道、東山道、北陸道の三ルートから江戸に攻め上がることを決定、各ルートに鎮撫総督府を設置した。東山道鎮撫総督府は岩倉具定《ともさだ》総督と板垣退助・伊地知正治《いじちまさはる》らの参謀、東海道鎮撫総督府は橋本実梁《さねやな》総督と木梨精一郎・海江田信義らの参謀、北陸道鎮撫総督府は高倉永祐総督と黒田清隆・山県有朋らの参謀である。古代の「四道将軍」や頼朝の奥州征伐の再現であった。

二月九日には有栖川宮熾仁《ありすがわのみやたるひと》親王を東征大総督として、三総督を統括する参謀に西郷隆盛、軍監に江藤新平を任じた。さらに、会津と庄内藩討伐のため奥羽鎮撫総督府を設置した。総督は九条道孝《みちたか》、副総督は沢為量《ためかず》、参謀は醍醐忠敬《ただゆき》、下参謀に大山格之助（綱良）と世良修蔵を任じた。

慶喜は主戦派の幕臣と容保・定敬を排除する

一方、江戸では横須賀製鉄所を建設、造船所に拡大して（のち海軍工廠）、三兵伝習など洋式軍隊の整備に尽力していた陸軍奉行並の小栗忠順《ただまさ》をはじめ、海軍副総裁の榎本武揚、陸軍歩兵奉行だった大鳥圭介らの主戦派が健在であった。しかし、慶喜は小栗忠順を解任し、かわって薩長に受けのよい勝海舟を陸軍総裁に登用、みずからは徳川宗家の家督を養子の田安亀之助（徳川家達）に譲り、寛永寺塔頭の大慈院で謹慎した。領地の上野国権田村に隠棲した小栗は新政府軍の命で捕縛され、取り調べもないまま斬首された。母と妻と養女は小栗と親交のあった会津藩士の横山主税（常守）をたよって会津に脱出した。

江戸に帰還した容保・定敬兄弟は慶喜から登城が差し止められ、江戸からの退去を命じられる。反幕派の公家と薩長から憎悪されているふたりは切り捨てられた。二月、容保は全将兵を和田蔵門邸に集めて将兵に告げずに江戸に戻ったのをわびた（星亮一『会津戦争全史』四二頁）。「なんすれぞ大樹（幕府）は連枝（将軍一門）をなげうつ」の詩をひそかに書き、家督を養子の喜徳《のぶのり》（水戸藩主徳川慶篤の弟）に譲り、一六人の供とともに会津にむかった。将兵も江戸常詰の婦女子も会津にむかった。定敬は領国の桑名藩が東海道鎮撫総督府によって新政府軍の支配下に入り、帰国できなかったので、プロシア船コスタリカ号で越後にある飛地の柏崎に移動した。

「家訓」第一条の「大君（将軍）の儀、一心に大切に忠心をつくすべし」を実践した容保は、服部之総がいうように「純一むくにこれに終始せんとした珍しく生一本《き》な政治家だった」（服部之総「新撰組」『黒船前後』一三頁）であった。だが、容保は藩兵を戦場に見捨てたという背信の思いに苦しむことになる。将軍への忠誠を教えられてきた藩士には慶喜への不信感がつよまる。会津藩士として幕府のために薩長と戦った山川大蔵（浩）をも慶喜は許せなかった。

薩摩に裏切られた会津はまた将軍に裏切られる。遠山茂樹はいう、「松平容保と会津藩は、尊王に誠実であることによって、尊王に裏切られたように、佐幕に誠実であることによって、将軍慶喜に裏切られたとの印象をもたずにはおられなかった」（小川浩『京都守護職始末・1』解説、二二五頁）。

江戸は無血開城される

一八六八（慶応四）年三月一四日、勝海舟は東征大総督の西郷隆盛と交渉、江戸城の無血開城を決める。四月四日、東海道鎮撫総督府の橋本実梁《さねやな》総督は徳川宗家（旧幕府）処分の勅を伝令、一一日には江戸城が抵抗もなく明け渡された。慶喜は寛永寺大慈院を去り、水戸の弘道館で謹慎をつづけ、徳川宗家が駿府に移ると、慶喜も静岡の宝台院で謹慎した。

しかし、陸軍歩兵奉行の大鳥圭介は伝習隊を解散しなかった。江戸開城の日に幕府最強の洋式部隊である伝習第一、第二大隊一二〇〇名を率いて江戸を脱走し、新撰組の土方歳三とも合流して、北に向かった。総裁の矢田堀景蔵が謹慎したので海軍の実権を握った海軍副総裁の榎本武揚は勝が西郷と約束した軍艦の引き渡しを伝えられても老朽船四隻を引き渡しただけで、「開陽」など主力艦の温存に成功、館山湾に脱走した。

幕臣の彰義隊や幕府講武所の兵士からなる遊撃隊ら数千の兵は新政府軍に服さず、上野寛永寺に陣をとった。五月一五日、新政府軍を指揮する大村益次郎はアームストロング砲や四斤山砲を加賀藩上屋敷（現東京大学）に据え、寛永寺を攻撃する。この上野戦争で幕府の兵士は敗走するが、一部は北にむかった。仏教界に君臨した天海が創建した東叡山寛永寺の根本中堂や本坊は灰燼に帰した。

4　奥羽越列藩同盟

会津を救え

一方、三月二四日、会津・庄内両藩の討伐を任務とする奥羽鎮撫総督府の総督九条道孝、副総督沢為量、参謀醍醐忠敬と下参謀の大山格之助・世良修蔵は薩摩・長州・筑前（福岡）の兵を率いて仙台に入り、本営を大槻玄沢の次男磐渓《ばんけい》が学頭だった仙台藩校の養賢堂においた。実権は公家の九条・沢・醍醐ではなく、下参謀の薩摩藩士の大山と長州藩士の世良にあり、世良の要求は「容保の斬首、藩主喜徳の監禁、無条件開城」であった。のめる条件ではない。それが分かっていての要求であった。

狙いはあくまでも会津討伐、それは新政府の意志でもあった。江戸に留まって会津の救済に奔走していた広沢安任は勝海舟や大久保一翁を介して総督府に乗り込み、参謀の西郷隆盛に会い、藩主容保の真意を伝えようと努力したが、功を奏しなかった。新政府軍に捕われてしまう。

総督府は仙台藩には会津討伐を命じる。それにたいして総督府と会津藩との交渉にあたったのは大槻磐渓の弟子で養賢堂副学頭だった玉虫左太夫と仙台藩士の若生文十郎であった。二人は仙台藩に会津討伐の軍を差し向けさせたが、本気で会津を討伐しようというのではない。格好だけであった。そこで若生は会津に「領地の削減、藩主父子の謹慎、首謀の家来を死罪に処する」の条件を提示する。総督はこの会津救済策に理解をしめしたが、世良の反対で却下された。

一方、容保は南摩綱紀を会津藩とともに朝敵とされた庄内藩に派遣、会庄同盟をむすぶ。大槻磐渓の働きもあって、玉虫と若生は米沢藩と仙台藩との連携をすすめ、閏四月一一日には奥羽諸藩の重臣は仙台藩の白石城に結集、奥羽列藩会議を開催、会津藩には降伏をすすめる一方で、総督府には会津藩の救済を陳情した。各藩には藩内部の事情と思惑があったが、共通して会津への同情があった。

奥羽列藩同盟の結成

そのなかで仙台藩士のあいだには威圧的な態度をとりつづける世良の殺害計画が起こり、仙台と福島の藩士が福島の宿で馴染みの遊女と一緒だった世良を襲い、阿武隈川河畔で斬殺してしまう。奥羽列藩は新政府との対決が決定的となった。その三日後の閏四月二三日に白石城で第二回の奥羽列藩会議が開かれる。薩長政権の打倒が申し合わされた。守るのではなく、西に攻めのぼるのである。

調印したのは、仙台・一ノ関・盛岡・八戸・松前・弘前・秋田・矢島・本庄・亀田・新庄・天童・米沢・上ノ山・山形・福島・下手渡《しもてど》・二本松・相馬・三春・守山・棚倉・磐城平・泉・湯長谷の二五藩。まもなく越後の新発田・村上・村松・黒川・三根山・長岡が加盟して奥羽越列藩同盟となった。下手渡藩は国元では調印したが本家の筑後三池藩が新政府につき、同盟を脱ける。そのため仙台藩兵に攻められて、藩庁が焼き打ちされ、廃藩となった。

同盟の結成とともに、奥羽越公議府（公議所）が白石城に設置される。その名がしめすように、幕末の一大潮流となっていた公議政体論による合議制が採用された。「列藩会議＝公議政体の主流は中央で死んで東北に再生した」（高橋富雄『宮城県の歴史』二一一頁）のである。それを献策した玉虫左太夫は一八六〇（万延元）年に勝海舟、福沢諭吉、小栗忠順らとともに遣米使節に随行、アメリカで選挙によって大統領を選出し、議員を選んで議会を構成する共和政治に接して、公議政体論の支持者となっていた。手助けした若生文十郎も遣米使節の随行者だった。公議府の盟主には寛永寺・日光輪王寺・比叡山に君臨する北白川宮能久《よしひさ》親王を東武天皇として迎えた。奥州藤原氏の「王国」が滅ぼされてから六七九年、東北に独立国が誕生したかのようであった。

奥羽越列藩同盟は会津藩と庄内藩の救済のための同盟であって、会津と庄内は公式には参加していない。それでも会津からも手代木直右衛門、小野権之丞、諏訪常吉、阿部井政治、永岡久茂らが仙台、白石にでむいており、同盟の結成に努力していたと思われる。

会津藩の軍事改革

会津藩も戦いを準備せねばならない。帰国した藩主容保は鳥羽・伏見の戦いでの敗戦を反省、三月、軍備の改革にのりだしていた。筆頭家老の梶原平馬は長岡藩家老河井継之助の協力をえて新潟に住む武器商人エドワルド・スネルから小銃八〇〇挺を購入して洋式軍制を採用するとともに、正規軍を年齢と家格にしたがって再編成した。四方を守る四神《しじん》の名称をつかって、青竜《せいりゅう》隊（三六―四九歳）九〇〇人、朱雀《すざく》隊（一八―三五歳）一二〇〇人、白虎《びゃっこ》隊（一五―一七歳）三〇〇人、玄武《げんぶ》隊（五〇歳以上）四〇〇人に大別、いずれの隊も家格にしたがって士中隊、寄合隊、足軽隊に分けた。それに砲兵隊三〇〇人、築城隊二〇〇人が加わり総計約三五〇〇。さらに郷頭（大庄屋）、肝煎（庄屋）のもとに農民兵四五〇〇人、町民兵二〇〇人、猟師隊、修験者隊、力量のあるものを集めた力士隊も組織された。

これら会津藩の兵士に加え、大鳥圭介が指揮する旧幕府の伝習隊、沼間守一が会津で編成した遊撃隊（銃隊）、美濃郡上《ぐじょう》藩の凌霜《りょうそう》隊、桑名藩の雷神隊、幕臣の古谷佐久左衛門（医師高松凌雲の兄）が幕府の脱走兵を率いる衝鋒隊、負傷した土方にかわり山口次郎（斎藤一）が指揮をとる新撰組などが集まった。沼間守一は三の丸で横浜で学んだフランス式の軍事訓練を会津藩士におこなう。そのとき、一五歳の少年は銃をかついで戦場にでるのは無理だとして白虎隊から除かれた。山川健次郎もそのひとりだった。それでも、飯盛山で自刃しながら、一命をとりとめた飯沼貞吉は従兄弟の健次郎と同年、身長が大きかったので、年齢を偽り入隊した。だれもが、入隊し、戦場に赴きたかった。ふたりと同年の井深梶之助は越後戦線で戦っていた父に従っていたので白虎隊に登録されなかった。

水戸藩で佐幕派である諸生党の市川三左衛門も五〇〇名を率いて参陣した。諸生党は天狗党を抑えて水戸藩の実権を握ったが、幕府崩壊で天狗党が勢力を盛り返したため水戸を離れ、会津支援にむかったのである。

幕府医学所頭取の松本良順も弟子を連れて東京から常陸の平潟港をへて若松にはいった。蘭学所で教え、良順とは長崎のボードインのところで一緒だった古川春英も駆けつけた。

意気があがった。俚謡に、

都見たくば此処《ここ》までござれ
　今に会津が江戸になる

とうたわれた。会津の軍は薩長の軍を破り、都は会津におかれるのだという。

5　会津戦争

白河城の争奪戦

奥羽越列藩同盟が最重要視したのは奥州への入り口の白河である（図18）。白河藩主だった阿部正静《まさきよ》は前年棚倉藩に移され、白河藩は幕領となって二本松藩の管理となったが、幕府の崩壊後は新政府の奥羽総督府の命令で二本松、仙台、棚倉藩が守備をしていた。しかし、閏四月二〇日、つまり、列藩同盟のなる三日前に田中左内（土佐の息子）が率いる会津兵が白河城を占拠した。守備にあたっていた二本松、仙台、棚倉藩の兵も本気で戦わず、会津藩の朱雀隊と青竜隊、山口次郎が指揮する新撰組、旧幕臣の小池周吾の純義隊とともに新政府軍の侵攻に備えた。総勢二五〇〇の兵となった。総督は会津藩家老に復帰した西郷頼母、副総督には前年にパリ万博に徳川昭武の随員として欧米を歴訪、帰国した若年寄の横山主税が就いた。

それにたいして東山道鎮撫総督府参謀であった板垣退助と薩摩の伊地知正治《いじちまさはる》が指揮をとった新政府軍は江戸を無血開城後、薩摩、長州、土佐、大垣、忍の藩兵が白河に向けて北上した。伊地知正治の指揮する七〇〇名の新政府軍は五月一日に白河城を奪還した。ここでも兵器の性能の差があった。重要な陣地であった城の南の稲荷山での攻防戦で副総督の横山主税は敵弾を受けて戦死をした。白河城をとりもどそうとす

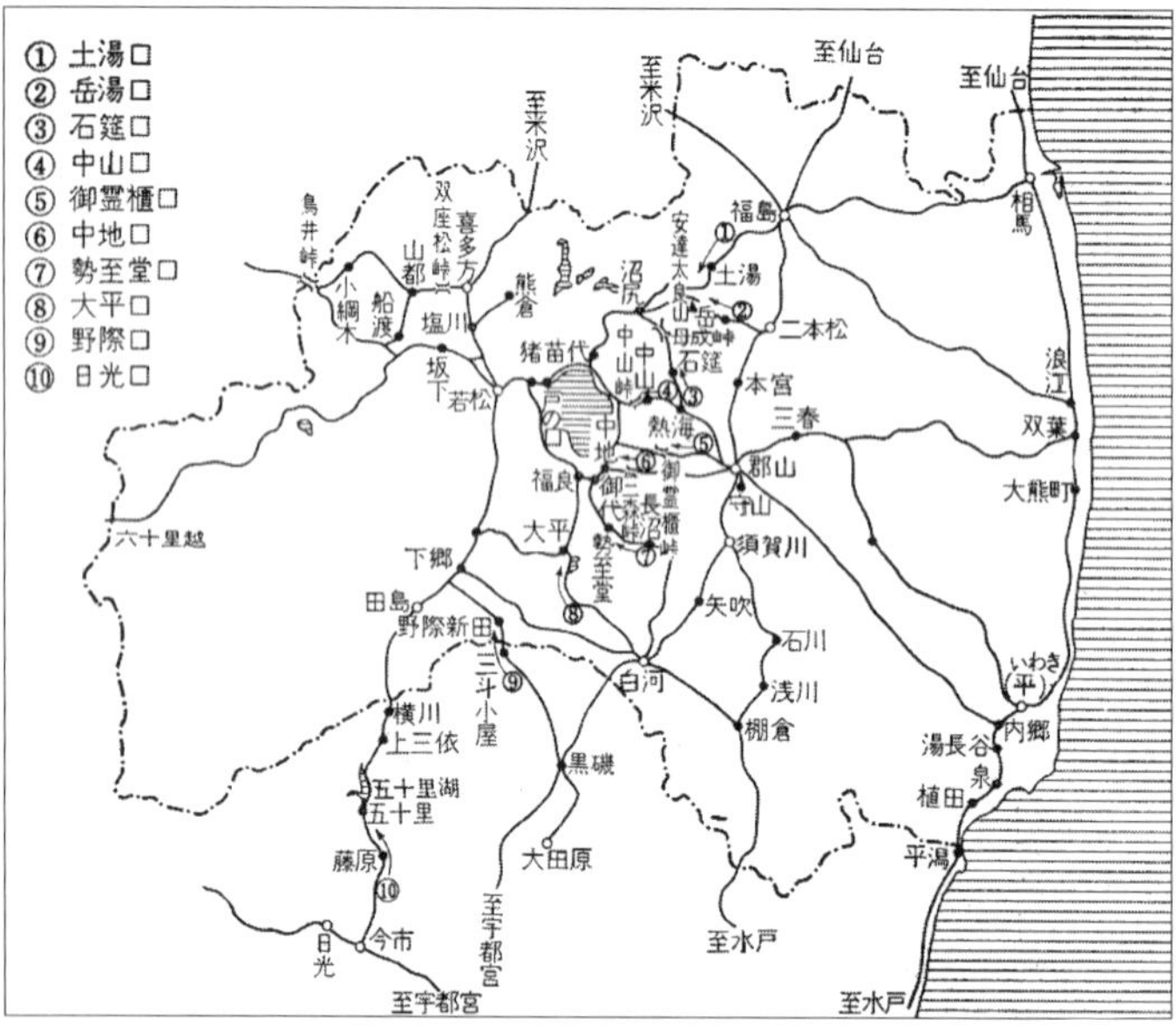

図18 会津戦争の関係図

る同盟軍の四度にわたる奪還戦は失敗に終わる。

白河城の東には列藩同盟のメンバーで白河の戦線に兵を派遣していた棚倉城があったが、日光から白河にかけつけた板垣退助は六月二四日、防備の手薄となっていた棚倉城を落した。同盟軍はその後も白河城の奪還をはかったが、七月一四日の攻撃を最後に白河から撤退した。

日光口の戦い

大鳥圭介の幕府伝習隊は土方歳三の新撰組と桑名藩兵とともに日光方面にむかった。総勢二〇〇〇名、四月一九日には新政府軍に占拠されていた宇都宮城を奪還した。しかし、ふたたび奪回されると、日光の寺院を宿舎にして戦陣を立て直そうとしたが、日光は聖地、東照宮は家康の霊廟である。ここで戦闘がおこり霊廟が破壊・炎上するようなことになれば家康に申しわけがたたないので、寺院の宿舎を撤回してほしいとの声があがる。大鳥の軍は日光を離れ、会津にむかった。徳川家に取り立てられた山内家の家臣である板垣退助も日光を戦場としないことに同意した（星亮一『大鳥圭介』六〇頁）。

会津では山川大蔵の会津軍と合流、若松の城下に通ずる会津西街道の入り口である日光口を固めた。沼間守一も加わった。大鳥圭介が総督、山川大蔵が副総督となり会津兵と大鳥の幕府伝習隊によって、土佐の谷干城《たにたてき》が指揮する新政府軍と対峙していた。沼間は遊撃隊を編成、土方歳三は新撰組を率いて新政府軍と戦う。攻防戦がつづいたが、新政府軍の会津侵入を阻止した。

しかし、沼間は七月に戦線を離脱、庄内藩に入って農兵の訓練にあたる。土方は足に銃弾をうけ、会津に護送された。大鳥圭介の幕府伝習隊は白河城を落とし若松に向かって北上する西軍を迎え討つため日光口を離れた。

磐城での戦い

六月一五日には東海道鎮撫総督府の参謀木梨精一郎が指揮する薩摩・佐土原など兵一五〇〇名からなる新政府軍が常陸の平潟《ひらかた》港に上陸した。仙台藩兵に上総請西《じょうざい》藩主の林忠崇《ただたか》と幕臣の人見勝太郎の兵が加わって防戦したが、新政府軍は泉城を占拠、湯長谷城に迫り、占領後、磐城平城にむかった。井伊直弼亡きあと老中をつとめた安藤信正の城である。同盟軍には相馬中村藩、米沢藩も助力、応戦したが、七月一三日に陥落した。新政府軍の一部は西の棚倉を攻める予定であったが、棚倉城はすでに板垣退助によって落とされていた。

新政府軍は北上、浪江で仙台藩兵を破る。相馬中村藩は七月二八日、新政府軍に帰順している。新政府軍は中村城を拠点に仙台に迫る。

越後での戦い

越後方面の総督は家老の一瀬要人《かなめ》、そのもとで佐川官兵衛が率いる最精鋭の朱雀四番士中組などの隊が出陣した。菅野右兵衛、柴太一郎、伴百悦《ばんひゃくえつ》も出陣した。攻める新政府軍は、北陸道鎮撫総督府、薩摩の黒田清隆、長州の山県有朋、土佐の岩村精一郎（高俊）が指揮した。新政府軍についた越後高田を拠点に会津に進攻しようとした。焦点となったのが、家老の河井継之助の指導で洋式の軍隊を整備した長岡藩であった。河井は新政府と奥州越列藩同盟の調停につとめ、黒田との会談を希望したが、岩村精一郎の横柄で威圧的な態度により決裂、長岡藩は奥州越列藩同盟に加盟して新政府軍と戦う。

新政府軍は五月一九日に長岡城を攻撃、占領したが、会津藩と同盟をむすんだ長岡藩は七月二四日に奪還した。しかし、新発田藩が同盟を離脱、会津と長岡軍は不利となって四日後には長岡城をふたたび奪われる。流れ弾をうけて負傷をした河井は会津へ逃れ、途中で落命する。政府軍は越後街道にそって若松にすすむ。佐川隊をはじめ越後口を守る会津軍は後退を余儀なくされた。

母成峠の戦い

白河城を落とした板垣と伊地知の軍は三春に迫る。三春藩は七月二六日、新政府軍に恭順し無血開城した。守山藩も降伏する。北の二本松では城をあずかった老幼の兵が戦ったが、落城した。

薩摩、長州、土佐、大垣、大村の藩兵で三〇〇〇となった軍は猪苗代湖の北の母成《ぼなり》（保成）峠（郡山市・猪苗代町）から会津への侵入をはかる。守るのは日光口から転戦した大鳥の伝習隊、山口次郎の新撰組、猪苗代城代田中源之進の隊、二本松藩士などの兵八〇〇。新政府軍は猪苗代湖の南の勢至堂口から若松に攻め入ると予想されていたので母成峠方面の守備は手薄で、新政府軍に突破された。

大鳥は負傷兵を仙台に送り出し、みずからは若松の北方でゲリラ戦をつづけたが、会津への援軍をもとめて仙台にむかった。新撰組では山口次郎は会津に残ったが土方は仙台にむかった。

母成峠をくだった新政府軍は猪苗代城を攻め落とし、日橋川の河口にかかる十六橋をわたり戸ノ口原に殺到する。会津兵は七〇〇―一〇〇〇、桑名兵、水戸兵、それに幕府軍も加わり防戦した。白虎士中二番隊も増援された（一番隊は容保の護衛）。隊長は砲兵隊頭の日向内記《ひなたないき》、戦闘中に隊とはぐれ、一七歳の篠田儀三郎《ぎさぶろう》が指揮するようになる。

だが、ここも突破された。戸ノ口で戦い、敗れた白虎士中二番隊二〇名は滝沢峠の麓から戸の口堰の洞門をくぐり、飯盛山の中腹で鶴ケ城をのぞんだが、城は黒煙につつまれていた。自刃を決意した。一命をとりとめた飯沼貞吉によると、篠田儀三郎は、

人生古《いにしえ》より誰か死無からむ
丹心《たんしん》を留取《りゅうしゅ》して汗青《かんせい》を照さむ

を吟じ、刀で喉を貫き倒れたという。貞吉も、歌人であった母から贈られた、

梓弓《あずさゆみ》むかふ矢先はしげくとも　ひきかへしそ武士《もののふ》のみち

を詠み上げ、脇差で喉をついた（星亮一『会津戦争全史』一四八頁）。

米沢の伊達政宗が猪苗代に入り、摺上原の戦いに勝利して黒川を攻めてから二九〇年、西からの新政府軍が会津に侵入した。

城下での戦い

新政府軍は八月二三日滝沢口から城下に殺到する。郭内の武士は侵入を防ごうとして市街戦となる。最大の激戦となったのが甲賀町口郭門であった。田中土佐は桐野利秋《きりのとしあき》や小笠原謙吉の率いる薩摩・土佐部隊と戦ったが会津兵に多数の死者をだした。日新館和学師範で宝蔵流槍術師範であった野矢常方は桂林寺郭門にかけつけ、槍を振りかざして応戦したが、銃弾にたおれた。六五歳の常方の辞世には、

いさみたつ人の別れに老いが身の若かりせばとまず悔ゆる哉

がある。

田中土佐と神保内蔵助は医師の土屋一庵邸で刺し違えて自刃した。居合術指南役の黒河内伝五郎も

六五歳、失明をしていたが八月二三日、越後戦で重傷を負い、床についていた次男の百次郎を介錯したのち、自刃した。翌日には二番砲隊の長男の百太郎も戦死する。

野尻（昭和村）の代官で越後口八十里越の兵糧総督の任にあった丹羽族《やらか》は越後戦で会津に逃れてきた長岡藩の家臣と家族、領民への糧食の提供ができなかった責任をとって切腹している。従兄弟の永瀬勇次と有賀織之助は自刃した白虎隊士だった。和田勇蔵と結婚した娘もその娘も、叔父の高木竹之助も、家族五人とともに自刃している。

柴太一郎の家では病床にあった弟の四朗を城に送り出した後、祖母、母、妻と子の姉妹が自害する。そのとき幼なかった末弟の五郎は疎開していた（二九六頁）。

西郷頼母の家でも一族二一人が自宅で自刃した。妻千恵子と二人の妹、二人の娘たちが辞世の歌を残している。千恵子は、

なよ竹の風に任《まか》する身ながらもたまわぬ節は有《あり》とこそきけ

と、よんだ。

越後口からも新政府軍が若松に侵入する。二五日には越後街道から新政府軍が城下に迫ったとき、婦女隊の中野竹子は母や妹とともに越後から会津に退却した旧幕府の衝鋒隊と萱野権兵衛隊と合流、

若松郊外の越後街道の湯川にかかる柳橋で長州・大垣兵と戦い、敵の銃弾を受けて戦死した。出陣の前夜には、

武士《もののふ》の猛き心にくらぶれば数にも入らぬ我が身ながらも

という辞世の一首を残している。一八歳であった。

城下での会津戦争は多くの老幼婦女子が自刃するという悲劇ではじまった。

籠城戦へ――日新館は消失した

容保をはじめ、各地で戦っていた藩士が若松にもどり、鶴ケ城にはいった。五〇〇〇人ほどの婦女子も籠城した。山川大蔵の妻の登勢や姉の操、妹の二葉や捨松もいた。スペンサー銃を手にした山本八重の姿もあった。郭内の藩士の邸宅は敵の攻撃拠点となるのを危惧して焼き払ってしまったので住む家もなくなっていた。籠城したのは総勢五〇〇〇人、籠城戦となった。

日新館には各地の戦での負傷者が運び込まれ、野戦病院となり、松本良順は同行した門弟と負傷兵の治療にあたっていた。古川春英もかけつけた。その日新館もみずから火を放ち、焼き落とさねばならなかった。新政府軍に使われるようになってはならない、会津を守るためには藩の宝の日新館も放

棄しなければならなかったのである。そのため、病院は本丸内の大広間に移される。戦場にもでられなかった一五歳の山川健次郎は天神口ちかくの延寿寺で沼間守一の弟子からフランス語を習っていたが、白虎隊に再入隊し、負傷者の治療を手助けした。

八月二六日、日光口で戦っていた山川大蔵も町人の祭である彼岸獅子の行進の格好で敵の目を欺き、河原町口から入城、籠城戦に加わる。士気があがる。重臣たちの担当部署がさだめられた。本丸では家老の梶原平馬が政務の総督、家老となった山川大蔵は軍務の総督に任じられた。二の丸の守備は若年寄の倉沢平治右衛門、三の丸の守備は家老の内藤介右衛門《すけえもん》（信節《のぶこと》）、西出丸の守備は家老の原田対馬、北出丸は家老の海老名郡治、城外諸兵の指揮は新家老の佐川官兵衛とされた。

城下の敵兵に夜襲もかけた。持久戦を耐えれば、米沢藩や仙台藩、榎本武揚の旧幕府軍の支援もあるだろうとの期待もあった。

その数が三〇〇〇の新政府軍もただちに城への総攻撃はしなかった。犠牲が大きいと判断し、各地で戦っていた新政府軍の兵の来援を待ったのである。若松城を見下ろせる小田山には、上野戦争では彰義隊らを一日で壊滅させた佐賀藩のアームストロング砲が据えられた。薩摩の大山巌が指揮をとった。小田山は、城と日新館の見えるところに葬ってほしいという遺言で田中玄宰の墓が造られた、若松城の東南方向にある小山である。各地で戦っていた新政府軍の兵も若松に集まってくる。最終的には三六藩、兵の数ははっきりしないが三万とも四万ともいわれた。

九月一四日から総攻撃が開始され、一六日には一昼夜で二七〇〇発もの砲弾が若松城に打ち込まれた。城内の犠牲者が増える。

城外での戦い

城外でも約一五〇〇人の兵が新政府軍と戦いをつづけていた。越後からもどり、城外諸兵の指揮をとる佐川官兵衛は田島を拠点に決死隊を率いて夜中のゲリラ戦をしかけ、鶴ケ城への食糧を運ぶ道を確保しようとしていた。ここでは白虎寄合一番隊が奮戦している（白虎士中二番隊に昇格）。大鳥、土方、沼間らは会津を離れたが、美濃郡上藩の凌霜隊は、白虎士中二番隊とともに戦い、水戸の兵は城の守備から田島に転戦した。

多数の戦死者もでる。白虎隊は総員三四三であったが、飯盛山には自刃した一九名をふくめ、戦死した三二名の墓がある。老兵も出陣する。九月一七日、山本覚馬や八重の父で玄武隊に属した六〇歳の権八は門田一ノ堰の戦いで戦死した。

戦禍は郭内に住む武士とその家族だけでなかった。藩士の屋敷のほとんどが焼けた郭内は焦土となり、郭外の町家も寄合や足軽の家も三分の二は焼失した。一ケ月を超える城下での市街戦で庶民も敵刃や流れ弾に斃れ、老幼をたすけて難を山野に逃れたものも菜根で飢えをしのがねばならなかった。焼け残った家には新政府軍の将兵が住み、婦女は下婢とされた。農兵の犠牲者も多かった。新政府軍に酷使、凌辱せられたものも数百、数千であった（『ある明治人の記録』三七頁）。

佐川官兵衛は「今、若松をかこみし西軍のなすところをごろうじよ。無辜《むこ》の民を殺して婦女を犯し、財貨をうばうなど、残虐きわまる所業をくりひろげているではないか。これすなわち奸賊であった、断じて王師（天皇の軍隊）に非ず」（中村彰彦『鬼官兵衛烈風録』三八一頁）とのべていた。この理不尽の戦いにおいて非道をきわまる行為が出現していた。

榎本艦隊は会津支援を断念する

大鳥圭介らとともに主戦派の榎本武揚は幕府海軍副総裁として奥羽越列藩同盟を支援しようとしていた。八月一九日、幕臣と諸藩の兵二〇〇〇名を「開陽」「回天」「蟠竜」「美嘉保」「千代田形」「神速」「咸臨」「長鯨」の八隻の艦船に乗せて品川沖から仙台に向かう。若年寄永井尚志、陸軍奉行並松平太郎、軍艦頭新井郁之助、フランス軍事顧問団の副団長ジュール・ブリュネ砲兵大尉らもいた。適塾に学び、徳川昭武のパリ万博に随行、フランスで医学を修業して帰国したばかりの奥詰医師の高松凌雲《りょううん》も幕臣や諸藩の藩士を救済したいという博愛の精神で乗船した。

ところが、艦隊は鹿島灘にさしかかったころ悪天候に見舞われ、大量の軍事物資を積んでいた「美嘉保」は沈没した。「咸臨」は大破して清水港に漂着、乗組員が殺されたり捕虜となり、船は没収された。艦隊が仙台の東名浜《とうなはま》（東松島市）についたのは籠城戦の渦中の八月末だった。

会津を離れた大鳥圭介は仙台に榎本を訪ね、会津の救援をもとめた。青葉城では幕臣の榎本、人見勝太郎ら、会津藩の小野権之丞、諏訪常吉、永岡久茂、中沢帯刀、南摩綱紀ら、仙台藩の藩主伊達慶邦、但木土佐、玉虫左太夫ら、それに新撰組の土方歳三やフランス軍事顧問団のブリュネも加わり、奥羽越列藩同盟の作戦会議が開かれた。しかし、打つ手が見つからなかった（『会津戦争全史』一九五頁）。会津支援はあきらめた。

会津藩の降伏

一八六八（慶応四）年九月四日に会津が援軍を期待していた米沢藩は恭順、会津にむけて兵を繰り出すありさまだった。榎本艦隊の会津支援が無理であることがわかると仙台藩でも恭順派が勢いを増し、一五日に降伏した。

籠城一カ月となった若松城でも城中の戦死者、負傷者も増える。山川大蔵の妻の登勢も「焼玉押さえ」といわれる落下砲弾の消火に失敗、炸裂した砲弾で命を落とした。弾薬が乏しくなる。兵糧の補給も困難になってきた。山川は薩長に仕掛けられた戦いに降伏はできない、降伏すれば、正義が失われると考えていたが、筆頭家老の梶原は敗戦をみとめねばならないという気持ちになっていた。一八六八（明治元）年九月二一日、容保は降伏を決意する。城中に一同を集め、降伏を伝えた。二二日に北追手門に白旗を掲げる。白い布は婦人の衣服の布を集め、降参と墨書した。

会津藩の降伏の儀式は鶴ケ城の北の甲賀町通りの道路上でおこなわれた。赤い毛氈の上に置かれた床几には新政府軍代表の薩摩藩軍監桐野利秋らが座り、会津側の家老梶原平馬と同内藤信節、家臣の秋月悌次郎らが白州の上に敷かれた筵に座す。そこに、城内から藩主松平喜徳と前藩主松平容保が山川大蔵らとともにあらわれ、容保は謝罪状を桐野に手渡す。桐野は漢文で書かれた謝罪状に目を通し、閉じる。それで降伏は成立した。血の涙の降伏であった。

田島を根拠に新政府軍の若松侵入を阻もうとして戦っていた佐川官兵衛は降伏を知らなかった。二四日には新政府軍の宿舎を襲い二〇余人を葬っている。それが最後だった。容保から官兵衛に相談をすることなく降伏したことをわびる親書がとどいた（中村彰彦『鬼官兵衛烈風録』三八六頁）。

城は明け渡された。籠城戦を戦っていた山本八重は城を去るときには雑物蔵の白壁に、

明日の夜は何国《いずこ》の誰かながむらんなれし御城に残す月影

と書き残していた。

容保はいったん滝沢村の妙国寺で謹慎したのち、暮れには家老の梶原平馬と山川大蔵と五、六人の近習とともに江戸の鳥取藩邸に預けられた。喜徳は家老の萱野権兵衛《かやのごんべい》とともに江戸の久留米藩邸に幽閉となった。

会津藩は領地を没収され、松平家は御家断絶となる。木戸孝允は容保に死刑をもとめたが、桐野利秋と長州藩参謀の前原一誠の働きで容保は死一等を逃れ、代わりに戦争の責任を一身に負って家老萱野権兵衛が切腹した。それまでに会津戦争で会津藩は二四〇七人の犠牲者をだしていた。

藩士は謹慎所送り――塩川には仮日新館が設けられた

六〇歳以上の老人と一四歳以下の少年と婦女の老幼婦女は釈放となり、任意住まいをゆるされたが、城内にいた会津藩士二九〇〇名は猪苗代で、城外にあって降伏した一七〇〇余名は若松と喜多方の中間にある塩川で謹慎となった。捕虜である。寺や商家や農家に収容された。白虎隊の少年たちも謹慎となった。一五歳の山川健次郎も謹慎となった。だが、健次郎は越後に脱走する（二九〇頁）。籠城した井深梶之助は猪苗代に収容されたが、白虎隊に入隊しなかったので保釈されて城北の水谷地村《みずやちむら》（湯川村）の親戚にあずけられた。

会津藩以外の兵士は放免された。水戸の市川三左衛門の部隊は水戸にもどる。水戸藩をおさえた天狗党と弘道館で戦うが、敗走せねばならなかった。新撰組や伝習隊も仙台にむかい、土方や大島とともに榎本武揚に合流した。庄内藩で農兵の訓練をしていた沼間守一は庄内藩の降伏で東京になっていた江戸に送られた。松本良順も降伏のあと会津を離れ、仙台から東京にもどった。

一八六九年一月、塩川組は越後高田に送られ、領内の寺院に四〇ほどの単位で収容された。猪苗代で謹慎のものは東京に送られ、小川町の講武所、飯田橋元火消屋敷、松平豊前守元屋敷、神田橋門外騎兵屋敷、護国寺、増上寺、一橋門内御番屋に収容された。新政府は会津藩士を「会津降人《こうにん》」と称した。捕虜あつかいであった。

それでも、飯田橋元火消屋敷には旧会津藩の事務所がおかれ、梶原平馬、山川大蔵、広沢安任らがお家再興の運動をはじめている。子弟の教育も疎かにしなかった。年長のものが若者に素読などを授けており、幼年者が多く移った塩川の元代官所（塩川小学校）には仮日新館が設置された。学校奉行だった中根弥次右衛門（源吾右衛門）が校長となった。

庄内藩の戦後処置

会津藩の前に福島藩、上山藩、天童藩も軍門にくだっていた。同じ二二日には南部藩も降伏した。会津だけでない、奥羽越列藩同盟は壊滅した。善戦をしていたのは会津とともに朝敵とされた庄内藩だった。江戸市中取締をしていたことで、兵制の改革に積極的で、一八六四（元治元）年には洋式の兵制に変更するとともに、大地主の本間家からの献金を元手にエドワルド・スネルから最新式の兵器を購入している。軍事力でもすぐれていた。沼間守一も会津から駆けつけ農兵を訓練もしている。

新庄、久保田（秋田）藩が新政府軍に寝返ると、新庄城を攻め落とし、久保田藩の支城の横手城も落として本城の久保田城に迫った。新政府軍の侵入をゆるさなかったが、会津藩の降伏の二日後九月二六日には庄内藩も降伏した。

降伏の翌日、東征大総督府参謀の西郷隆盛は庄内に入った。薩摩藩邸焼き討ち事件もあってきびしい処分を覚悟していたが、西郷は西郷の軍門を訪れた庄内藩主を敬意と丁重をもって遇した。戦後処理は参謀の黒田清隆に任せていたが、藩の解体や転封は免れるなど、西郷が背後にあって万事寛大な処置がなされた。藩が解体された会津藩とは対照的であった。

4　箱館戦争

蝦夷共和国——会津遊撃隊

会津支援をあきらめた榎本艦隊は一〇月一二日、仙台から蝦夷地《えぞち》（北海道）をめざして北にむかう。仙台では前京都所司代松平定敬、前老中板倉勝静、同小笠原長行のほか、大鳥圭介ら仙台在住の幕臣、各藩の藩士、土方らの新撰組などを艦隊に収容、総勢約二五〇〇名となった。会津藩からは仙台滞在中の小野権之丞、諏訪常吉、安部井政治をはじめ米沢にいた藩士、猪苗代、塩川に収容されながら脱走した藩士も加わった。榎本は蝦夷地の開拓とそれによってロシアの南下を抑える構想を抱いていたが、旧会津藩士には薩長の理不尽きわまる倒幕と会津討伐にたいして、このまま戦わずに降伏するのは恥じとの気持ちが強かった。そのなかには元家老の西郷頼母もいた。医師の松本良順は榎本から蝦夷地行きを誘われたが、乗船を断っている。冷静な目で時局の推移を見ていた良順には榎本の構想は夢としかおもえなかったのであろう。

艦隊は一〇月二〇日に箱館の北の鷲《わし》ノ木の海辺に上陸する。榎本軍と土方軍は五稜郭に入城して箱館府を占領、さらに土方軍は松前に進軍、松前城を陥落させた。このとき榎本は土方軍を援護しようと「開陽」で江差沖に向かったが、暴風雨で座礁、沈没させてしまう。

一二月五日、陸海軍士官の入札（選挙）によって、総裁の榎本以下、海軍奉行新井郁之助、陸軍奉行大鳥圭介、陸軍奉行並土方歳三、箱館奉行永井尚志、松前奉行人見勝太郎、歩兵頭古屋佐久左衛門などの閣僚を決定、五稜郭を本陣に「蝦夷《えぞ》共和国」を樹立した。フランス軍事顧問団の五人のほか横浜在住の民間人もふくめフランス人一〇人が顧問団として参加した。

会津藩士の約八〇名は会津遊撃隊を結成する。隊長には仙台で会津救援工作をおこなっていた諏訪常吉が就任、安部井政治は指図役となった。松前の手前の福島村に常駐、松前奉行人見勝太郎の松前守備を手助けするのが任務であった。

松本良順は蝦夷地にむかわなかったが、品川沖で乗船した高松凌雲は箱館病院の院長に就任、赤十字精神で敵味方の区別なく治療した。事務長は会津藩の小野権之丞、医師は十数人いたが会津藩医の蓮沼誠造もそのひとりだった。高竜寺分院（幸坂下、函館市船見町）の医師も会津藩医の赤城貞賢であった。凌雲と会津藩によって営まれた病院であった（小桧山六郎ほか編『幕末会津藩士銘々伝・上』一一七頁）。

箱館戦争の終結と戦後処理

「蝦夷共和国」は短命だった。新政府は陸軍参謀の山田顕義と品川弥二郎の指揮で松前、備前、福山、大野、黒石、久保田、筑摩、水戸、肥後、津の藩兵からなる約七〇〇〇の軍を青森に集結、一方、兵を運ぶために新鋭艦船「甲鉄」を旗艦とする艦隊を編成、一八六九年三月品川を出発した。四月九日には山田顕義が率いる新政府軍が江刺の北の乙部《おとべ》に上陸、四月一二日には黒田清隆の軍が江刺に上陸、松前と箱館に進軍した。「蝦夷共和国」の軍は箱館への侵入を阻もうとした。福島村に駐屯していた会津遊撃隊も出動する。四月二九日、矢不来《やふらい》（北斗市）の戦いで安部井政治が戦死、隊長の諏訪常吉が銃弾をうけて重傷を負う。箱館病院に入院、高松凌雲を介して和平工作をしているが、五月一六日死去した。

新政府軍は陸海両方から箱館に迫る。五月一一日、陸では新政府軍の兵四〇〇〇が箱館に進軍、黒田の軍七〇〇も上陸した。「甲鉄」からの艦砲射撃もはじまる。凌雲の兄の古屋作左衛門は艦砲射撃をうけ戦死する。土方歳三は箱館一本木関門で攻める新政府軍に応戦、馬上から指揮をしていたが銃弾を受けて落馬、絶命した。

一八六九（明治二）年五月一七日、榎本武揚、松平太郎ら「蝦夷共和国」幹部は、黒田清隆ら新政府軍らに降伏、五稜郭を開城する。

旧幕府軍の戦死は約三〇〇名、うち一三名が会津藩士であった。ただ「共和国」の幹部での戦死者は土方ひとりであった。降伏した旧幕府軍の将兵は箱館の寺院などに収容された後、弘前藩などの預かりとなった。旧会津藩士は古河藩などに預けられた。多くの将兵は翌年釈放されたが、榎本武揚、大鳥圭介、永井尚志、松平太郎、新井郁之助、松岡磐吉、相馬主計らは東京の牢に投獄された。ブリュネらフランス軍事顧問は箱館沖に停泊していたフランス船で横浜に脱出した。

第11章　明治維新

討幕後新政府はただちに幕府直轄の学校であった昌平黌、開成所、医学所を接収、それぞれ大学校、大学南校、大学東校とした。しかし、一八七〇（明治三）年には儒教とともに国学も教えようとした大学校が廃止され、教育の中心は西洋科学と西洋医学となる。儒教や王政復古で台頭した国学は政府の教育の主舞台から降ろされる。一方、静岡藩に転封となった徳川家は昌平黌や開成所の教員を採用し静岡には静岡学問所を、沼津には長崎海軍伝習所で学び軍艦操練所で教えた教官らによって沼津兵学校を設立する。大多数の藩は存続、藩校もそのまま存続した。それでも、静岡藩がそうであったが、洋学に力をいれる藩が多くなる。英語などの外国語の塾も開かれる。新たに藩校を設立する藩もあった。多くの町や村では子どもたちが寺子屋で読み書きを習っていた。維新前と変わりがなかった。

1　新政府の成立――権力は薩長藩閥政権へ

「五箇条の御誓文」と議政官

西郷と勝が江戸開城について会談した翌日の一八六八（慶応四）年三月一四日、京都の皇居・紫宸殿では「五箇条の御誓文」が公布され、公論尊重と開国進取という国家目標がしめされた。つづけて統治機構を定めた「政体書」を発令、国政の全権は行政官、刑法官、議政官からなる太政官《だじょうかん》をおくとした。形の上では三権分立の国家がうまれた。

立法府にあたる議政官は上院と下院で構成され、上院は公卿と大名からなる議定と諸藩の藩士などの参与からなり、下院は諸藩から選出された貢士とよばれる藩士からなる。公議政体論派によって主張されていた政治形態であり、「五箇条の御誓文」の「広く会議を興し万機公論に決すべし」を反映したものである。その作成には公議政体論の主唱者であった横井小楠の門人・由利公正《きみまさ》があたっている。

七月一七日、江戸を東京と改称して東京を都とさだめた。東京遷都は幕府のおかれた江戸の建物は宮殿だけでなく、官庁、学校などにそのまま利用できるからであり、実際にそうされたのだが、新政府と対決の姿勢を鮮明にしていた東北の奥羽越列藩同盟にたいする威圧でもあった。

新政府で実権をもったのは西南雄藩の武士たちである。上院の参与にも、薩摩では大久保利通、五代友厚、西郷隆盛、寺島宗則（松永弘安）、長州では伊藤博文、井上馨、木戸孝允、福井では中根雪江《せっこう》、由利公正、尾張では、田中不二麿、熊本では横井小楠、佐賀では、大木喬任《たかとう》、大隈重信、副島種臣《そえじまたねおみ》、土佐では後藤象二郎、福岡孝弟《たかちか》、その他、広島、宇和島、岡山、鳥取などの藩士が選ばれた。

ただ、討幕最大の貢献者の西郷隆盛は庄内藩の降伏をみとどけると一一月には薩摩に帰る。政商と癒着する新政府に嫌気がさしたためもあったが、戊辰戦争でともに戦った薩摩の部下を見捨てて自分だけが高官にはなれないという気持ちからでもあった。

公議政体論の指導者の横井小楠も政治の舞台から消える。参与として新政府に出仕したが、一八六九年一月五日、京都で御所に参内の帰途、新政府の近代化政策に反発する奈良県の十津川郷士に暗殺された。とくに横井が日本をキリスト教化しているということからねらわれた。

「公議與論」の後退

一八六九年七月、太政官の改編があり、外務省・大蔵省・兵部省・民部省・大学校・開拓使・刑部省・弾正台・宮内省がおかれた。開拓使は北方開拓のための官庁、弾正台は警察機関、大学校は以下で説明される（二一九頁）。

この機に議政官の下院は公議所に改められ、諸藩と政府の諸学校から選ばれた公議人によって制度や法律などが議論されることになった。議長は高鍋藩出身の秋月種樹《たねたつ》、議長代行が薩摩藩出身の森有礼《ありのり》、副議長が旧幕臣の神田孝平であった。任期は四年、二年ごとに半数が改選されるとされた。切腹禁止、廃刀、穢多非人の廃止が議論された。革新的な提言に危機感をいだいた新政府は公議所の権限を縮小し、一八六九年七月に名も集議院と改称した。

官制はしばしば改められたが、そのつど公卿、大名の力は弱まり、さらに廃藩とともに公議與論は後退、一八七一年以降は集議院も開催されなくなった。

「府藩県三治制」

新政府軍は会津藩と奥羽越列藩同盟の諸藩に勝利し、箱館戦争にも勝利したが、直接の支配が及ぶのは江戸幕府から奪い取った領地と戊辰戦争で制圧した旧会津藩などの府県に限られていた。維新直後には朝廷の直轄地には箱館府、東京府、神奈川府、越後府、甲府府、京都府、大阪府、奈良府、度会府、長崎府が置かれたが、一八六九年の太政官布告で東京府、京都府、大阪府以外は県に変更され、府に知府事、県に知県事が派遣された。しかし、なお多数の藩が存在、藩主が統治していた。藩校も維持され、新たな藩校も開設されている。

しかし、一八六九（明治二）年一月には薩摩・長州・土佐・肥前の藩主が版図（領地）と戸籍（人民）の奉還を願い出（版籍奉還）、六月には全藩が従った。藩も国の行政区画となり、藩主は地方行政長官の知藩事となった。中央集権化がすすむ。

戊辰戦争に敗れた福島県は特例で、会津藩、二本松藩、福島藩などが消滅、戦後は新政府直轄の民政局による統治をへて一八六九年五月以降若松県、福島県（旧）、白河県が置かれた。磐城平・泉・湯長谷・棚倉の藩は県にならなかった。旧会津藩が若松県となった年の一一月、改易された会津藩のお家再興がなり、南部藩の一部の下北半島に新領地があたえられた。13章でくわしくのべる。

2　新政府の学校

大学校・大学南校・大学東校

「王政復古の大号令」を発した新政府は一八六八（明治元）年四月に京都にあった公家子弟の教育機関の学習院を大学寮代として再興した。古代の大学寮の復活とみていたのである。だが、国学と儒学の反目で、これら京都の学校は開校一年足らずで廃校となる。

江戸を開城、占領した新政府軍は幕府直轄である朱子学の昌平黌（昌平坂学問所）、洋学の開成所、西洋医学の医学所を接収、昌平学校、開成学校、医学校と改称した。教員や学生の多数が静岡にむかった。とくに開成所の教官と学生の多くが江戸を離れ、静岡藩の学校に移った（二二一頁）。

一八六九（明治二）年七月、新政府は三校を統合、昌平学校を大学校とし、開成学校、医学校をその分局とした。大学校は教育行政の統括の任務をもち、松平春嶽が別当（学校長）に就任した。太政官の省庁のひとつの「大学校」である。その年のうちに「大学」と改称、京都の皇学所の国学者の教員が合流して国学と漢学からなる学校となり、開成学校と医学校は「大学南校」と「大学東校」とよばれた。本校の「大学」（湯島聖堂の地）から見て開成学校と医学校がそれぞれ南と東に位置することでの命名である。

「大学南校」では外国語学、西洋地理、数学などの普通科と専門科から構成されたが、専門科は実施されなかった。教員には大学南校ではアメリカ人のW・スコットやアメリカ・ラトガース大学に学び福井藩で教えていたW・グリフィス、日本人では内田正雄らが教員となった。各藩から貢進生を募集、二五九藩から三〇〇余名が入学する。法学者の穂積陳重《のぶしげ》（宇和島藩）、化学者の桜井錠二（加賀藩）、生物学者の松村任三《じんぞう》（常陸松岡藩）、思想家の杉浦重剛《じゅうごう》（膳所藩）、政治家の鳩山和夫（美作勝山藩）、外交官の小村寿太郎《じゅたろう》（日向飫肥藩）、工学の古市公威《こうい》（姫路藩）も貢進生だった。斗南藩からは会津藩国産奉行河原善左衛門の遺児で天涯孤独の身となった河原勝治が推薦された。しかし、病気で退学、その後三菱郵船の商船学校に学び、三菱郵船の船長となった。

医学所をひきついだ「大学東校」も普通教育と専門教育からなる教育課程がとられた。専門の医学教育にはイギリス公使館付きのW・ウィリスが教師となったが、ドイツ医学に切り替えられ、プロシアからL・ミュルレルとTh・ホフマンが迎えられた。

医学所では頭取の松本良順は幕府軍、奥羽越列藩同盟の軍医として戦い、仙台で降伏、釈放されたのちは、医学校には戻らず、医院を開いていたが、陸軍軍医総監となった。

昌平黌をひきついだ「大学」では国学系と漢学系の教官との対立が生じ、また両派と洋学派との対立も重なって一八七〇（明治三）年七月に休校、閉鎖された。国学と漢学の学校の閉鎖は公卿と上級武士の政治からの退場に対応する。教育も実学としての洋学の時代となる。儒教教育の本山である昌平黌を継承した「大学」はなくなる。「大学」が廃されたので「大学南校」と「大学東校」の校名はそれぞれ「南校」と「東校」となる。

3　静岡学問所と沼津兵学校

静岡学問所

維新後には藩でも人材の養成が課題となる。とくに、知識と技術の輸入のために英語を中心とする洋学教育へのとりくみが積極的となった。なかでも充実しており、明治の日本に大きな影響をおよぼしたのが静岡藩の学校である。

徳川宗家が五〇〇万石から七〇万石に減封されて生まれた静岡藩は一八六八年九月、府中（静岡市）の旧駿府城内に静岡学問所を設立した。幕府の教育体制を静岡でもできるかぎり維持しようとしたのである。学問所頭には昌平黌に学び徳川昭武に随行してパリに渡った漢学者の向山黄村《むこうやまこうそん》と蕃書調所勤務からオランダに留学した洋学者の津田真道が就任した。昌平黌と開成所（蕃書調所）を統合したような学校である。昌平黌教授の中村敬宇《けいう》（正直《まさなお》）が一等教授、開成所教授の外山正一《まさかず》や杉亨二《こうじ》が二等教授となる。昌平黌と開成所だけでなく、横浜仏語伝習所、昌平黌の分校であった甲府徽典館や駿府明新館からも教員が採用される。漢学の教官と洋学の教員で構成され、洋学では英学と仏学が中心であった。大学頭の林学斎（又三郎）は静岡藩移封に同行して徳川家の用人となるが、学問所には関わらなかった。

静岡学問所は実質的に日本最高の学府だった。昌平黌を継承した政府の大学校とちがって、静岡学問所では漢学と皇学が排斥されることもなかった。閉校まで、静岡学問所に学んだ学生の概数は漢学一二〇〇名、皇学五五名、洋学二五〇名（英学一〇〇、仏学五〇、蘭学二〇）、数学一五〇名であった（文部省編『日本教育史資料・1』一九一頁）。

安川財閥の創始者で、明治専門学校（九州工業大学）を設立する安川敬一郎も福岡藩から送られた留学生であった。会津藩からも白虎隊の存命者であった飯沼貞吉や海軍大将となった出羽重遠《しげとお》が静岡学問所に学んでいるが、元会津士で和学の教員となった林三郎の塾にも入門している。

静岡藩には小学校も設置された。沼津・沢田・厚原・万野原・小島《おじま》・清水・久能《くのう》・静岡・田中・相良・掛川・横須賀・中泉・浜松・新居・上ノ原の一六カ所である。幕府は一八六三（文久三）年に江戸府中に数十の小学校を設立して幕臣の教育にあたる計画をたてたが、それが静岡で実行された。沼津の小学校はつぎにのべる沼津兵学校の付属小学校である。

廃藩後になるが、静岡で旧幕臣の面倒をみていた勝海舟の推薦で一八七一年一〇月、アメリカのラトガース大学出身のE・W・クラークが採用された。福井藩のW・E・グリフィスから同窓のクラークが紹介されたのである。英語と物理・化学を教え、日曜には宿舎の寺院でアメリカから持参した聖書をつかってバイブルクラス（聖書の学習会）を開く。解禁前であったが、勝のはからいで、聖書教育が不問とされた。

閉鎖後には開成所の後継の学校であった大学南校、工部大学校、敬宇の同人社、慶応義塾、大学予備門への予備校の共立学校（開成中学）などの官立、私立の学校に、多くの学生が進学している。飯沼は工部省技術教場に、出羽は海軍兵学寮に進学した（樋口雄彦『静岡学問所』一三三ページ）。

沼津兵学校

一八六八（明治元）年一一月には静岡藩の陸軍士官の養成を目的に沼津に沼津兵学校が興された。付属の小学校も設置される。校長はオランダ留学から帰国、徳川慶喜の顧問だった西周、一等教授方に赤松則良、塚本明毅《あきたけ》、伴鉄太郎、大築尚志《おおつきたかゆき》、田辺太一が就任した。多くが長崎海軍伝習所に学び、軍艦操練所で教えたものたちであった。大築は幕府陸軍歩兵差図役だった。

幕府の講武所を継承した学校だが、講武所が軍事一辺倒であったのを反省して英語、フランス語、物理、化学、天文、万国史、数学（代数、幾何、測量）などの普通教科と語学も教えられた。その点でも長崎海軍伝習所を倣っていたのであり、洋学の学校であった開成所をうけついでいたともいえる。

とくに重視されたのが英語と数学であった。英語の教員には開成所で教えていた乙骨太郎乙《おつこつたろうおつ》が一等教授方に、渡部温《おん》（一郎）が二等教授方に就任した。数学は長崎海軍伝習所で洋式の数学を修めた赤松、塚本、伴が担当した（樋口英雄彦『旧幕臣の明治維新』六四頁）。

入学資格は一四歳から一八歳までで、試験で入学した。他藩からも入学ができた。付属小学校では漢籍の素読、学書、算術、地理、体操、講釈、聴聞のほか剣術と水練の授業があった。

沼津兵学校は廃藩でも閉鎖されずに、政府に移管され、兵部省の所管となった。大阪にあった陸軍兵学寮が一八七一年に東京に移ると、翌年に沼津兵学校は陸軍兵学寮に合併された。多くの生徒は陸軍兵学寮を引きついだ陸軍士官学校や陸軍教導団（下士官の養成機関）に学んだが、海軍兵学校、大学南校、工部大学校、札幌農学校の官立学校や慶応義塾、同人社、攻玉社の私塾へも進学した。乙骨太郎乙が教えた大蔵省翻訳局の英語学校に学ぶものもいた（『旧幕臣の明治維新』一二八頁）。斗南藩から付属小学校に留学した西川鉄次郎は大学南校に進学する（三〇〇頁）。

海軍の学校も清水港に予定され、教官には軍艦操練所教授の佐々倉桐太郎、肥田浜五郎が予定されていた。だが、榎本武揚が主要な軍艦とともに蝦夷地に向かったためもあって実現しなかった。

中村敬宇

静岡藩の学校のなかで思想界、教育界に大きな影響をあたえたのが中村敬宇（正直）である。幕臣の子にうまれ、漢学だけでなく、蘭学を学び、一八四八（嘉永元）年に一七歳で昌平黌に入学、幕臣用の寄宿寮にはいる。このころ向山黄村や榎本武揚も寄宿寮の学生であり、諸藩の藩士の子弟のための書生寮には会津からの秋月悌次郎や南摩綱紀が昌平黌にいた。修了後、昌平黌の教官となったが、一八六六年にはイギリス留学、江戸開城からまもない一八六八年六月に帰国して静岡学問所の教授に就任した。

儒教を学び、イギリスでキリスト教に触れた敬宇は『敬天愛人説』を刊行、そこでキリスト教の神を儒教の「天」＝「上帝」と同一視し、「人を愛する之仁なり」という（高橋昌郎『中村敬宇』六三頁）。キリスト教の愛は「仁」に通ずるとみる。孔子も弟子の樊遅《ばんち》の「仁」とはの質問に「人を愛す」（『論語』顔淵）と答えていた（九〇頁）。

つづいて、ロンドンを去るときイギリス人から贈られたS・スマイルズの『セルフ＝ヘルプ』を翻訳、一八七一（明治三）年から『西国立志編』として刊行した。これは薩長との戦いに敗れた旧幕臣の若者を励ますための書となった（『中村敬宇』七二頁）。翌一八七二（明治五）年の二月にはJ・S・ミルの訳書『自由之理《ことわり》』を刊行した。国家権力にたいして個人の人格の尊重や個性や自由の重要性を主張、他人に害をあたえる以外には自由は保障されるという。本書は「やがて来るべき自由民権の主張の序曲」であった（太田愛人『明治キリスト教の流域』三六頁）。昌平黌の同窓だった南摩綱紀の漢文の序が付されていた。

一八七二年六月、勝海舟と大久保一翁からの要請で上京、大蔵省翻訳御用に勤務するが、翌年には私塾の同人社を創設した。上京したクラーク、グリフィスも採用されて英語を教えるとともに、『孟子』や『韓非子』も教えられていた。一八七四年の『文部年報』によると教員数十名、生徒数二五三名、慶応義塾と並ぶ有数の塾となった。

クラークは静岡学問所時代につづけてバイブルクラスを開く。カナダ・メソジスト教会の宣教師G・カックランが招聘されるが、カックランも英語の授業のほか、自宅で聖書の購読をおこなう。敬宇はカックランから洗礼をうけた。

一八七五年、敬宇はアメリカ長老派教会の宣教師W・マーティン（中国名・丁韙良）が儒教的教養をもつ中国人にも理解しやすいように叙述したキリスト教教義書『天道遡源』を入手、それに訓点をつけて出版した。儒教とキリスト教の共通性を説く書であって、敬宇には共感できた。

「学制」前の小学校

小学校は「学制」によって全国に設立されるが、すでに見たように静岡藩では「学制」前に小学校が設立されていた。静岡学問所と沼津兵学校には付属小学校が設けられた。ここには庶民の子弟も入学できた。

新政府は直轄地の府県にたいして「府県施政順序」の通達をした。そのなかに「小学校を設る事」があった。それを実施したかどうかは府県の首脳の意向と実行力による。京都府では一八六九(明治二)年五月に上京二七番組小学校(現柳池小学校)にはじまり、同年末まで六四校の小学校が開校している(三一九頁)。

他の藩ではそれまで通り、寺子屋が維持されていた。寺子屋は幕末に激増するが、明治になっても新たな寺子屋も設けられた。外国語を中心に新たに私塾も開設される。藩校では洋学教育を拡充する。新しく藩校を設置する藩もあった。会津戦争では新政府軍と戦い、落とされたが存続をゆるされた棚倉藩には一八七〇年に修道館が創設された。

第12章　「学制」の公布――儒教教育は排除される

一八七一年に廃藩置県が強行され、藩校も廃される。政府には文部省がおかれ、一八七二年には「学制」が公布される。学区制度に従って大学、中学校、小学校の設置が制定されたが、政府が最重要視したのが小学校である。全国民の義務教育とされ、日用の生活に有用な実学の教育が尊重され、それまで教育の中核にあった儒教教育は排除される。町村の負担で各地に多数の小学校が誕生、小学校の卒業生がうまれるころから主要な地に中学校も設置された。「学制」の公布とあわせて、教員の養成のための師範学校も設立される。文部省の所管であった大学南校と大学東校は改編をくりかえして東京大学、そして帝国大学に発展した。工部省は工部大学校、開拓使は札幌農学校を開設した。陸海軍は兵学寮を母体にして士官養成のため陸軍士官学校と海軍兵学校を設置した。

1　廃藩置県

廃藩置県——藩校も廃止される

一八七一年八月二九日、明治政府は知藩事を皇居に集め、廃藩置県を申し渡した。王政復古につぐ第二のクーデターを主導したのは薩摩の西郷隆盛、大久保利通、西郷従道《つぐみち》（隆盛の弟）、大山巌（隆盛・従道の従兄弟）、長州の木戸孝充、山県有朋、井上馨であった。このクーデター計画では土佐と佐賀が外された。

藩がなくなり、知藩事は免官となった。三府三〇二県、府県には政府から府知事と県令が送り込まれた。その後は県の合併がつづき、一八八九年までに三府四三県となる。斗南藩も一年九カ月で廃藩となった。斗南県であったのも足掛け三カ月、その後青森県となる。

藩の消滅によって藩校の存続も困難となった。藩主や藩士の努力で存続されたり、県に引き継がれた藩校もあったが、多くの藩では閉鎖に追いこまれた。

廃藩置県直後、太政官制が施行され、太政官のもとに外務・大蔵・兵部《ひょうぶ》・司法・文部・工部・宮内の各省がおかれた。「大学校」が廃止されて文部省がうまれ、初代文部卿には大木喬任《たかとう》が就任した。

大木は司馬遼太郎が会津藩とともに教育水準がもっとも高いとのべていた佐賀藩藩士であり、江藤新平、大隈重信、副島種臣らとともに藩校弘道館に学んでいる。

薩摩と長州の官僚の地位が強化された。それとともに、絶対的君主の地位を与えられるようになる天皇の権威のもとに、中央集権的な官僚国家が形成された。公議与論は排されて藩閥主導で官僚が独断的に事をとりはかる「有司専制」による政治が色濃くなる。

岩倉遣欧使節団――開拓使の留学生も同行

廃藩置県で薩長主導の中央集権国家の樹立に成功した明治政府は、四カ月後の一八七一年一二月には右大臣岩倉具視を全権大使、参議木戸孝允、大蔵卿大久保利通、工部大輔伊藤博文らを全権副使とする使節団を欧米に派遣した。幕末にむすばれた不平等条約の改正の予備交渉という任務をもちながらも、欧米先進国の文物視察と調査が主目的だった。書記官には田辺太一《たいち》、福地源一郎、渡辺洪基《ひろもと》、林董三郎《とうさぶろう》ら、大使随行には久米邦武《くにたけ》ら、理事官には田中光顕《みつあき》、山田顕義、佐々木高行《たかゆき》、田中不二麿《ふじまろ》、随行員には村田新八《しんぱち》、由利公正、長与専斎《ながよせんさい》、安場保和《やすばやすかず》、大島高任《たかとう》ら。留学生には、金子堅太郎《けんたろう》、中江兆民《ちょうみん》、前田利嗣、大鳥圭介、団琢磨《たくま》、牧野伸顕《のぶあき》ら四八名、山川大蔵（浩）の妹の山川捨松、津田梅子らの開拓使の留学生の女子五名もふくまれていた。

欧米諸国を巡った大久保が日本の模範と考えたのは、アメリカやイギリス、フランスでなく、これらの国は「及ばざること万々なり」、そこで「孛（プロシア）魯（ロシア）の国には必らず標準たるべきこと多からん」（毛利敏彦『大久保利通』一七七頁）とプロシアとロシアに関心をよせ、とくに、富国強兵と殖産興業で国際社会を生き抜き、一八七一年の普仏戦争に勝利したプロシアのビスマルク政権に惹かれた。

その間、西郷、板垣、江藤、副島、大隈、井上、山県らが指導する留守政府は裁判所の設置、鉄道や電信の敷設、太陽暦の採用、学制、徴兵制の制定をおこなった。学制と徴兵制は富国強兵と殖産興業の基礎となる。一方で、征韓論をきっかけに政府は分裂、一八七三（明治六）年、西郷、板垣、江藤、副島は下野した。「明治六年の政変」である。桐野利秋ら西郷を支持する官僚や警察、軍人も辞職した。この政変が自由民権運動や佐賀の乱、萩の乱（呼応して思案橋事件）、西南戦争などといった士族の反乱の発端となった。

2 「学制」の制定

小学校の設置—儒教教育は排除されれる

一八七二（明治五）年、太政官によって学校制度をさだめた「学制」が公布された。全国を八大学区に分け（のち七大学区に変更）、各大学区に大学一校を設け、一大学区を三二中学区に分け、各中学区に中学校一校を設け、一中学区を二一〇小学区に分け、各小学区に小学校一校を設けようというものである。小学区は五万三七六〇となる。その小学区には小学校一校が設置される。空想的な数字と思われるが、一八七三（明治六）年一万二五五八校、一八七四年、二万一七校。どこの町にも村にも小学校がつくられた。

国民皆学をめざし、小学校は義務教育とされた。それなのに授業料は受益者負担、一月五〇銭が適当とされたが、当時、有業者の年間所得が二〇円程度、かなりの負担であった。洋算や理科などの実学が重視され、江戸時代の教育の核にあった儒教は排された。『論語』や『孝経』などの経書が教えられることはなくなった。

校舎が建築された。畳の部屋での文机での学習にかわり、机に座り、黒板のある教室での一斉授業になる。だが、それは一部の学校で、大多数の小学校はそれまでの寺子屋とおなじく、畳の部屋での授業であった。寺や民家を小学校にした場合も多かった。

小学校の普及の早さはそれまでの寺子屋の普及が土壌にあったからである。中等、高等学校教育が定着したのも江戸時代の私塾、藩校を継承したためといえる。とくに私塾、藩校での洋学教育を継承していた。

他方で、寺子屋や私塾の開設には文部大臣の認可が必要となった。それでも、英語の需要が高まり、英語塾が新設された。慶応義塾も英語塾であったし、新設の同人社もそうであった。

師範学校

小学校の設置とともに小学校教員の養成のために師範学校が設置された。だれでも能力があれば開設できた私塾や寺子屋とちがって、原則として教員の養成の学校で教育をうけ「訓導《くんどう》」の資格を取得せねばならなくなったのである。一八七二（明治五）年にアメリカ人スコットを招き、修業期間が一年の東京師範学校が湯島の旧昌平黌の建物をつかって開設された。一八七八年には会津出身でペスタロッチの開発教育を学びアメリカ留学から帰国した高嶺秀夫が、校長補心得に就任する。一八七三年から翌年にかけて、東京師範学校をモデルに東京、愛知、大阪、広島、長崎、新潟、宮城に官立の師範学校を設立した（尾形裕康『日本教育通史』一八八頁）。一八七三年には官立の東京女子師範学校（お茶の水女子大学）がお茶の水橋のたもとに設置された。東京女子師範学校の摂理（校長）には静岡学問所教授から同人社の社主となっていた中村敬宇が就任した。

しかし、これだけの師範学校ではとても間に合わない、そこで、各県に訓導の資格が取得できる短期養成の講習所（養成所）が設立された。官立の師範学校の卒業生が教員となった。そこでは寺子屋・私塾の師匠や藩校の教授も講習所で資格を取得することになる。それでも、資格を有さない無資格の教員も多くいた。

その後、講習所は府県の師範学校となり、官立の師範学校も東京師範学校と東京女子師範学校をのぞき、府県の師範学校となった。師範学校の授業料は無料、禄を失った士族の子弟が入学する。廃藩で閉鎖された藩校の代わりの役目をはたすことになる。東京師範学校には中等学校の教員養成コースが設けられ、しだいにそれが主体となった。

一八八五年の内閣制度にともなう第一次伊藤博文内閣の初代文部大臣に元薩摩藩士で、イギリスに密航留学し、その後アメリカにも留学、帰国後は明六社を結成した森有礼が就任した。森は一八八六年、中等学校の教員養成の高等師範学校を「教育の総本山」とし、府県に一校おかれた小学校教員養成の尋常師範学校を下位に置く改革を実施した。高等師範学校を卒業したものが、尋常師範学校の教員になり、そこで小学校の教員を養成するというピラミッド型の教員養成である。旧会津藩士とその子弟も教員養成に寄与する。南摩綱紀が高等師範学校の教授となり、山川大蔵（浩）が高等師範学校初代校長に、高嶺秀夫が二代目校長に任命された(二九二、三頁)。

東京大学の成立

「学制」では小学校のほかに中学校、大学がつくられることになった。東京の「南校」はいったん第一大学区第一番中学となる。このとき中学ができたのは他には大阪の大阪舎密局が母体となった第四大学区第一番中学と長崎の広運館が母体となった第七大学区第一番中学のみであった。

第一大学区第一番中学は一八七三(明治六)年には開成学校、さらに一八七四年には、東京開成学校となった。「東校」は第一大学区医学校から東京医学校となる。一八七七年に両校が合併して法学部、理学部、文学部、医学部をもつ東京大学となった。法学と文学が加わる。修業年限三年。「学制」で予定されていた大学が生まれたが、他の大学区に設置されることはなく、東京大学は以後学校体系の頂点の学校でありつづけることになる。

静岡学問所が閉鎖されると多くの教師と学生は東京に戻った。お雇い外国人教師のクラークも東京開成学校に呼ばれた。洋学者のなかには新政府に仕えるものが少なくなかったが、外山正一《まさかず》はアメリカに留学、東京開成学校勤務をへて東京大学教授となる。中村敬宇も東京女子師範学校摂理のまま東京大学の教授となった。会津藩では山川大蔵(浩)の弟の山川健次郎がアメリカ留学からもどり、東京開成学校教授補、東京大学教授となる。

小学校では儒教教育が排除されたが、儒教教育が絶滅したのではなかった。子どもに儒学を習わせようとする父兄もいたので、漢学の塾はすぐには消えることはなかった（荒川紘『教師・啄木と賢治』四一頁）。各地に誕生した中学校や師範学校では漢学が教えられるようになる。藩校の伝統をうけついだと考えられる。一八八二（明治一五）年、東京大学の文学部には和漢文科が設置された（大久保利謙『日本の大学』一三三頁）。修身科の設置とともに儒教に新たな役割が課されるようになった。

帝国大学・東京帝国大学

一八八六（明治一九）年、「帝国大学令」が公布され、東京大学は帝国大学となった。このとき学部は法科大学、医科大学などと独立の大学と称され、各大学には学長が、帝国大学全体には総長がおかれた。「帝国大学令」の第一条に「帝国大学は国家の須要に応ずる学術技芸を教授し、及びその蘊奥を攷考するを以って目的とす」と明記されたように国家のための大学となり、高級官僚、高等教育の教員、高級技術者、医学者の独占的な供給源となった。とくに、帝国大学発足の翌年の一八八七年に制定された官僚任用試験制度では帝国大学の卒業生が優遇され、法科大学の卒業生が行政官に殺到するようになり、「有司専制」の担い手となる。それによって、薩長閥の「有司専制」から帝大閥（東大閥）の「有司専制」におきかえられ、それは現代にまでひきつがれる。

同時に工部省の工科大学校が帝国大学に合併、まもなく東京高等農林学校も統合された。ヨーロッパの大学にはなかった工学や農学の学校が大学となる。実用の学までも帝国大学が掌握、帝国大学は文字通りの帝国の大学となる。

官立東京外国語学校英語科が官立東京英語学校として独立したが、東京大学が成立すると東京英語学校と開成学校普通科（予科）が合併して修業年限四年の東京大学予備門となった。英語が中心の学校である。その後、変遷をへて、東京大学予備門は第一高等中学校、そして第一高等学校となった。

その後、高等学校も各地に生まれる。東京大学予備門に呼ばれた秋月悌次郎は第五高等学校に赴任した（二七四頁）。これらの高等学校は完結した人材養成の学校ではなく、帝国大学への「予備門」であった。それによって国のすぐれた人材を東京の帝国大学に集中させようとしたのである。完結した人材養成の学校としては専門学校がつくられる。

早くから関西にも帝国大学をという声があったが、京都帝国大学が設置されてたのは一八九七年、そのとき、帝国大学は東京帝国大学となる。その後も東北・九州・北海道・大阪・名古屋に帝国大学が誕生するが、東京帝国大学は高級官僚と高級技術者の独占的な供給源でありつづけた。

外山正一も中村敬宇も山川健次郎も東京帝国大学教授となり、外山は一八八六年に、山川は一九〇一年に東京帝国大学の総長に就任する（二九一頁）。元幕臣と会津藩士の子である。山川が総長になるまで七人の総長（綜理・総理もふくむ）が生まれているが、そのなかで加藤弘之は蕃書調所・開成所の教官、菊池大麓は蕃書調所に、池田謙斎は西洋医学所に学んでいる。しかし、学校教育の頂点に立った総長たちがどこまで薩長が主導する政治に異議をとなえ、政治を動かすことができたか。できなかった。東京帝大閥による「有司専制」を支える役を担ってきたのである。

留学生

官公立だけでなく、私立の学校でもお雇い外国人教師が招聘された。明治期を通じて一七〇人にのぼる。逆に留学生も派遣、それによってお雇い外国人教師を日本人教員に切り替えようとしていた。一八七〇（明治三）年には官費留学で南校の教官の目賀田種太郎、矢田部良吉らがアメリカへ、菊池大麓がイギリスへ留学している。

翌年には開拓使からは次官の黒田清隆が外国人技師と顧問の雇い入れと開拓機械の購入のためアメリカに渡ったとき、七名の留学生が同行した。その一人が旧会津藩の山川健次郎、この年、岩倉使節団と同行して健次郎の妹の捨松をふくむ五名の女子留学生がアメリカへ渡った。開拓使の留学生は二〇余名にのぼる。

留学先はアメリカが多い。つぎがイギリス、ドイツ、フランスとつづく。一八七三（明治六）年までに官費生二五〇人、私費生一二三人。この年で、官費生は終了、貸費生に変更された。南校に貢進生として入学、開成学校・東京開成学校に進学した穂積陳重、桜井錠二、杉浦重剛、古市公威《こうい》らも留学した。師範教育の研鑽のため愛知師範学校長の伊沢修二、会津出身で慶応義塾に学んだ高嶺秀夫ら三名もアメリカへ留学した。
明治一〇年代には、留学生が帰国してお雇い外国人教師にとってかわる。

3 文部省以外の学校

工部省――工学寮・工部大学校

殖産興業の推進のため欧米の近代工業を積極的に導入し、官営事業を振興させようとして一八七〇（明治三）年に太政官のもとにあった民部省から工部省を独立させた。初代の工部卿は伊藤博文、以降、井上馨、山田顕義、山尾庸三、佐々木高行が就任したが、土佐の佐々木をのぞき長州出身である。伊藤博文、井上馨、山尾庸三は幕末長州藩の命でイギリスに密航留学、伊藤博文、山田顕義、佐々木高行は岩倉遣欧使節団の一員であった。欧米で学び、あるいは視察してきたものばかりである。

殖産興業のための技術者養成も急がれ、一八七一年、工部省に技術者の養成をめざす工学寮が設立された。そのためイギリスのグラスゴー大学教授ランキンの弟子の機械工学者H・ダイアーが部下の教師と助手とともに招かれた。ダイアーがモデルとしたのはチューリッヒ高等工業学校予科・専門科・

実地科の三期六年制、専門科には土木・機械・電信・造家（建築）・化学・冶金・鉱山の学科がおかれた。その後イギリスから鉱山技師で地震学者のJ・ミルン、物理学者のW・E・エアトン、建築家のJ・コンドルらが教員として来日する。

一八七七年には工部大学校となる。校長には会津戦争で箱館戦争を戦った大鳥圭介が就任した。箱館戦争後には投獄されたが特赦で出獄、黒田清隆の推薦で開拓使に出仕し、遣欧使節団に参加したあと工部省に移った。

工部大学校の第一期生には建築学の辰野金吾、化学の高峰譲吉のほか、電信学の志田林三郎らとともに元会津藩の南清がいた（三〇三ページ）。その後、東京電力の前身の東京電灯を創設した電気工学者の藤岡市助や琵琶湖疎水を設計した土木工学の田辺朔郎も卒業生である。

一八八七年、東京大学と合併して東京帝国大学工科大学となった。

開拓使——札幌農学校

新政府にとってロシアの東進・南下の対策として、北海道（樺太も）の開拓と移民が早急の課題となっていた。そのため、太政官の開拓使を指導する黒田清隆は箱館戦争を戦った榎本武揚や大鳥圭介らの旧幕臣を開拓使に採用した。榎本武揚は逓信大臣、文部大臣、外務大臣、農商務大臣を歴任した。

開拓使顧問のH・ケプロンの提言で一八七二（明治五）年、北海道開発人材の養成のため東京の増上寺に開拓使仮学校を開設した。初年度官費の六〇名と私費の六〇名が入学する。女学校も併設された。五〇名で、北海道での結婚が条件だった。一八七五年、札幌に移転、翌年、札幌農学校となる。教官はアメリカ人、初代校長には薩摩藩士の調所広丈《ちょうしょひろたけ》が任命されたが、実質的な校長は教頭のW・S・クラークであった。女学校は一八七七年に廃校となった。

農業技術者の養成が目的であったが、クラークのキリスト教教育によって札幌バンドが誕生する（三二〇頁）。一九〇七（明治四〇）年に札幌農学校は東北帝国大学農科大学となり、一九一八（大正七）年には北海道帝国大学となった。

陸軍士官学校と海軍兵学校

明治政府は徴兵制によって軍隊を編成、徴兵した兵士は仙台、東京、大阪、熊本の鎮台に入隊させた。同時に、陸軍士官の養成のための学校も急ぎ、一八七〇年大阪にあった兵学寮に旧幕府いらいの横浜仏語伝習所を再興して合併、青年学舎と幼年学舎に編成し、翌年東京に移転して、旧静岡藩の沼津兵学校も合併、一八七四年に陸軍士官学校と陸軍幼年学校を誕生させた。一八八三（明治一六）年には参謀将校の養成のために陸軍大学校が設立される。尉官から選抜されて入校した。斗南の日新館に学んだ柴五郎は陸軍士官学校に学ぶ（二九七頁）。

海軍士官の養成は東京・築地に設立された海軍操練所にはじまる。一八七〇年には海軍兵学寮と改称、一八七四年には横須賀に移転、翌々年、海軍兵学校と改称された。若松の北学館と静岡学問所に学んだ出羽重遠は海軍兵学寮に入学した（二九八頁）。

一八八八（明治二一）年、広島県安芸郡江田島町（江田島市）に移される。この年、海軍でも高級将校の養成のため海軍大学校を開校した。

陸軍士官学校と海軍兵学校の卒業生が増えると、「薩の海軍、長の陸軍」といわれた薩長藩閥中心に変化が生ずる。大将への昇格には陸軍大学校と海軍大学校の成績がものをいうようになる。

第13章　斗南藩と若松県の教育

会津戦争の敗北で改易された会津藩には一八六九年一一月、下北半島に新領地の斗南藩《となみ》三万石が与えられたが、そこは不毛の荒野、赤貧の生活がまっていた。それでも、教育は疎かにされなかった。斗南藩庁の置かれた円通寺に日新館を再興する。東京に移った藩士の子弟のためには増上寺に斗南藩学校を設立した。ここでは英語の授業もあった。廃藩置県で斗南藩は青森県の一部となり、「学制」で小学校が生まれると、斗南藩士が教員に登用された。会津藩士の去った会津は政府直轄の若松県となった。廃藩で多くの旧会津藩士が青森県から会津にもどる。日新館や北・南学館が焼失した会津にも「学制」による小学校が設立された。若松には中学校も生まれる。教員養成もおこなわれたが、若松県が廃され福島県となると、教員養成の学校も福島の師範学校に統合された。

1　斗南藩の成立と日新館

斗南藩の成立

戊辰戦争で会津藩が降伏、藩がとり潰されて一年あまりたった一八六九年一一月、松平家の再興がゆるされ、本州の北端、下北半島に公称三万石の新領地があたえられた。藩主には松平容保の実子であった二歳の容大《かたはる》が就く。

新領地は南部藩から分割された地で、北の北郡と南の三戸郡・二戸郡からなる。その間には七戸藩があり、三戸郡・二戸郡の東には八戸藩があった（図19）。政府の最高責任者の西郷隆盛から会津藩の戦後処理を任せられた木戸孝允は旧会津藩士を蝦夷地の開拓に従事させようとしたが、開拓使の黒田清隆からの異議もあって、下北半島となった。斗南藩と称されたが、斗南というのは漢詩の「北斗以南皆帝州」による。つまり、この北の地も天子の国であるということから斗南藩と命名されたとい

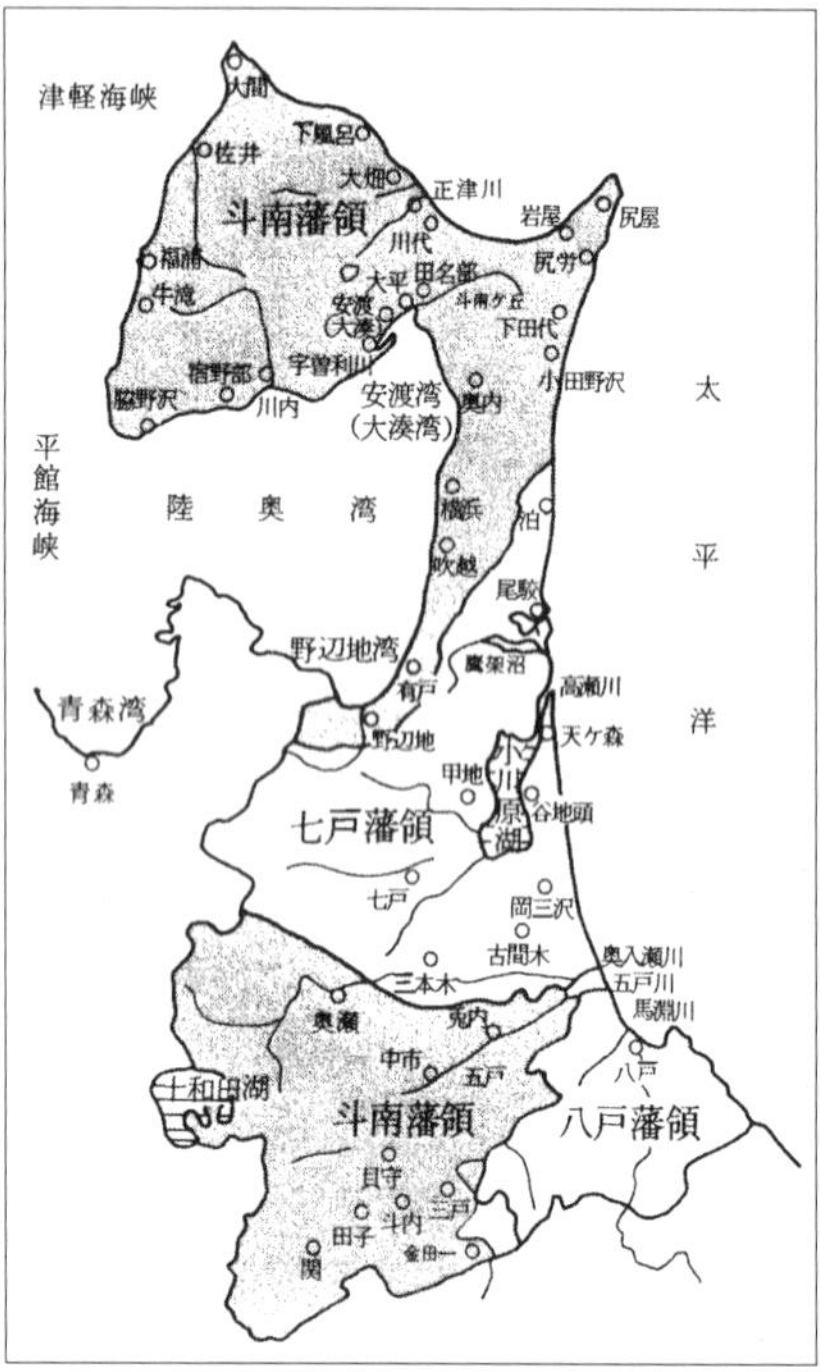

図19　斗南藩領。藩庁は五戸から田名部に移された。

われていた。朝敵とされ、会津の地を追われても、天皇への忠誠は変わっていない。しかし、「南（薩長）と斗（闘）う」と解するものもいた。

斗南で全藩士四〇〇〇戸を養うことができないのはあきらかであった。移住するかどうかは藩士の自由とされたが、斗南行きを選んだのは二八〇〇戸、一万七〇〇〇人、東京で謹慎していたものは品川から船で太平洋岸の三戸《さんのへ》にむかい、越後高田での謹慎組は家族ともども船で陸奥湾に面する野辺地《のへじ》をめざしたが、会津に残っていた家族は陸路での移動となった。斗南行きを選ばなかった一二〇〇戸のうち三分の二は会津にとどまった。多くは帰農をする。三分の一は東京や越後・米沢・白河・二本松に移った（葛西富夫『会津・斗南藩史』六一頁）。

斗南藩庁は三戸郡五戸《ごのへ》（五戸町）にあった旧南部藩の代官所におかれたが、北郡の田名部《たなぶ》（むつ市）の曹洞宗寺院の円通寺《えんつうじ》に移された。恐山も支配する名刹である。首席家老にあたる権大参事には家老であった山川浩《ひろし》（大蔵）が命じられる。維新を機に多くのものが改名をしたが、大蔵も『孟子』の「浩然の気を養う」（公孫丑）からとって「浩」と改めた。少参事には永岡久茂《ひさしげ》、広沢安任《やすとう》、倉沢平治右衛門《へいじえもん》が選ばれた。倉沢平治右兵衛は野辺地の支庁で政務をとり、柴太一郎が高齢の倉沢を補佐した。会津藩筆頭家老であった梶原平馬は斗南藩では要職につかなかった。

三戸、五戸には支庁がおかれた。若松から二歳の藩主松平容大も五戸をへて田名部に着き、容保と喜徳も合流する。江戸藩邸は外桜田（日比谷公園あたり）にあたえられた。

下北の生活

未知の土地だったが、希望をもっての移住だった。少参事の永岡は、

何計死灰不再燃
乗除元自有天禄
斗南港上十年後
欲繫五州々外船

と詠んだ。死灰は再び燃えることはないと思っていたのに、天の恵みで斗南藩ができた。一〇年後の斗南の港には五大州の船が繫がれるのを願っている（星亮一『会津藩流罪』六七頁）。会津とちがって、半島の国。田名部の近くには安渡《あんど》港（大湊港）という良港があった。

会津の人々は下北の人々の同情心に救われたが、水利の悪い不毛の荒地であった。下北でも比較的土地の肥えていたところは南部藩の支藩の七戸藩と八戸藩のものであった。権大参事の山川浩は、

みちのくの斗南いかにと人問はば神代《かみよ》のまゝの国と答へよ

との歌をつくっている。神代とおなじく未開の地であるというのである。

極寒の冬も近づいていた。斗南が待っていたのは地獄の生活だった。若松城が落城したとき祖母・母・長兄の妻・姉妹が自害した柴五郎は父と長兄の太一郎とともに斗南へ移住したが、後に、「落城後、俘虜となり、下北半島の火山灰台地に移封されてのちは、着のみ着のまま、日々の糧《かて》にも窮し、伏するに褥《しとね》なく、耕するに鍬《くわ》なく、まこと乞食にも劣る有様にて、草の根を噛み、氷点下二十度の寒風に蓆《むしろ》を張りて生きながらえし辛酸の年月」と語っていた。「この様《ざま》はお家復興にあらず、まこと流罪にほかならず。挙藩流罪という史上かつてなき極刑にあらざるか」（『ある明治人の記録』七、七四頁）とものべている。

お家再興とは「挙藩流罪」であった。公称は三万石でも実収は七〇〇〇石、ヒエやジャガイモ、山菜やワカメが主食となった。新政府は朝敵・賊軍に仕立て、敗者に追いやった会津藩をなお苛酷な状況に追いやる。

そこには「武士の情」の微塵もない。むごい苛めである。この仕打ちは、武士道と逆のもの、新渡戸稲造は「弱者、劣者、敗者に対する仁は、特に武士に適《ふさ》わしき徳として賞賛せられた」（新渡戸稲造『武士道』矢内原忠雄訳、五三頁）とのべていた。

会津の人々の窮乏と飢餓を救おうと、柴太一郎は川崎尚之助とともに斗南藩で栽培されている大豆を担保に広東米を購入しようした。その取引で詐欺にあい、ふたりは損害賠償を要求され、訴えられ、東京での裁判に関わらねばならなかった。

斗南藩の日新館と斗南藩校

それでも移住民は怯むことなく、「ここはまだ戦場なるぞ」の気持ちで、山川、永岡、広沢のもとで藩の建設につとめる。日新館も再興した。戦いに敗れ、苦難の生活が強いられても教育は疎かにしなかった。田名部（むつ市）の大黒屋を営む立花文左衛門宅を借用して授業がはじまり、その後教室は円通寺に移された。藩庁のおかれた寺である。会津の日新館で焼け残った孔子像も運ばれた。会津の藩はなくなっても、食べるものが不足していても日新館はつくられる。会津の日新館のように上士の子弟にかぎらず、足軽の子弟や田名部の庶民も入学ができた。遠距離のもののためには寄宿舎も用意された。

学校掛は伊沢清次郎。授業規則をさだめ、漢学、和学、神道、歌学、天文学、習字、音楽、算術、医術、礼式の教科を準備、教科書には会津から持参した書物のほかに福沢諭吉の『窮理図解』『世界国尽』『西洋事情』も新たに購入した。旧日新館にならって等級制をとった（葛西富夫『会津・斗南藩史』七四頁）。

分校も設立された。実態は不詳であるが、「学校往来経費」によると、田名部分局には野辺地、大畑、川内、斗南ケ丘に、五戸分局には市川、中市、三本木、七崎、八幡に、三戸地区には二戸に分校があったとされている。廃藩までに授業がおこなわれなかったかもしれないが、藩は村ごとに分校を設立しようとしていたと推察される（葛西富夫『会津・斗南藩史』七五頁）。

東京在住の藩士の子弟のためには、一八七〇（明治三）年四月に旧会津藩の宿坊だった増上寺の塔頭の徳水院（太平洋戦争の戦災で焼失）に斗南藩校を設置した。校長は竹村俊秀（幸之進）、日光口でともに戦った山川浩の友人である（後に政府転覆をめざして決起する）。開成所の英学教師であった千村五郎が英語を教えてくれた。ここでも『窮理図解』『世界国尽』『西洋事情』が教科書につかわれた。四カ月あまりで閉鎖されたが、山川健次郎ら旧会津藩士の子弟の四〇人ほどが学んだ。

2　斗南藩の廃止と「学制」

斗南藩も日新館も消滅

一八七〇年五月藩籍奉還により、松平容大は藩知事に就任したが、翌年の一八七一年七月一四日には廃藩置県で斗南藩も廃された。斗南藩は一年九カ月で消滅する。斗南藩は斗南県となり、円通寺の藩庁が県庁となり、山川浩が斗南県権大参事、広沢安任が斗南県少参事となった。藩の消滅で、再建された日新館も消滅した。広沢安任は困窮にあえぐ斗南県の救済策として八戸県大参事の太田広城と協議、弘前・黒石・斗南・七戸・八戸・館《たて》（旧松前藩）の六県の合併を政府に進言、九月四日に弘前県が成立して弘前県庁は弘前城に置かれた。弘前県大参事に任命された旧熊本藩士の野田豁通《ひろみち》は一九日後に県庁を青森にあった弘前藩の御借屋《おかりや》に移し、県名を青森県と変えた。

山川浩ら首脳は藩士に自由な道を選択させた。それ以外にとる策はなかった。現実には斗南に残るか、会津に帰るか、東京や蝦夷地（北海道）などに行くかであった。

青森県庁に採用されたものもあった。斗南藩からは山川浩、永岡久茂、梶原平馬、箕輪醇、小川渉、青木往晴《もとはる》、大場恭平、脇坂照正、沢全秀、藤田重明、小出光照ら二〇名が採用されたが、薩長政府の下での仕官を潔しとしなかったのであろう、多くは早い時期に退職している。上級官員の多くは政府関係者であった。一八八一（明治一四）年の段階で、六五九世帯、約四〇〇〇人の会津人が青森県に残留した（『むつ市史・近代編』二〇五頁）。

大多数の藩士と家族は青森県を離れた。一八七四（明治七）年までに移住者一万七〇〇〇人のうち五九パーセントの一万二七六人が会津に戻り、一万一〇〇〇人は他県へ移った。会津へ戻っても明治となった会津で暮らしが立ったのではない、さらに東京や北海道に移っていったものも少なくなかった（葛西富夫『斗南藩史』二九五頁）。

そこで旧会津藩士とその子弟は新時代を生きた。その一部の人々を14、15、16章でとりあげる。

「学制」――青森県の小学校と青森県師範学校

「学制」制定の翌年の一八七三年から旧斗南藩のすべての町村に小学校が設立されるが、教員には多数の斗南藩士が採用された。「学制」では小学校教員は師範学校か中学校の卒業が条件とされていたが、まだ師範学校も中学校もなく、小学校教員は「その才によって之を行うべし」とされていた。小川渉が日新館で第一等の修了者は師範学校の卒業生と同程度とのべていたように、旧斗南藩士にはその「才」があった（一〇六頁）。下北郡に設置された四校の小学校の初代校長はすべて旧斗南藩士、大畑小学校は飯田重義、大間小学校は山内平八、川内小学校は伊沢信、田名部小学校は沖津醇《じゅん》であった（『斗南藩史』三六三頁）。

小学校の教員養成のため、一八七六（明治九）年に青森県師範学校が青森の新町に開校した。弘前には分校が設置され、翌年は八戸にも分校ができた。のちに、各郡に設置された。師範学校は官費制であるので、経済的に恵まれなかった藩士子弟には藩校にかわる学校ともなった。一八八三年には沖津醇は青森県師範学校の校長に就任する。

3　会津の教育

若松民政局から若松県へ

会津は政府の直轄の支配となった。大多数の旧会津藩士は会津を追われ、開城一週間後の一八六八（明治元）年一〇月一日、若松には藩にかわって租税徴収と治安維持を任務とする鎮撫総督府直属の民政局が設置され、福井藩士村田巳三郎《みさぶろう》以下、福井、金沢、新発田、小倉藩士が駐留、目を光らせるところとなった。分局は田島・猪苗代・小田付・野沢・坂下に設けられた。そのなかには監察方兼断獄頭取の久保村文四郎のように会津の人々を威嚇しつづけ、民生局の廃止で故郷に帰るとき、旧会津藩士によって斬殺されたものもいた（二六〇頁）。

民政局の廃止後の一八六九（明治二）年五月に会津は若松県となり、知事には徳島藩士の林兼吉（在任一八六九年五月四日―一八六九年八月二七日）が任命された。若松県庁は新政府軍の本陣のあった融通寺に一時置かれ、若松城に移された。田島と津川には支庁が設置された。

若松県につづき、福島県、白河県が設置された。福島藩の最後の藩主板倉勝達《かつさと》は飛地のあった三河重原藩（陣屋は刈谷市）二万八〇〇〇石に移封となり、福島藩も消滅した。白河は戊辰戦争時には幕府の直轄地であった。

三春、棚倉、泉、相馬中村、湯長谷、磐城平の各藩は存続がゆるされた。すでにのべたように、下北半島では一八六九年一一月には南部藩の一部が割譲されて斗南藩が生まれた。

若松と喜多方の小学校と師範学校

若松では日新館だけでなく、寺子屋や郷校も閉鎖される。儒教教育が消えただけでなく、無教育の地となった。そのなかで一八六九（明治二）年二月、若松の町役人である町検断は学校の設置を若松民政局に依願した。その要望がうけいれられたのかどうかは確かでないが、翌年四月に改造家屋をつかい、士庶共学の学校が開かれている（『会津の歴史』二八二頁）。

本格的な学校の設置は「学制」の施行以後である。若松県で一八七三（明治六）には九七校、一八七五年までには一六五校の小学校が誕生した。一八七五年、若松の旧城下では郭内の栄町小学校の教員は五名、生徒は男子二五〇名、女子七九名であった。郭外の大町小学校では教員は六名、生徒は男子二九〇名、女子一四〇名であった（『会津の歴史』二八三頁）。一八七一年の廃藩で斗南から半数ほどの旧会津藩士が会津にもどり、教員の確保も楽になったとおもわれる。

喜多方では一八七三年に小荒井小学校（のち第一喜多方小学校）と小田付小学校（のち第二喜多方小学校）が設立された。小荒井小学校の教員四名はいずれも士族、小田付小学校では教員四名のうち一名が士族、三名が平民であった（『喜多方市史・3』七六頁）。

福島県の成立

一八七一年の廃藩置県で藩も県となり、平・湯長谷・泉・中村・三春・棚倉の各県は統合されて平県となり（直後に磐前県と改称）、福島・二本松・白河県は統合されて二本松県となる（直後に福島県（第一次）と改称）。若松県には変更がなかった。しかし、一八七六（明治九）年には三県が合併して福島県が成立、若松県はなくなった。

県庁も若松でなく、県の北辺の町の福島におかれ、福島県となった。薩・長・土・肥など新政府を主導した藩では県庁は中心の城下町に置かれ、その地名が県名となった。仙台藩や南部藩では県名は郡名からとられたが、県庁は中心の城下の町に置かれた。これらの他の県と比較してみても福島県は特別な扱われかたがされた。

師範学校

一八七四年に旧福島県の福島町に教員養成のための「小学教則講習所」、磐前県の平町に「平伝習学校」、三春町に「三春伝習学校（三春師範学校）」が設立されたのにつづき、翌一八七五年には宮城師範学校の卒業生を迎えて若松県に「養成学校」がつくられた。一八七三（明治六）年に、甲賀町通に面した小原内記宅（現在の会津若松市立鶴城小学校あたり）に中学校とされた若松学校が設立され、そこで訓導の資格を取得するための教育もおこなわれた。修学期間は六カ月であった。

新福島県の成立とともに、教員養成の学校は統一され、福島、若松、平の学校はそれぞれ福島第一号師範学校、福島第二号師範学校、福島第三号師範学校と称された（三春は廃止）。一八七八年には第一号師範に、第二、第三号師範は合併、福島師範学校が設立された。学期は一年、小学校卒業生のために二年制の予科ももうけられた。若松から教員養成の学校が消える。

中学校の開設――日新館に代わる学校を

時代は変わったが、失われた日新館に代わる学校の建設の声は強かった。しかし、それには長い紆余曲折の歴史があった。

一八七三年に設立された若松学校が三年で廃校となると、旧会津藩士を中心に中学校の開設の動きがおこる。一八七九（明治一二）年に福島県令が山吉盛典《やまよしもりすけ》のとき福島、若松、三春、平に中学校が開設されたが、県会の反対で一年も経ずに廃校となった。そこで、旧会津藩士が資金を拠出して、一八八三（明治一六）年に「私学・日新館」を栄町に創設した。小学を修了したもの、一五歳以上のものに修身と読書のほか算数・歴史・体操を授けるのを目的とした。修業年限は五年。修身や読書では四書五経、歴史、作文を教授するとしていた。日新館での儒教教育を再開しようとしていたのであろう。

　ところが翌年再度県立の福島中学、若松中学、平中学が開設され、「私学・日新館」の事業は若松中学に引き継がれた。だが、「一県一中学校令」で一八八六年には後に郡山に移り安積中学となる福島中学を残して閉校、若松から中学も消えた。そこで、あらためて私立中学の設立の運動が起こり、地元の秋山清八《せいはち》らを中心に当時東京高等師範学校校長であった山川浩や箱館戦争で投獄、放免されて政府に出仕、暗殺された森有礼の後任として黒田清隆内閣の文部大臣となった榎本武揚の支援もあって、一八九〇年私立会津中学が誕生した。翌年、会津尋常中学と改称、その後、一九〇一（明治三四）年に福島県に移管されて福島県立会津中学校となる。

　高等教育のための学校の設立はさらに困難だった。全国的には伝統的な文化を有する大藩の城下町には高等学校や専門学校が設立され、東北でも仙台、山形、弘前に高等学校が生まれ、仙台、盛岡、秋田、米沢、福島に専門学校が開設されたが、若松には高等学校も専門学校もできなかった。会津若松に県立会津大学がつくられたのは一九九三年であった。

第14章　明治を生きた旧会津藩士たち

朝敵とされ、斗南に「流罪」となった旧会津藩士には敵愾心から政府転覆をねらって決起したものもいた。青森県庁に採用されても多くは早期に退職した。政府の要人からの仕官の要請があっても断るものも多かった。孔子がいうように「渇しても盗泉の水を飲まず」であった。下北半島を離れず、原野を開き牧場を経営するものもいた。要請に応じて軍人や警察官として仕官するものもでるが、新政府のもとで働く場合でも、政府から距離のある教育者の道を選んだものが多かった。日新館に学んだ旧会津藩士にはその能力があった。教育の意義も会得していた。私塾を開き、道を説こうしたものもいた。これら軍人や警察や教員になれたものは幸運であった。日雇の暮らしを余儀なくされたものも少なくなかったが、それでも、身を清くするとの日新館での教育は明治にも生きつづけた。

1　新政府と戦ったものたち

安部井政治――箱館戦争を戦う

若松の日新館や京都の日新館で教えた安部井政治《せいじ》は奥羽越列藩同盟の結成に奔走、落城時には仙台に滞在、そのため若松での戦いに駆けつけることができず、榎本艦隊で箱館に向かい会津遊撃隊の差図役となって新政府軍と戦うことになった（二一一頁）。そのとき箱館で作った詩が後に「会津三絶」の一つとして会津人に愛詠された「箱館歳晩」である。

海潮枕に到り　天明けんと欲す
感慨胸を撫で　独り眠らす
一剣未だ酬いず　亡国の恨み
北辰の星下　残年を送る

海の潮が枕辺に響き、空が明けようとしているが、さまざな感慨がこみあげ、眠れない。会津を滅ぼした敵に一剣を酬えることができなかったのを恨む。この北極星の下で、残された時を過ごすのか。

安部井政治は一八六九（明治二）年四月二九日、矢不来の激戦で、撤退勧告もきかず突進し、長州兵に狙撃されて落命した。鳥羽・伏見の戦いから会津戦争まで、多くの仲間を失った安部井は箱館に死地をもとめたのであろうか。戦友に「交友多くは故国に戦死す。予（安部井）独り生きて何をかなさん」とのべていたという（広沢安宅『幕末会津志士伝稿本』二一九頁）。

昌平黌に遊学した秀才・安部井の行年は二五歳、そのとき懐にしのばせていたのが遺作の漢詩「箱館歳晩」である。後に長州兵から広沢安任に渡された。

伴百悦・高津仲三郎・武田源三・井深元治――束松峠事件

落城後若松には福井、金沢、新発田、小倉藩士からなる民政局が設置さたが、旧会津藩士の原田対馬以下、町野主水、伴百悦、高津仲三郎《ちゅうさぶろう》（中原成業）ら二〇名は、潜伏する会津藩士を謹慎所に送致するのを任務とする「若松取締」を申し付けられて、会津に残った。

そのとき民政局で会津人を賊徒とあつかい、居丈高にふるまって会津の人々を恐怖させたのが民政局の監察方断獄頭取の福井藩士久保村文四郎である。滝沢村の肝煎吉田伊惣治が白虎隊士四人の遺体を近くの妙国寺に葬ると、それを掘り返させて、あらためて放棄させるという残忍な命令を下す。若松取締の町野主水らの嘆願で埋葬が許され、一〇〇〇体以上の遺体を七日町の阿弥陀寺に葬り、「殉難之霊」と墨書した木標とささやかな拝殿を建てると、久保村は木標の破却を命じる。当時偽金づくりが全国的に横行していたが、その容疑者にたいしても充分な取り調べもなく斬首する。

圧政者の久保村に復讐しようしたのが若松取締の伴百悦と高津仲三郎である。松陰とも会った儒学者高津平蔵の子で宝蔵院流の槍の名手の高津仲三郎は京都では精鋭の別選隊に隊員として鳥羽・伏見で戦い、負傷して江戸の芝の藩邸で手当をうけていたが、そのとき見舞いに訪れた徳川慶喜にたいして、大阪から逃避したことをはげしく詰《なじ》るような熱血漢であった。伴百悦は伴宗忠の長男、江戸で剣の腕を鍛え、戦死者の遺体の埋葬では鷹番頭だった経歴を生かして被差別部落の人々の協力をえている。高津と伴は若松取締の武田源三と塩川の謹慎所に収容されていた井深元治を誘って久保村の誅殺を計画する。元治は日新館館長井深宅右衛門の一族で昌平黌に学んでいる秀才であった。

民生局の廃止で一八六九年七月に久保村が福井に帰郷するとき、四人は越後街道の束松峠で久保村を待ち伏せ、斬殺する。能書家の井深元治は久保村の胸許に「代天誅之《てんにかわってこれをちゅうす》」と書き付けた木板をおく。やむにやまれぬ「天誅」であった（中島欣也『伴百悦』八五頁）。

伴百悦は越後に逃げ、越後の大安寺村の豪農坂口津右衛門に匿われていたが、翌年越後村松藩の捕吏に包囲され、自刃した。小説家坂口安吾は坂口津右衛門の分家の子孫である。塩川の謹慎所にもどった井深元治は東京移動組に紛れて東京に向い、横浜の高島学校に勤めた時期もあったが、密告があって捕らえられ、獄死した。武田源三は九州へ逃げ、行方を絶ち、二度と姿を現すことはなかった。高津仲三郎は斗南で捕縛されたが脱獄、地下行動しながら佐賀の中西七三や鹿児島の桐野利秋や篠原国幹とも交流、つぎにのべる思案橋事件で姿をあらわす。

永岡久茂たち——政府転覆に決起

昌平黌に遊学した永岡久茂は奥羽越列藩同盟時には梶原平馬の片腕として奔走、会津戦争のときには同盟の公議府が置かれていた仙台藩の白石城にいた。そこでよんだのが「三絶」のひとつの「戊辰秋白石城客中」である。

独木誰か支えん　大廈の傾くを
三州兵馬　乱れて縦横たり
羈臣空しく灑ぐ　包胥《ほうしょ》の涙
落日秋風　白石城

一本の木（会津藩）で大廈（幕府）を支えることができようか。奥羽越は兵馬で乱れてしまった。従者の私が包胥の涙を流すが、日は落ち、秋風が白石城に吹いている（星亮一『会津藩流罪』六六頁）。

安部井とちがって永岡は榎本艦隊には乗船せず、斗南で少参事となって山川浩を助けた。廃藩後は青森県庁の職員に採用され、田名部支庁につとめたがほどなくして退職して上京した。伊藤博文、井上馨からは仕官の要請があったが断った。多くの会津藩士に共通することだが、「盗泉の水」は飲めないの気持ちだったのだろう。東京では湯島天神下で私塾を営み、そのかたわら、明治六年の政変で下野した元薩摩藩士の海老原穆《えびはらぼく》らと「評論新聞社」を設立して明治政権たいする攻撃をくりひろげた。

一八七六(明治九)年一〇月二九日、政権批判を実行にうつす。長州の前原一誠と連絡をとりあい、前原が奥平謙輔らと起こした萩の乱に呼応、政府打倒をめざして関東でも決起した。永岡のよびかけに高津仲三郎と中根米七、竹村俊秀、井口慎次郎の会津藩士四名をふくむ一四名が参加した。

福井藩士久保村文四郎を殺害して逃亡、地下行動をつづけていた高津仲三郎は九州で佐賀の中西七三、鹿児島の桐野、篠原と交り、東京にもどって永岡に合流した。仮日新館校長となった中根弥次右衛門の五男で剣術にすぐれた中根米七も斗南から塩川にもどり、高津と行動をともにした。日新館で山川浩と同期で、日光口の戦いでも共に戦い、東京では斗南藩校の校長となった竹村俊秀は斗南藩でも山川のもとで働き、斗南県では開墾掛に採用されたが、職を辞して上京した。五人のなかでは最年少、戊辰戦争のとき一五歳で日新館の生徒だった井口慎次郎は槍術にすぐれていた。

永岡らは千葉県庁を襲撃して軍資金を奪い、千葉の佐倉にある東京鎮台(分営)を説得して日光から会津若松に向かい、挙兵しようとした。しかし、計画は露見、東京の思案橋(中央区日本橋小網町あたり）から千葉に向かおうとしたとき警官と斬り合いとなり永岡らは逮捕された。裁判で井口慎次郎、高津仲三郎、竹村俊秀の三名が斬罪された。永岡久茂は警官との乱闘中に誤って井口から受けた傷がもとで獄中死した。三八歳だった。中根米七は逃亡した。思案橋事件である。

市ケ谷富久町の源慶寺の墓には斬罪された高津、竹村、井口の三人の辞世が刻まれている。高津仲三郎の辞世は、

　ことしあらばまた魁ん国の為わが魂をこゝに残して

竹村俊秀の辞世は、

　白露と消ゆる命はおしまねどなを思わるゝ国の行末

井口慎次郎の辞世は、

　碌々生を偸むは我が愧ずる所
　年華二十已に三を加う

精心百折すとも曾て撓まず
報国挺身即ち是男なり

国のために新政府打倒に命を捧げたとうたう。逃亡した中根米七は京都に潜伏していたが、鹿児島に走り桐野利秋のもとに身をよせ、西南戦争では西郷軍に参加、政府軍と戦った。だが、戦況が悪化すると桐野から脱出を諭され、一八七八（明治一一）年に裏磐梯に入り、耶麻郡熊倉（喜多方市）で切腹自決した。辞世は、

身を砕き骨を野原にさらすとも日本心に色かはらめや

であった。

2　開拓に入ったものたち

広沢安任――「開牧社」

斗南藩では山川浩のもとで永岡久茂とともに少参事であった広沢安任《やすとう》は、斗南に残留して旧七戸藩の領地だった谷地頭《やちがしら》（三沢市）の原野を購入して牧場経営を目的とする「開牧社」の経営にのりだした。旧知だった大久保利通から参議や北海道開発長官への就任の要請があったが、「野にあって国家に尽くす」として固辞した。広沢にも「盗泉の水」は飲めなかった。福井藩でグリフィスと一緒に招聘されたイギリス人のルセーとおなじくイギリス人でオーストラリアでの農業経験のあったマキノンを採用した。一時、通訳には柴四朗を雇っている（『ある明治人の記録』八八頁）。「開牧社」の牧場は小川原湖に沿って北に拡大、約二四〇〇町を占めるようになる。

広沢は小川原湖の北の鷹架沼《たかほこ》をつかって陸奥湾と太平洋をつなぐ運河の開削を提唱している。永岡久茂は「斗南港上十年後　欲繫五州々外船」と詠んで大湊港を長崎のような外国船の出入りする港にしたいとの望みを抱いていたのだが、広沢は運河によって大湊港の価値を倍増させようとする構想をもっていた。太平洋の南の島々に日本人を送って開発をするという事業も考えていた。

大の読書家、英書も読む蔵書家であった。著書も多い。広沢は一八九一（明治二四）年に亡くなるが、その死にさいして、斗南時代に苦難を共にした山川浩は、

　君もまたすてゝお行きか今は世に　かぞへんほども友はなき身を

と追悼する。秋月悌次郎も南摩綱紀も追悼の文を贈った。

安積開拓に入ったひとびと

荒野がひろがる斗南での帰農は困難であった。広沢安任のようにはいかなかった。一八七三（明治六）年の秋ごろまでには多数の藩士家族が会津へ帰国したが、そのなかには安積疏水で可能になった安積開拓に参加した家族もあった。

安積疏水は猪苗代湖の水を安積原野に引き、広大な耕地をつくろうしたもので、士族反乱対策としてなされた大久保利通による士族授産の一環であった。福島県典事中条政恒《ちゅうじょうまさつね》が中心となって工事がすすめられ、一八八二年に完成した。二本松、久留米、棚倉などの藩につづいて旧会津藩士三四戸も入植した。安積の荒野の開拓に励むが、会津藩に与えられたのは水利条件の悪い土地であった。

カリフォルニア移民

会津藩の軍事顧問であったヘンリー・スネル（エドワルド・スネルの兄）が容保にゴールドラッシュに沸くカリフォルニアへの移民をすすめた。その結果、一八六九年に四〇名が渡米、サンフランシスコ近くのゴールド・ヒルに入植、茶や生糸の生産を目的とするワカマツコロニーを設立した。

一時はうまくゆくとおもわれたが、コロニーは失敗であった。土地が茶や桑に合わなかった。スネルは日本にもどり、残された移民は散り散りとなった。それでも、スネルの子の子守役だった若松の町人の娘の伊藤おけいはピアカンプ家によって家族同様に可愛がられた。ほどなくして亡くなったおけいの墓は、一緒に移民した旧会津藩士の桜井松之助によってつくられた。一九一五（大正四）年にその墓が見つかっている。

3　新政府に「武」で仕官したものたち

山川浩――陸軍少将・東京高等師範学校校長

若くて家老となった山川浩（大蔵）は斗南藩の権大参事となって、会津藩士と家族の生活を支えた。薩長への敵愾心を抱き、会津に対する「挙藩流罪」は薩長の私怨だ、と見て、政府転覆を考えた時期もあった山川だが、廃藩の後一八七三（明治六）年には、戊辰戦争では日光戦線で戦った土佐出身の陸軍小将谷干城《たてき》からの、日本のため、後継者のために仕官をとの要請に応ずることになる（秋山香乃『獅子の棲む国』二五〇頁）。それには思案橋事件で決起した竹村俊秀などの友人たちからも批判があった。

陸軍省八等で出仕、翌年に江藤新平らがおこした佐賀の乱では陸軍少佐に抜擢され熊本鎮台にはいり、乱を鎮圧したが、そのとき銃撃で左腕の骨が砕かれる重症を負う。辞職を申し出たが、うけいれられなかった。西南戦争が勃発すると山川は山田顕義《あきよし》少将の配下の陸軍参謀として従軍する。山川は、会薩同盟を裏切り、会津に血の涙の降伏をさせた薩摩と西郷は宿敵、薩摩軍との戦いは会津藩の雪辱戦であり、名誉回復の戦争とうけとめた。山川は熊本県八代に上陸して、熊本鎮台司令長官谷干城を救済、熊本城を包囲する薩摩軍の退路を絶ち、薩摩軍を宮崎県方面に追い詰めた功をあげている。そのとき、

薩摩人みよや東の丈夫《ますらお》が提げ佩く太刀の利《と》きか鈍きか

とよんでいる。東国の武士の刀の切れ味をみせてやる。『郵便報知新聞』の記者であった犬養毅は、戊辰戦争で賊軍の汚名を着せられた元会津藩士が田原坂の戦いで「戊辰の復讐」とさけんで切り込んでいったとの記事を書いていた。

しかし、官軍といっても薩長政権の軍隊、長州出身の山田顕義少将の配下である。心境はそれほど割り切れるものではなかったはずである。旧会津藩士のなかには西郷の反乱を旧会津軍と同様の、新政府軍との戦いと見るものがいたのはいうまでもない。政府転覆をめざして決起したのち逃走、鹿児

島の桐野利秋のもとに身を寄せ、西南戦争では薩摩軍に参加して政府軍と戦った中根米七のような会津藩士もいた。

山川は一八八五（明治一八）年、文部大臣森有礼によって現役の大佐のまま東京高等師範学校長に選任された。生粋の武人的風格が買われたのであるが、山川も教育への関心が強かった。渡りに舟、受諾する。全寮制や兵式体操などの導入をすすめた。女子高等師範学校の校長も兼任する。

東京高等師範学校長就任の翌年、山川は少将に昇進しているが、陸軍につよい影響力をもっていた山県有朋はこの人事に不満をあらわにしたという。そのためか、山川は予備役に編入されてしまう（中村彰彦『山川家の兄弟』三三二頁）。根強い会津差別はつづいていた。

山川浩の著作に浩の死後に刊行された『京都守護職始末』がある。一八九七（明治三〇）年から弟の健次郎ととりくんだ会津藩の幕末史である。ところが、浩は翌年他界、『京都守護職始末』は健次郎の手で書きすすめられた（二九二頁）。

角田秀松――海軍中将

会津藩からは海軍中将の角田秀松《つのだひでまつ》も誕生した。一八五〇（嘉永三）年に会津藩医の角田良智の次男にうまれた。藩医の子だが日新館医学寮に学んだかどうかは不詳。会津藩に東蝦夷地の統治がゆだねられると、医師の父も蝦夷に赴任、そのとき秀松も同行した（二七六頁）。そこで一八六二年に日新館教授から蝦夷地の標津《しべつ》の代官を命じられ、一八六七年まで滞在した南摩綱紀に教えをうけた。一八六五年には京都で公用方だった秋月悌次郎が斜里《しゃり》（斜里郡斜里町）の代官となり、翌年に蝦夷地を離れることになるが、そのとき秀松も同行して京都にもどった。鳥羽・伏見の戦いでは林権助の砲兵隊に加わり、会津戦争でも戦った。斗南に移住するが、上京して航海術を学んで船乗りとなり、一八七四（明治七）年の台湾出兵で輸送船に乗船したさい、西郷従道の知遇をえ、海軍の所雇となる。秀松は藩士の子弟でない、藩医の次男であり、若年であった。新政府軍と戦ったが、山川浩のような政府への仕官への苦悩やためらいも少なかったと想像される。

朝鮮と戦った江華島事件では、陸戦隊を率い、少尉に任官される。軍艦「清輝」の乗組員として西南戦争にも従軍する。「清輝」は維新後最初の国産軍艦だった。そのご、日本艦船初のヨーロッパ巡航に航海長として参加し、日清戦争前に初代軍令部第一局長、戦中は大本営幕僚となった。一九〇〇年には海軍中将、翌年には東郷平八郎についで連合艦隊司令官に就任した。薩摩、長州、佐賀藩以外からの最初の連合艦隊司令官だった。

佐川官兵衛——一等大警部

一八七三（明治六）年、「明治六年の政変」で西郷隆盛が下野すると主力が薩摩藩士であった警察の多くが一斉に薩摩に帰郷、東京が不穏になった（二三一頁）。そこで、翌年一月に武士を登用して内務省のもとに警視庁を設置すると、大久保利通内務卿の求めで最高責任者である大警視川路利良《かわじとしよし》は警察不足を武芸に長けた旧会津藩士で埋め合わそうとし、佐川官兵衛に警視庁への奉職を要請した。斗南から会津に帰り、耶麻郡大都村《おおつ》（喜多方市）で隠棲していた「鬼の官兵衛」は要請をうけいれる気持ちにはなれなかった。川路利良が薩摩人であるのを聞いた官兵衛は「薩人の下風に立つよりは亡国の臣でいたほうがまし」（中村彰彦『鬼官兵衛烈風録』四一九頁）であった。

しかし、情の官兵衛でもあった。若松にもどった旧会津藩士とその家族は窮乏にあえいでいる。自分が忍ぶことで仲間を救済できる、そう考えて、承諾した。もちろん、討伐軍への参加を拒む藩士もいたが、生活の道を失ったものの多くが苦汁を飲みながら要請を受けた。官兵衛は一八七四年三〇〇名の旧会津藩士を率いて警視庁に奉職、一等大警部（麹町警察署長）となった。

一八七六（明治九）年の思案橋事件では千葉に出動する。翌年の西南戦争が発生すると官兵衛も警視隊の副指揮長として部下を率いて出陣した。官兵衛にも会津を討伐し、主君容保に屈辱の謝罪をさせた桐野利秋の薩摩にたいして報復したいという気持ちもあったろう。九州に上陸、熊本に進撃したが、その途中、阿蘇山麓で薩摩軍と遭遇、薩摩兵に狙撃されて戦死した。「智の山川、鬼の官兵衛」とならび称されたふたりは九州にあって幽明を異にした。歌にもすぐれていた官兵衛は、歌の師匠であった野矢常方の「君がため散れと教へておのれまづあらしに向ふ桜井の里」を本歌とした、

君がため都の空を打ちいでて　阿蘇山麓に身は露となる

という辞世の一首を背に出陣した。

官兵衛は兵士に村人への暴力と村人からの略奪をきびしく戒め、実際にも不祥事は起こらなかったといわれている。そのため官兵衛は土地の人々から「鬼さま」と敬愛され、戦死の地（熊本県阿蘇郡南阿蘇村）には辞世を刻んだ「佐川官兵衛討死之地」の碑が建立され、官兵衛にかんする資料を収集した「鬼官兵衛記念館」もつくられている。

新撰組のメンバーで、白河口、母成峠で戦った後土方と別れて会津に残った藤田五郎（斎藤一、山口次郎）も官兵衛に従い、西南戦争に駆けつけたとみられている。

4　官立・公立の教育界に入ったものたち

秋月悌次郎——第五高等学校教授

日新館から昌平黌に遊学、諸国を遊歴、公用方から斜里の代官となった秋月悌次郎は、上京して藩主容保の側近として戊辰戦争を戦い、降伏の儀式にも立ち会った。猪苗代で謹慎の身となった秋月の最初の仕事は猪苗代を脱出して長州藩士の奥平謙輔に会うことであった。諸国遊歴で萩を訪れたおり秋月が漢詩の指導をした縁で知己となった奥平から秋月に手紙が届き、それに返書をしたためた秋月は佐渡府権判事となっていた奥平に会うため小出光照と僧の河井善順とともに越後の水原《すいばら》（阿賀野市）に向い、そこで会津藩の再興と容保父子の助命を懇願し、会津の青少年に教育の機会をあたえてくれるよう依頼した（願いがかない山川健次郎と小川亮が奥平に預けられた）。越後からの帰途、越後街道の束松峠から若松を遠望して詠ったのが「三絶」の一つの「有故潜行北越帰途所得」である。

行くに輿無く　帰るに家無し
国破れて　弧城雀鴉乱る
治　功を奏せず　戦い略無し
微臣罪あり　復た何をか嗟かん
聞くならく　天皇もとより聖明
我公貫日　至誠より発す
恩賜の赦書、応に遠きに非ざるべし
幾度か額に手して京城を望む

これを思い　これを思いて夕晨に達す
愁いは胸臆に満ち　涙巾を沾す
風は浙瀝　雲惨憺たり
何れの地にか君を置き　又親を置かん

秋月は猪苗代で謹慎のあと東京と斗南の野辺地に幽閉されたが、一八七二（明治五）年恩赦で釈放され、会津に戻って母に会った後、上京、太政官の左院の少議生となった。だが、会津藩を滅ぼした新政府に仕官する恥ずかしさ、戦友への申し訳なさを、「地下の故人　応《まさ》に我を笑ふべし／厚顔　復た入る帝王の域」（『遺稿』、徳田武『会津藩儒将軍・秋月韋軒伝』一三八頁）と詠っている。

一八七五年一一月には老母と暮らすために官を辞して若松に帰り、田畑を購入して農耕にしたがった。一八七九（明治一二）年に母が死去すると、ふたたび上京、四谷で私塾を営む。官に仕えるのを恥じるだけでなく、教育者でありたいという気持ちからであろう。一八八六年には東京大学予備門教諭（のち第一高等中学校に改称）に招かれた。すでに六三歳の身だったが、それをうけ、六七歳のときには第五高等学校の倫理学の教授となり、漢文と倫理を教えた。もしも会津藩が滅んでいなかったならば、日新館で教えたであろう四書による儒教教育を高等学校でおこなっていたのである。

五高の同僚だったラフカディオ・ハーン（小泉八雲、一八九一―一八九四在職）からは「神のような人」、

「先生のそばにいるだけで暖かくなる」と称えられていたが、教え子で東京帝国大学の支那哲学の教授となった宇野哲人は「印象深かったのは秋月韋軒《いけん》（悌次郎の号）先生の道徳のお話であった。先生は相当のお年でお身体はこがらであったけれども、剛毅にして犯すべからざる威厳がおありであった」（『習学寮史』）とのべていた。暖かさと厳しさをもった教師であった。

秋月が退職した翌年一八九六（明治二九）年、夏目漱石が愛媛の松山中学から五高の英語教授に赴任した。後に漱石が松山中学を舞台に書いた『坊っちゃん』で、江戸っ子の坊っちゃんが意気投合した会津っぽの山嵐には秋月のイメージがよみとれる、と福島県立博物館長だった高橋富雄はみている。坊っちゃんが宿直の日に蒲団のなかにバッタ（正体はイナゴ）を撒かれた事件をめぐる職員会議で山嵐に「教育の精神は単に学問をさづけるばかりではない、高尚な、正直な、武士的な元気を鼓吹すると同時に、野卑な、軽躁な、暴慢な、悪風を掃蕩するにあると思います」と発言させているが、この山嵐の発言は漱石が同僚から聞かされた秋月の教育論であったとのべている（『福島民報』二〇〇三年六月一五日）。

つけ加えれば、坊っちゃんは元旗本の子、山嵐は会津藩出身、『坊っちゃん』ではこの佐幕の連合が陰湿で卑怯な手をつかうのも厭わない教頭の赤シャツとその子分で強いものには媚び、弱いものには強気でかかる美術教師の野だいこに一泡吹かせようとしたが、佐幕の連合は赤シャツと野だいこの近代派に敗れ、学校を去らねばならなかった。佐幕の藩である伊予松山藩士の子の英語教師うらなりも婚約者のマドンナを赤シャツに横取りされ、延岡に左遷されてしまう。坊っちゃんを最後まで支えてくれたのは元旗本の子女である、坊っちゃん家の女中の清《きよ》であった。

南摩綱紀――高等師範学校教授

秋月と日新館と昌平黌いらいの友人であった南摩綱紀《なんまつなのり》も一生が教師であった。日新館の蘭学所の教授となった南摩は蝦夷地の標津の代官に任じられるが、そこでも会津藩の子弟だけでなく、土地の住民にも学問をさずけている。角田秀松もそのひとりだった。会津戦争の後には越後高田で謹慎したが、赦免後、漢学者としての名声が高かった綱紀を慕う高田の有志によって創設された「正心学舎」で教えている。綱紀には敗者の会津人を武士として遇してくれた高田の人々へのせめてもの恩返しであった。

戦後京都府顧問となった山本覚馬の働きかけで京都中学に勤務の後、政府に招聘されて太政官に出仕し、洋学にも造詣のふかかった南摩であったが、一八八三年の東京大学文学部教授をへて高等師範学校・女子高等師範学校教授となって、秋月と同様に、漢学を教えつづけた。

秋月との交流もつづく。秋月は南摩の新居落成の式で作詩、そのなかで、

共に学ぶ　日新館

主恩　穉松《わかまつ》を思ふ
又た分かつ　茗釁の榻《とう》
道を論じて　常に相従ふ
余が性　狷介《けんかい》　老いて変はらず
君が胸　寛洪　常に能く容《い》る

とよんでいた（徳田武『会津藩儒将・秋月韋軒伝』一六〇頁）。「穉松」は若松、「茗釁の榻」はお茶の水の昌平黌の席。自分は頑なだったが、南摩の心は広かったと詠んでいる。

一九〇三（明治三六）年勅命で御講書始で『中庸』を進講、翌年には『論語』を講義した。道徳の失われる辞世を憂い、西村茂樹と弘道会を結成した。維新で倒れた人々の鎮魂にもつとめた（『幕末・会津藩士銘々伝・下』一五九頁）。

小学校の教師となった人たち

「学制」が制定されて小学校が生まれると、多くの藩士が小学校教師となった。日新館での修学でその基礎的な能力は十分にあった。私塾、寺子屋の師匠だったものも教員に採用される。生活のためでもあろうが、教育の意義をふかく認識していた会津人であった。

一八七三年に開設された現在のむつ市にあたる斗南藩領の下北郡内の大畑、大間、川内、田名部の全小学校の初代校長はすべて斗南藩藩士である。一八七六（明治九）年青森小学校（青森市立長島小学校）では教員一九名のうち六名が斗南藩士であった（『会津・斗南藩史』二一五頁）。

北原采女家の臣で、俳人梅二の子であった荒川類右衛門勝茂は斗南から若松に帰り、日雇生活の身だったが、須賀川の小学校の教員になることができた（星亮一『会津藩斗南へ』二二五頁）。日新館和学寮の師範だった高橋常四郎は北海道で開拓に従事したが、一八七五年古宇郡神恵内《かもえない》村で教員となり、訓導の資格もえ、一八八八年には岩内の私立小学校・岩内私学校をゆずりうけ校主となった（佐藤彌十郎『余滴』一四九頁）。

沖津醇——青湾学舎

鳥羽・伏見の戦いでは中隊長、白河城の争奪戦にも出陣した沖津醇《じゅん》は斗南に移住、学制で誕生した羽田名部小学校校長となったが、東京に長期出張して東京師範学校と東京府講習所で教授法を研修、帰県後は教授法の普及と充実に奔走、一八八三（明治一六）年には青森県師範学校校長に就任した。しかし、翌年辞職、一八八七（明治二〇）年に青森市松森町に小学部と青年部（夜間）からなる私立青湾学舎を設立した。

教育というものは、自主的なもの、国家の管理から独立しなくてはならないとの考えからであったと思われる。それに公立の小学校は授業料は高額であった。経済的に恵まれないものにも安い授業料で教育を提供したかった。北の地で教育の理想を追求した会津の武士であった（葛西富夫『斗南藩史』三八一頁）。

小学部は尋常と高等からなる。職員一六名。内七名は女性。公立小学校に入学困難な家庭の子弟が入学した。基本的には公立小学校とおなじ教育内容であるが、より高度な内容であった。青年部は漢文の『日本外史』『文章規範』、四書五経、『孫子』や『呉子』の兵法書、英文は『ナショナル読本』を使い、『バーレー万国史』、幾何や代数の初歩などを教えた。中学校に相当する学校であった。

一二年間つづいたが、沖津の年齢が七〇歳に近づき、しかも健康がすぐれず、それに長男緑（青森高等小学校訓導）の死が重なり、一八九九（明治三二）年に惜しまれながら閉校した。

小川渉――『会津藩教育考』

昌平黌への遊学組で、斗南に移った小川渉《わたる》も廃藩の後は青森県に奉職、県議会書記長を歴任した。しかし、一八七五（明治八）年、元弘前藩士の本多庸一と『北斗新聞』（『青森新聞』についで『東奥日報』にひきつがれる）を興して、編集を担当、自由民権運動にも関わるが、一八八六年に長崎尋常中学校教諭となった。

長崎尋常中学校の勤務を三年で退いて会津に帰った小川は『会津藩教育考』の執筆に専念する。「我が藩教育の針路は如何にまたこの極に陥りし所以を知り、同胞の遊魂を慰むるの一助となさん」としたのが動機であった（「起稿始末」）。日新館の構造、組織、教育課程の沿革、古人事歴など会津藩教育の全般にわたる。みずから日新館に学んだ経験をもとに書かれ、その稿は秋月、南摩、広沢の目にも通されている。いまなお会津藩教育史の基本的な文献であり、山川浩の『京都守護職始末』と柴五郎の『ある明治人の記録』とならんで会津人の記録と心情を伝えてくれる書となった。

稿が成って容保の霊に献呈したのは一九〇五（明治三八）年であった。晩年には、ふたたび青森に移り、漢学の私塾を開いた。

5　私塾の教師たち

倉沢平治衛門と内藤介右衛門

生涯を私塾での教育につくしたものもすくなくない。野にあって道を説こうした人たちである。すでに見てきたように、永岡久茂も秋月悌次郎も小川渉も私塾を営んでいた時期があった。明治を生きた重臣の多くも公立の小学校ではなく私塾で門人の教育にあたっている。家老の倉沢平治右衛門や内藤介右衛門《すけえもん》（信節《のぶこと》）は青森に残り、生涯を子弟の教育につくしている。

昌平黌へ遊学し斗南藩では一時少参事をつとめた倉沢平治右衛門は廃藩後三戸郡五戸村中ノ沢に私塾・中ノ沢塾を開き漢学を教えた。元新撰組の藤田五郎（斎藤一、山口次郎）も同居していたときがあった。中ノ沢塾からは東京帝国大学を中退、蘆花の世話で東京世田谷に百姓愛道場を開いた思想家の江渡狄嶺《えどてきれい》や教育者の鳥谷部悦人《とりやべえつと》らが育った。

家族全員が自刃した家老の内藤介右衛門も五戸村で私塾を営み、生涯を土地の若者の教育につくした。水田の開拓にもあたり、いまでも「内藤田」という名の水田が残っている。

梶原平馬と西郷頼母

内藤介右衛門の弟である梶原平馬は、二七歳で筆頭家老となり戊辰戦争を戦ったが斗南藩では敗戦の責任を感じてか、要職につかなかった。廃藩の後は青森県庁の庶務課長として出仕したが、二カ月あまりで辞職、妻の貞《てい》（後妻、先妻は山川浩の姉の二葉）とともに北海道の函館に移住、一八八一（明治一四）年には北海道の東端の根室に移り、根室支庁の下級役人となった。函館で女紅場《にょこうば》（女学校）の教師だった貞は根室で花咲尋常小学校の訓導を五年間つとめて退職、当地で女子用の私塾を開いた。私塾は地元の寺院の後援をえて一八八九年私立根室女子小学校となり、貞は校長に就任した。この間、平馬の生活ぶりははっきりしていないのであるが、孫の景浩の夫人は「平馬は根室で塾をひらいていた」との口碑を伝えている（『幕末会津藩士銘々伝・上』一四九頁）。貞を助けて私塾を営んでいたのであろうか。

一家が自刃した家老の西郷頼母も箱館戦争の後、幽閉が解かれると、静岡の静岡学問所の元会津藩の林三郎を訪ね（静岡学問所では甥の飯沼貞吉が修学中）、伊豆の大沢村（松崎町）で豪農の子の依田佐二平が開設した謹申学舎の塾主となった。一八七五年には福島県にもどり都都古別《つつこわけ》神社（福島県東白川郡棚倉町馬場。陸奥国一宮）の宮司についたが、西南戦争がおこると西郷隆盛との関係が誤解されて解雇される。松平容保が日光東照宮の宮司になると禰宜に採用された。

一般の藩士についての資料が残りにくいのでその実態は明らかでないが、とくに官・公立とちがって、私塾や寺子屋についての記録はそうであるが、多数の私塾や寺子屋の師匠がいたであろうことは疑いない。日新館の蘭学所で西洋医学を教えた古川春英は戦後島村（河沼郡河東町）に設立され、その後若松の千石町に移された治療所の所長をつとめたが、そのかたわら青少年の教育に傾注した（『幕末会津藩士銘々伝・下』二一〇頁）。蘭学所で蘭学を教えた川崎尚之助も斗南から上京のあと浅草で私塾を開いていたようだ。

6　政・官界に入った人たち

日下義雄――長崎県県令・福島県知事

白虎隊士で自刃した石田和助の兄の伍助は大鳥圭介の隊に参じて会津戦争と箱館戦争を戦い、捕虜となるが、その後は会津生まれを秘して日下義雄《くさかよしお》と改名、長州の井上馨の知遇をえ、岩倉使節団に随行、アメリカ留学した。帰国後は内務省、農商務省に勤め、長崎県県令につづいて、一八九二年には福島県知事となる。福島県人最初の福島県知事であった。

会津藩出身のものには政治家と官僚への道は難しかったし、薩長藩士の配下での仕官を潔しとしないという気持ちもつよかった。政・官界での活躍者はすくない。日下義雄は異例のなかのひとりといってよい。

北原稚長――長崎市長

神保内蔵助の子で、田中土佐とともに自刃した家老神保修理の弟である北原稚長《まさなが》は京都では容保の側近として禁門の変、鳥羽・伏見の戦いに参加、会津戦争で大鳥圭介の隊の参謀をつとめた後には籠城戦を戦い、萱野権兵衛の切腹に立ち会った。赦免されると工部省に勤務、のち長崎県少書記官となったが、そこで会津出身の長崎県県令日下義雄に見いだされて、一八八九年初代長崎市長に立候補、当選した。

一九〇四（明治三七）年には松平容保の京都守護職就任から落城までの七年間の会津藩の歴史を記述した『七年史』を刊行する。「排幕勤王家」の手になる世の維新史にたいする批判の書である。孝明天皇が容保の忠誠に深い感謝をのべた「御宸翰」を公表して主君容保の潔白を明らかにし、会津藩がうけた朝敵の汚名をそそごうとしている。山川浩の『京都守護職始末』と重なる内容の書である。『京都守護職始末』に遅れて書きはじめられたが、より早く出版された。

海老名季昌――警視庁用度課長・若松町長

海老名季昌《すえまさ》（郡治）は徳川昭武がパリ万国博覧会に派遣されたとき横山主税とともに随員となり欧州を歴訪、帰国後は鳥羽・伏見の戦いに従軍したが負傷、会津にもどった。季昌の父の季久は白河城の争奪戦で戦死した。籠城戦では家老に任じられ、北出丸で指揮をとった。

戦後は斗南に赴いたが会津に戻り、佐川官兵衛と同様、警視庁に入った。官兵衛が警視庁に入った翌年である。警視庁で三島通庸に認められ、三島が山形県令になると、山形県の郡長に就任、三島が福島県に転ずると海老名も福島県に転出、庶務課長や信夫郡、北会津郡、石川郡、東白川郡の郡長をつとめ、三島の警視庁総監への抜擢にともない、警視庁用度課長、警視属に昇進した。

退任後は会津にもどり、若松町長となり、市制施行に尽力した。一九〇三年、妻のリンに導かれてキリスト教に入信、若松基督教会員となって伝道につとめる（二八七頁）。

秋山清八――若松市長

日新館在学中の一七歳で京都守護の別撰隊の隊員となった秋山清八は鳥羽・伏見の戦いに従軍したあと越後で戦ったとき足を負傷、生涯不自由となった。籠城戦の後、斗南から若松にもどり、一八七三年に若松でマッチ製造会社を設立、一八八四（明治一七）年から一一年間福島県議をつとめ、岩越鉄道建設に尽力し、私立会津中学の創立をてがける。若松に市制が布かれると初代若松市長となった。

若松町が市となったのは一八九九（明治三二）年、福島県では最初の市制であったが、東北でも弘前、盛岡、仙台、秋田、山形、米沢は市町村制度の発足した一八八九（明治二二）年に市となっていた。そのとき当時県内最大の町だった若松は内務省に市制を請願したが、若松の人口が戦乱で三万から二万二〇〇〇人に減少しているとの理由で、却下された。県庁のおかれた福島町が市となるのはさらに八年後であった。

7　会津の女性たち——教育と福祉に尽力

女性は日新館では学べなかったが、家庭では「ならぬことはならぬ」の日新館教育の精神と文学的教養と裁縫、それに女性の嗜みを身につけた。戦後にも積極的に教育をうけ、教育界で活躍、看護や貧困者の救済にも尽力した女性がいた。

山本八重——同志社女学校

砲術師範山本権八の娘の山本八重は自宅で砲術を学び、会津戦争の籠城戦でもスペンサー銃を肩にして戦ったが、敗戦後は銃を捨て、一八七一（明治四）年には母とともに兄の住む京都にのぼり、女紅場（京都府立高女の前身）の舎監兼教師となった。二八歳のときである。砲術とともに『日新館童子訓』を暗記したというような家庭教育もうけていたからであろう、舎監兼教師をつとめることができた。すでに川崎尚之助と離婚していた八重は一八七六年にキリスト者の新島襄と結婚、みずからも洗礼をうけ、兄と襄の設立した同志社の運営を助ける一方で、宣教師のアリス・スタークウェザーとともに同志社女学校（同志社女子大）を開設した。

四六歳で夫の襄を失った八重は発足まもない日本赤十字社の正会員となり、看護学校の助教師として後進の指導にあたった。日清戦争が勃発すると、看護婦となり、篤志看護婦会の看護婦を率いて大本営の置かれた広島に出向き、陸軍予備病院で戦地で負傷して運ばれてきた傷病兵の看護に従事した。若松の籠城戦で野戦病院となった城内に運ばれてくる将兵の悲惨さを見てきた経験が、八重を軍隊の看護活動にむかわせたのだろうか。日露戦争のときには六一歳になっていたが、大阪の陸軍予備病院で傷病兵の看護にあたっている。

海老名リン――若松幼稚園・会津女学校の創設

会津藩士日向新介の娘のリンは会津藩の海老名季昌《すえまさ》と結婚したが、家老だった季昌が三島通庸福島県令の下で郡長から東京の警視庁の用度課長となると一緒に上京した（二八四頁）。東京でキリスト教の感化をうける。夫の季昌からは猛反対されたが信仰を貫いて霊南坂教会で受洗、矢島楫子《かじこ》が会頭であったキリスト婦人矯風会の副会頭に就任、また、湯浅初子が経営していた幼稚園をひきつぐ。矢島楫子も湯浅初子も横井小楠とのつながりがある女性である。楫子は小楠の弟子と結婚したが離婚、その後教員となり、洗礼をうけた。楫子の姉の久子も小楠の高弟の徳富一敬と結婚、その子が初子であり、弟に徳富蘇峰、徳冨蘆花が生まれた。

一八九二（明治二五）年にリンは若松に帰郷、甲賀町に私立若松幼稚園を、翌年には西栄町に私立会津女学校（現福島県立葵高等学校）を設立する。福島県における幼児教育と女子教育の先駆者となった。キリスト教に反対をしていた夫もキリスト教に導いた。

瓜生岩子——貧困児童の救済事業

瓜生岩子《うりゅういわこ》は藩士の子ではない。藤樹学の地である喜多方の油商の娘に生まれた瓜生岩子は一四歳のとき若松に住む叔父の会津藩医師山内春瓏に預けられ、和漢の学と仏教に通じた叔父に学ぶ。春瓏は古川春英の師でもある。

岩子は一七歳で若松で呉服商と結婚、夫とは死別したが、戊辰戦争では敵味方の区別のない救済に奔走する。「日本のナイチンゲール」とよばれた。戦後は民政局に要望した学校設立の願いが許可され、私財を投じて郷里の小田付村（喜多方市）に幼学校を設立した。学制以前である。

その後上京して貧民救済の事業を学び、福島にもどり、貧困児童の教育と貧困者の救済に尽力した。三島通庸県令の知遇もうけ、一八九一年若松、喜多方、坂下に貧困者の子供を養育する育児会を設立した。岩子の好んだ言葉が「仁慈隠惕《じんじいんてき》」、他人の不幸を平気で見ていられないということ。孟子の「忍びざるの心」「惻隠の情」である。儒教の仁の精神が喜多方の商人の子にも受け継がれ、実践されていた。

第15章　明治を生きた会津藩士の子弟たち

会津藩を失った旧会津藩士は子弟のために塩川に仮日新館をつくり、斗南には日新館を再興した。東京の増上寺には斗南藩学校をもうけた。沼間守一が土佐藩邸にひらいた塾や静岡藩の静岡学問所に学ぶものもいた。多くの藩士の子弟は親からの仕送りはなく、食事にも事欠いたが、学問修業はやめなかった。苦学はつづくが東京や横浜の英語塾などに学び、大学南校や東京大学、工部大学校、陸軍士官学校、海軍兵学校、慶応義塾などに進学した。アメリカに留学するものもいた。そこから教育界や陸海軍、官界にも飛び立つ。会津にたいする差別にもひるまず、権力者に阿《おもね》ることなく、教育が大切という会津藩士の伝統を受け継いで、逆風のなかを凛然として生きた。嘘をつかない、卑怯なふるまいはしない、弱いものはいじめないという「什の掟」を忘れなかった。

1　教育の世界に生きた人々

山川健次郎――東京帝国大学総長

落城後一五歳の山川健次郎も戦争後猪苗代の謹慎所に収容された。しかし、秋月悌次郎の手引きで白虎寄合一番隊士だった小川亮《りょう》とともに猪苗代を脱出、秋月の知己だった長州の奥平謙輔の書生となって佐渡と新潟で勉学に励み、奥平にしたがって上京できた。健次郎が落ち着いた長州藩の江戸屋敷の長屋の二階には暗殺された大村益次郎の後任として兵部大輔となっていた前原一誠がいた。前原は大村の徴兵制（国民皆兵）に反対して木戸孝允と対立、萩に帰るが、健次郎は前原から『老子』『荘子』『韓非子』と荻生徂徠の書を贈られた。奥平も前原と萩にもどる。

その後、健次郎は増上寺の徳水院に設けられた斗南藩学校に入学する。食事も満足にとれなかったが、向学心に燃える若者にはありがたかった。ところが斗南藩学校が四カ月で閉鎖されてしまう。そこで、沼間守一の土佐藩邸の塾の書生となる。土佐の谷干城の沼間への好意による塾であった。柴四朗、赤羽四郎と同席だった。会津では軍事訓練をしていた沼間だったが、ここでは英語と数学を教えた。兵学にしても物理学にしても基礎は数学だ、とその重要性を教えてくれた（星亮一『山川健次郎伝』

一四〇頁）。健次郎はここではじめて九九を知り、幾何学と代数学を習った。多くの生徒がそうであったように、日新館では選択科目の算術を武士の学でないとして習っていなかったのである。ご飯と香の食事にありつけた。オアシスであった。

大学南校への入学を希望していた健次郎であったが、高額な授業料のため断念せねばならなかった。そこで、開拓使次官黒田清隆が開拓のための国費留学生を募集、薩長両藩のほか斗南藩と庄内藩にも各一名を割り当てると、健次郎はそれに応募、留学生に選ばれた。一八七一年に渡米、エール大学に入学して物理学を専攻した。富国強兵の基礎は科学にあるとの考えからの物理学の専攻であった。

帰国後は開拓使ではなく、物理学を修めた日本人は皆無だった東京開成学校（大学南校を継承、翌年東京大学に改編）に教授補で奉職する。一八七九（明治一二）年には日本人初の物理学教授となり、田中館愛橘や長岡半太郎を育て、東京帝国大学理科大学学長をへて一九〇一年、東京帝国大学総長に就任する。

官界・政界や軍隊では差別されていた会津藩から教育界の頂点にたつ人間があらわれた。兄の浩も軍人としては少将どまりだったが、一八八五年にはもうひとつの教育界の頂点である東京高等師範学校と女子高等師範学校の校長に就いていた。一九〇五（明治三八）年、健次郎は戸水事件で総長を辞任するが、翌々年には安川財閥を設立した安川敬一郎の懇請で戸畑に工業教育をかかげた明治専門学校（戦後官立に移管、九州工業大学）を開校、初代総裁（校長）に就任、一九一一年には明治専門学校総理を兼任で九州帝国大学初代総長となり、一九一三年には東京帝国大学総長に再任された。一九一四年には京都帝国大学で沢柳政太郎総長と学部教授会が人事をめぐり対立、沢柳総長が辞職に追い込まれると京都帝国大学総長も兼任した。

山川はなによりも教育者であった。総長を退いたあとにも、小学校、中学校、師範学校、高等学校、専門学校で全国行脚の講演をおこなっている。一九二三（大正一二）年には三〇回におよんだ。その内容は「日本の現状」や「武士道」など警世の論であった。一九二六年、七三歳のときには私立武蔵高等学校（現武蔵大学）の校長もひきうけている。

東京帝国大学総長に就任した翌年に兄の浩とともにとりくみはじめた『京都守護職始末』を一九〇二（明治三五）年に完成させる。孝明天皇が容保の忠誠に感謝する旨をのべた「御宸翰」が掲載されている（一七四頁）。会津藩は孝明天皇の信頼をうけていたことを明らかにするもので、尊王論者による討幕と明治維新の成就という薩長史観を否定する書となる。公表には慎重にならざるをえなかったが、同趣の内容である北原雅長の『七年史』が一九〇四年に出版されたので、世に出すことに憂慮はいらなくなった。原稿の完成から九年、一九一一（明治四四）年に旧会津藩士に配布するという形で刊行した。健次郎が主体の共著であったが、著者は兄山川浩とされた。

高嶺秀夫――東京高等師範学校校長

山川建次郎と同年、日新館で神童と呼ばれ、容保の小姓となった高嶺秀夫も猪苗代で謹慎、東京に送られた。だが幽閉先を脱けだし、新発田藩士大野倹次郎の漢学塾や福地源一郎の英語塾、それに沼間守一の塾や箕作秋坪の塾にも英語を学び、一八七一年、一八歳のとき英語に専念しようとして慶応義塾に入学、翌年には英語教授として教壇にたった。

一八七五年には文部省の派遣留学生としてニューヨーク州オスウィーゴー州立師範学校に留学がかなった。そこで最新の教育学であるペスタロッチの開発主義の教育学を修める。記憶中心の教育を否定、生徒の自発性を重視する開発教育である。そのほか、留学中に博物学、心理学、生物学も修め、生物学ではダーウィンの進化論も学ぶ。

帰国後は東京師範学校に勤務、開発教育の実践に尽力した。山川が物理学の弟子を育てているとき、高嶺は各地の師範学校で教師となる教育学の専門家の養成にあたっていた。

高嶺も山川浩の後を継いで東京師範学校・東京高等師範学校校長に就する。森有礼の提案による行軍旅行に抵抗、学術研究の要素を入れた修学旅行に変更している。東京女子高等師範学校校長ともなり、東京美術学校校長と東京音楽学校校長も兼任した。

若松賤子――明治女学校の教師、『小公女』

山本八重は京都でキリスト教に入信、女子教育に生きたが、若松賤子《しずこ》は横浜でキリスト教者となり、女学校の教師となった。

会津藩士松川勝太郎の長女に生まれ、甲子の年生まれだったので甲子《かし》と名づけられた賤子は、戊辰戦争後、若松にいた横浜の商人大川甚兵衛の養女となり、横浜のメアリー・キダーの英語塾（フェリス・セミナリー、のちのフェリス女学院）に学び、在学中に横浜海岸教会で受洗した。卒業後キダーの英語塾で教えたが、一八八七（明治二〇）年、明治女学校校長の巖本善治《よしはる》と結婚、明治女学校の教師となった。

そのかたわら巖本善治の主宰する『女学雑誌』に多くの作品を若松賤子名で発表した。若松うまれの「神のしもべ」の意である。一八九〇年に発表したバーネット夫人の『小公女』（一八八六年原作）の翻訳は名訳との評をえた。岩波文庫に収められている。『女学雑誌』『国民之友』に創作を載せた。小説『お向ふの離れ』、翻訳小説『忘れ形見』などがある。横井小楠のつせ夫人を世に紹介もした。

山川捨松――アメリカ留学

山川浩、健次郎の妹。幼名はさき。八歳で家族とともに籠城戦を経験した。一八七一（明治四）年、一二歳のとき岩倉使節団で津田梅子ら五人とともにアメリカに留学する。五人全員が佐幕派の藩出身であった。このとき、母のえんは一度捨てたが帰国を待つ（松）との思いで「捨松」と改名した。

コネチカット州に住む組合派の牧師ベーコン家に寄宿、ベーコン牧師から洗礼をうけた捨松はニューヨーク州のヴァッサー大学に入学、英語だけでなく、フランス語、ドイツ語に通じるとともに、幅広く学問を修めた。なかでも得意な科目は生物学だった。卒業記念講演者に選ばれ、「ニューヨークタイムズ」「シカゴトリビューン」にとりあげられる。卒業後はコネチカット看護婦養成学校に通い、上級看護婦の免許をえた。

一八八二年に帰国、大山巌から求婚（後妻）される。薩摩藩士で会津戦争では砲兵隊長として小田山から鶴ケ城を砲撃した大山である。山川家は即座に断ったが、大山の従兄弟の西郷従道が山川浩と交渉、一八八四年に結婚が成立する。女子教育に貢献するというのが夢であった捨松は、結婚の翌年、学習院（一八七七年開学）から華族女学校が独立するときには設立委員となり、津田梅子らの招聘につとめた（のち華族女学校は学習院に再統合される）。津田梅子の女子英学塾（のちの津田塾大学）の設立にさいしては理事として運営を全面的に支援している。

コネチカット看護婦養成学校での修学を生かして、山本八重も会員となった篤志看護婦会を結成、理事として活動、看護婦の地位向上に尽力した。日露戦争のときには、東京の病院で傷病兵の看護にあたった。

捨松の姉のなかで梶原平馬の妻となったが離婚した長女の二葉《ふたば》は校長高嶺秀夫の紹介で東京女子高等師範学校の舎監となる。三女の操《みさお》も夫の小出光照が佐賀の乱で戦死した後、ロシアに留学してフランス語を習得、帰国後は明治天皇のフランス語通訳兼昭憲皇太后付女官となった。

2　陸海の軍人となった人々

柴五郎──陸軍大将

柴五郎は落城のとき一〇歳、日新館に入学したばかりの少年であった。会津戦争では祖母・母・兄嫁・姉妹が自刃している。父と二人の兄の五三郎と四朗に連れられ江戸に送られた五郎は小川町の講武所に収容され、そこで伊沢清次郎に素読を、佐藤美玉軒（忠太）に『論語』の教えを授かった。会津戦争では会津藩を支援した開成所教官の林正十郎の口利きで講武所から脱走して静岡藩の沼津兵学校に入学する手筈となっていたのだが、警備が厳格となって実行がむずかしくなり、土佐藩邸の学僕となった（石光真人編『ある明治人の記録』五二頁）。斗南藩の成立で父と長兄太一郎に連れられ品川から蒸気船で斗南に向い、極寒のなかで極貧の生活を送る（兄の五三郎と四朗は勉学のため東京に残留）。斗南に設立された日新館でふたたび伊沢清次郎に福沢諭吉の『世界国尽』『西洋事情』『窮理図解』なども学び、黒沢亀之助（宮城収太郎）からは漢籍の素読を習った。

廃藩のあとは青森県大参事野田豁通《ひろみち》の家僕となった後、一八七二年六月肥前大村藩出身の大蔵省役人長岡重弘に同行して上京、その道中には長岡の従者から算術と読書を習った。東京では安場保和《やすばやすかず》の留守宅の下僕となることができた（『ある明治人の記録』八五頁）。野田も安場も元熊本藩士で横井小楠の門下生、二人には会津への差別意識はなかった。

陸軍に移った野田から陸軍幼年生徒隊（陸軍幼年学校の前身）の受験をすすめられた五郎は、安場宅に出入りする書生の助けをうけ、受験勉強に励む。安場が落馬で重症を負い、山川浩宅の書生となるが、ほどなくして山川は西南戦争に出征した。そのとき山川は「芋（薩摩）征伐仰せ出さる、めでたし、めでたし」とのべたと五郎は日記に記している（『ある明治人の記録』一三四頁）。

一五歳の柴少年は陸軍幼年生徒隊（翌年、陸軍幼年学校となる）に合格、ABC《アーベーセ》からフランス語を習い、進学した陸軍士官学校では砲兵術を専攻した。同期には後の上原勇作元帥、秋山好古《よしふる》大将らがいた。

柴中佐は、日清戦争に出征して北京に駐在中、一九〇〇年に外国人を排外しようとして北京の公使館を包囲、攻撃した義和団の乱が起こると、指揮官として各国の多数の居留民を守る。各国政府からその武勇が称賛され、ビクトリア女王をはじめ各国から勲章が授与された。陸軍は薩長閥、会津出身は少将までとの不文律のなか、一九一九年に陸軍大将になった。

陸軍きっての中国通であった柴五郎大将は、日中戦争について「中国という国はけっして鉄砲だけで片づく国ではありません」「この戦いは残念ながら負けです」と語っていた（『ある明治人の記録』一三九頁）。太平洋戦争の敗戦では身辺に整理をした九月一五日に自決をはかったが、老齢のため刀に力が入らず、自決を果たせなかった。だが、一二月にそのときの傷が悪化して死亡する。

晩年に書かれた柴五郎の遺書は戊辰戦争後の会津藩の歴史を伝える貴重な記録となった（野田豁通の甥の石光真人によって『ある明治人の記録』として編集され、出版された）。私たちは山川浩の『京都守護職始末』とともにこの書から苦難を生きた会津人の生の声を聞くことができる。

小川亮――工兵大佐

山川健次郎とともに猪苗代の謹慎所を脱出、奥平謙輔の書生となった小川亮は上京後、軍人の道を歩んだ。佐賀の乱がおこると谷干城に従って鎮圧にあたる。その翌年には陸軍士官学校に入学、西南戦争がおこると、工兵少尉で出征した。日清戦争では台湾にも出征する。工兵大佐に昇任したが、四九歳で早世した。

出羽重遠――海軍大将

出羽重信の子の出羽重遠《しげとお》は会津戦争のとき一三歳、父が寄合の下級武士だったため日新館には入学できず、北学館の生徒となった。容保が京都守護職となると父が松平家御用掛となったので連れられて上京、秋月悌次郎に学んでいる。戦後、増上寺の斗南学校に学ぶが、斗南に移住、そこで広沢安任の紹介で静岡学問所の教員となった林三郎（元会津藩士）に託され、林の学僕となり、棕櫚網の内職をしながらの静岡学問所で苦学をつづけ、静岡学問所が閉鎖されたあと一八七二（明治五）年に当時横須賀にあった海軍兵学寮（一八七六年海軍兵学校に改称）を受験して合格、一八七九年に第五期生として卒業した。

オーストラリアに遠洋航海、その後、東郷平八郎中尉から軍艦「扶桑」で訓練をうけた。日清戦争では西海艦隊参謀長、日露戦争では第三戦隊司令官として日本海海戦で活躍、会津の先輩角田秀松の一〇年後連合艦隊司令官に就任した（二七〇頁）。一九一二（明治四五）年に海軍大将となる。それまで有栖川宮威仁《たけひと》親王（有栖川宮熾仁親王の異母兄弟）をのぞく一三人の海軍大将はすべて旧薩摩藩出身であった。それも賊軍・会津の出身の出羽が大将となる。

3　政官財界の人たち

柴四朗――『佳人之奇遇』、農商務次官

柴五郎のすぐ上の兄で、会津戦争のとき一六歳で白虎隊に編入されながら病床にあって戦場に出られなかった柴四朗は、戦後増上寺の斗南藩学校に学び、ここが四カ月で閉鎖されると、沼間守一が土佐藩邸に開いた英語塾に入った。多くの会津藩士の子弟が学んだ学校と塾である。

会津戦争には出陣できなかった四朗だが、西南戦争では山川浩の下で参戦、そこで谷干城に見いだされて一八七九（明治一二）年に渡米、ハーバード大学とペンシルバニア大学で政治学と経済学を研究した。一八八五年に帰国すると東海散士《とうかいさんし》の名で『佳人之奇遇』を発表、文名をあげた。政治家としても第二回の総選挙以来、当選は一〇回におよび、大隈・板垣内閣の農商務次官に就任している。

西川鉄次郎——函館・長崎控訴院長

西川鉄次郎も寄合の子、一六歳で白虎寄合二番隊士となった。一八七〇年家族とともに斗南に移住したが、単身沼津に赴き、静岡藩の沼津兵学校の教授宅に寄食して付属小学校に留学、翌年には大学南校に進学した。開成学校をへて東京大学法学部（一期生）を首席で卒業、外務省、内務省、文部省に入省、このころイギリス法律学校（中央大学）の創立にかかわる。その後、司法官となり、水戸、横浜地方裁判所長、函館、長崎控訴院長、大審院判事を歴任した。控訴院は現在の高等裁判所、大審院は最高裁判所にあたる（『旧幕臣の明治維新』一〇八頁）。

池上三郎——函館控訴院検事長

会津戦争のとき一四歳、籠城戦を体験した池上三郎は一家で上窪《かみくぼ》村（喜多方市塩川町）に住む肝煎の鈴木家に寄寓、弟の四郎とともに塩川の仮日新館に入学、井深梶之助と一緒に学生取締りを命じられた。家族は斗南で開拓に従事したが、廃藩後上京して福地源一郎の塾、慶応義塾、横浜の高島学校で学び、福地の東京日日新聞の記者となった。そこで法学を勉強、司法省に入り、各地の検事をへて函館控訴院検事長に就任する。三郎の兄の友次郎は鳥羽・伏見の戦いで戦死。

池上四郎――大阪市長

池上三郎の弟の池上四郎も兄と一緒に籠城し、兄とともに塩川の仮日新館学び、斗南に移った。廃藩後は、兄をたよって上京、四谷に住む横浜正金銀行（後の東京銀行）の柳谷卯三郎の書生となり、夜学などに学ぶ。

一八七七（明治一〇）年に警視庁巡査となり、下谷・神田の警察署長、兵庫県から大阪府の警察部長となり、大阪市長に就任した。大阪の都市つくりに尽力、「名市長」といわれた。

赤羽四郎――スペイン公使

御旗奉行であった赤羽庄三郎の子の赤羽四郎も会津戦争のとき日新館の生徒で、籠城戦を経験、柴四朗とおなじく増上寺の斗南学校から沼間守一の英語塾に学んだあと、一八七二年アメリカのエール大学に留学した。帰国後は東京大学予備門の教諭、その後外務省にはいった。ドイツ、ロシア、オランダに駐在、外務大臣秘書官を経験、スペイン公使に就任する。

林権助——駐英大使

鳥羽・伏見の戦いで大砲奉行であった林権助とその子の林又三郎は戦死、日新館に入学してまもない又三郎の長男の林権助（祖父と同名）が家督をついだ。権助は会津戦争では若松城に籠城、戦後は斗南に移るが、母と上京、一時は海軍にいた元会津藩士の角田秀松のやっかいになった。その後なく権助を庇護してくれたのが、会薩同盟で祖父と知り合いで会津戦争では砲兵として会津城を攻撃した元薩摩藩士の児玉実文《さねぶみ》であった。大学予備門から東京帝国大学をへて外務省に入省、駐韓公使のとき日韓併合に尽力、駐中公使ののち駐英大使に就任した。児玉が早世すると権助は児玉の遺児の学業の援助をしている。

飯沼貞吉——仙台逓信管理局工務部長

飯沼貞吉は白虎隊士中二番隊の一員。一五歳であったが一六歳と偽って白虎隊に入隊し、戸ノ口原に出撃した。二〇人の仲間と飯盛山で自刃した（二〇〇頁）。しかし、会津藩士印出《いんで》新蔵の妻に助けられて一命をとりとめる。

貞吉も海軍大将となった出羽重遠とともに静岡学問所の林三郎に託されて静岡学問所に留学、その後、工部省の技術教場に入所して、電信技師となった。日清戦争では陸軍歩兵大尉で出征する。仙台逓信管理局工務部長となり退職。晩年は仙台に住み、当地で永眠、墓地は仙台の輪王寺にあるが、一九五七年仲間の眠る飯盛山に墓碑が建てられた。

南清——阪鶴鉄道社長

南舎人の子の清は仮日新館に学び、上京して神田孝平、箕作秋坪に英語を習って慶応義塾に入学、工部省に出仕、在職のまま工部大学校の学生となった。土木科を第一期生として卒業、グラスゴー大学に留学する。志田林三郎《りんざぶろう》（電気工学者）、高峰譲吉（化学者）と一緒であった。

会津人にはめずらしく実業の世界に入った。山陽鉄道の技師長兼建築課長となり、その後、大阪から福知山をへて舞鶴をむすぶ阪鶴鉄道の社長に就任した。

丹羽五郎——「丹羽村」

丹羽《にわ》五郎の父の族《やから》は会津戦争で八〇里越の兵糧総督での責任をとって自刃、五郎の従兄弟の永瀬勇次と有賀織之助も白虎隊に入隊、自刃している（二〇二頁）。一七歳だった五郎は藩主の喜徳の側に仕えていたので白虎隊に入隊できなかったのを悔しがっていた。

五郎は警視庁に入り、西南戦争では抜刀隊の小隊長として田原坂で薩摩軍と戦ったが、しかし、神田和泉橋警察署長を最後に警察生活に区切りをつけ、一八九一（明治二四）年、四〇歳のときに北海道に渡り、開拓を目指した。場所は江差の利別平野、猪苗代を中心とする四九人とともに移住して、「丹羽村」を開村、小学校や郵便局も開設した（久遠郡せたな町）。会津各地や宮城県の人々も入植、一九一三（大正二）年には二七六戸、一三八〇人あまりの村となった。

4　研幾堂の門人たち

自由民権運動家

会津藩士の子弟ではないが、日新館の医学寮で医学を修めた渡部思斎が一八六六（慶応二）年に越後街道の野沢宿（耶麻郡西会津町）で開いた私塾研幾堂《けんきどう》の門人たちも見落とすことができない（『西会津町史・2』一八二頁）。ここで思斎は、医学だけでなく、法政・経済・文学も教える。日新館は廃され、藤樹学の時代も終わっていた会津にも新しい時代の学習の場が生まれていた。ここから、自由民権運動の指導者で愛身社《あいしんしゃ》の発起人となり県会議長に就いた山口千代作をはじめ、三方道路建設反対運動を指導した県会議員の小島忠八《ちゅうはち》のほか石川市十郎、満田《みつだ》虎八ら、県令の三島通庸と闘った自由民権運動家らが育った（三一六頁）。

野沢雞一、渡部鼎、石川暎作

研幾堂の門人の野沢雞一《けいいち》、渡部鼎《かなえ》、石川暎作《えいさく》らは会津を離れて、学問を修め、各界で活動した。野沢は京都の会津藩洋学校に学び、鳥羽・伏見の戦いに加わったため京都薩摩屋敷に幽閉されたが、同囚の山本覚馬のために「管見」を口述筆記している（三一八頁）。さらに大阪開成所（大阪舎密局の後身）から横浜の修文館に学び、修文館では星亨の知遇をえて弁護士となり、エール大学に留学して帰国後は福島・喜多方事件で弁護活動にあたった。

思斎の長男で父に師事した渡部鼎は野沢をたよって横浜に向かい、高島学校をへて、南校に入学、軍人となって西南戦争に従軍、その後カリフォルニア大学医学部に留学、帰国後は若松に会陽医院を開業、そこで野口英世の手を手術、英語と医学を教えた。衆議院議員にもなる。

石川市十郎の子石川暎作は高島学校と慶応義塾に学び、嚶鳴社が発行した『東京経済雑誌』の編集に関わる。二九歳で夭折したが、アダム・スミスの『国富論』の翻訳にとりくんだ。

日新館の教育はこのような広がりももっていた。三人が学んだ修文館や高島学校は横浜に上陸した宣教師のブラウンやバラも教えた学校である。つぎの章で説明をする。

第16章　キリスト教主義教育——山本覚馬と井深梶之助

一八七三年にキリスト教が解禁されると、幕臣や佐幕の藩の藩士を中心にアメリカ人のプロテスタントの宣教師から洗礼をうけるようになった。キリスト教は儒教の延長、より発展した宗教とみられていた。鳥羽・伏見の戦いで捕虜となったとき書いた建白書が認められて京都府に登用された会津藩士の山本覚馬は、アメリカから帰国したキリスト者の新島襄とキリスト教主義の学校の同志社を創設した。塩川の仮日新館に学んだ井深梶之助は横浜で宣教師のブラウンが開いていた英語塾の学僕となって英語を習い、洗礼もうけ、神学と英語の学校であった明治学院に学び、ヘボンをついで総理に就任した。明治政府は西洋の技術文明を導入することで富国強兵につとめたが、ふたりをふくめ明治のキリスト者はキリスト教主義教育による「人格の完成」が真の国家の改造を可能にすると考えていた。

1　アメリカ人宣教師と教師の布教活動

横浜での布教活動

一八五八（安政五）年の日米修好通商条約の調印によって神奈川（すぐに南隣の横浜に変更）・箱館（函館）・新潟・兵庫・長崎が開港されるとアメリカのプロテスタント教会を中心にキリスト教の各宗派が宣教師を日本に派遣した。しかし、なおキリスト教は禁制、そこで、アメリカ人のために日曜礼拝をおこなうほか、日本人のために英語塾を開いた。英語塾では教材に聖書も教材につかわれた。塾生はキリスト教を知ることになった。

前にものべたように、開港の翌年には米国聖公会（イギリス国教会系）のJ・リギンズとCh・M・ウィリアムズ、それに米国オランダ改革派教会のG・F・フルベッキが長崎に来航した。米国長老教会のヘボン夫妻につづき、米国オランダ改革派教会のS・R・ブラウン、D・B・シモンズが横浜に着いた。一八六一年にはブラウンに感化され米国オランダ改革派教会のJ・H・バラも横浜に来航、ヘボン、ブラウン、バラは横浜で私塾を開くとともに、神奈川奉行所が設けた英学所で英語を教えた（一六五頁）。ヘボンは診療にもあたり、和英・英和辞典の編纂、聖書や宗教書の和訳にも尽力した。

修文館と横浜学校

幕末に奉行所によって横浜に設立された漢学教育の修文館と英語教育の英学所は維新後に神奈川県の所管となって存続、一八六九（明治二）年に両校は合併して英語専門の修文館となった。ブラウンはいったん帰国したが、再来日して修文館で教えた。そこで、佐藤昌介、宮部金吾、小野梓、井深梶之助らが本場の英語を学ぶ。

公的な学校の修文館とは別に、一八七一年に横浜の実業家の高島嘉右衛門《かえもん》が英語、フランス語、ドイツ語と算術を身分や貧富をとわず学べる私立の高島学校（正式には藍謝堂《らんしゃどう》）を伊勢山下と入船町（西区みなとみらい）に設立した。教授陣には外国人教師と慶応義塾の卒業生が招かれた。J・H・バラも英語を教えたが、宣教活動に専念するようになると一八七二年に弟のJ・C・バラが来日、高島学校の英語教師になった。宮部金吾や岡倉天心がここに学んでいる。

「学制」が制定されると、一八七三（明治六）年には修文館と高島学校は合併、横浜市学校となったが、同年、校舎を野毛山に移し、校名も修文館にもどした。修文館は一八七六年まで存続した（『神奈川県教育史・通史編・上』三九一頁）。

横浜バンド

ブラウンは一八七三（明治六）年に修文館を辞任、山手の自宅（横浜共立学園の隣）にブラウン塾を開設した。バラ塾の塾生であった押川方義、植村正久もブラウン塾に移った。修文館からは白石直治（のち土木学会会長）、前田利嗣（加賀藩一五代当主）らが移った。昌平黌に学んだ幕臣の子の島田三郎も入門した。

一八七三年にキリスト教が解禁されるが、その前年に米国長老派教会と米国オランダ改革派教会によって日本基督公会（現横浜海岸教会）が設立され、J・H・バラとブラウンから、押川方義《まさよし》、植村正久、本多庸一、井深梶之助らが洗礼をうけた。彼らは横浜バンドとよばれる。

幕府崩壊後の一八六九年に東京の築地に居留地がつくられると、立教学校や東京英学校（青山学院の母体のひとつ）などの英語学校や神学校が築地に設立されたがヘボン塾の助手であった宣教師のクリストファー・カロザースは一八七四年築地に英語塾を開く。この英語塾は築地大学校となり、一八八〇年から東京一致英和学校と称された。尾崎行雄、真野文二、鈴木舎定《いえさだ》、戸川安宅《やすいえ》、原胤昭《たねあき》らが学んでいる。一八七七年日本基督公会を継承、スコットランド一致長老教会も加わって、日本基督一致教会とともに東京一致神学校が築地にされると、横浜のブラウン塾で学んでいた塾生も東京一致神学校に移った。一八八六年には東京一致神学校は東京一致英和学校と神田淡路町にあった予科の英和予備校が合併、明治学院となる。

若松賤子が学び、教えたヘボン塾の女子部は横浜に残った。ブラウンが再来日のとき同行して来日したメアリー・キダーはヘボン塾の女子部を独立させて、一八七五年横浜山手町にフェリス女学院となる英語塾（フェリス・セミナリー）を開いた。

熊本バンドと札幌バンド

熊本では横井小楠の影響のつよい実学党が実権を握った熊本藩が一八七〇年に設立した熊本洋学校は熊本県に移管されて存続、一八七一年にフルベッキの斡旋でアメリカの退役軍人のL・L・ジェーンズが教師として招聘された。ジェーンズは英語で数学・理科・地理・歴史などを教えるとともに、自宅では聖書講読をおこなうようになった。一八七六年一月には、小崎弘道、金森通倫《みちとも》、海老名弾正《だんじょう》、徳富蘇峰、徳冨蘆花、横井時雄、浮田和民《かずたみ》ら生徒三五名が熊本市郊外の花岡山でキリスト教によって祖国を救おうする「奉教趣意書」に署名をした。彼らは熊本藩士と郷士の子弟たち、横井時雄は小楠の子である。熊本バンドの誕生である。それは保守派の批判をよび、ジェーンズは解雇され、熊本洋学校は閉鎖された。

ジェーンズが解雇された一八七六年にアメリカのW・S・クラークが北海道の札幌農学校の教頭に就任した。クラークはウイリストン神学校からアマースト大学とドイツのゲッティチンゲンに学び、アマースト大学の教授となって化学と植物学を教え、新設のマサチューセッツ農科大学長に就いていた。南北戦争に従軍した軍人でもあった。アマースト大学教授のとき、日本からの留学生ののちに同志社を創設した新島襄がおり、新島の要請をうけて来日した。

クラークは黒田清隆を説得、アメリカから運んできた聖書を一期生の生徒一五名にあたえ、毎朝授業前に聖書の授業をおこなった。生徒全員がクラークの作成した「イエスを信ずる者の誓約」に署名、生徒全員が函館にいたアメリカ・メソジスト監督教会の宣教師であったM・C・ハリスから洗礼をうけた。北海道帝国大学初代総長の佐藤昌介もその一人である。クラークは八カ月で札幌を離れたが、二期生も「イエスを信ずる者の誓約」に署名、内村鑑三（思想家）、新渡戸稲造（教育者）、宮部金吾（植物学者）らもハリスから受洗する。横浜の修文館に学んだ佐藤昌介と宮部金吾は札幌でキリスト者となった。札幌バンドの成立である。

横浜バンド、熊本バンド、札幌バンドが三大バンドといわれるようになる。日本のプロテスタントの伝道はアメリカ人宣教師と教師の活動にはじまった。

静岡での布教活動

静岡藩の静岡学問所では一八七一年に招聘されたラトガース大学出身のアメリカ人E・W・クラークが英語と自然科学を教えるとともに、解禁前であったが、寺院の宿舎ではバイブルクラス（聖書の学習会）を開き、そこに参加した中村敬宇は一八七二年に上京、英語塾の同人社を設立、バイブルクラスを開く。そこに毎週、横浜からカナダ・メソジスト教会の宣教師のジョージ・カックランを招き、中村敬宇はカックランから洗礼をうけた。のちメソジスト派の牧師となり、静岡教会で活動するようになる平岩愃保《よしやす》もカックランから受洗した。

静岡学問所が閉鎖されたあと、閉鎖に反対をしていたクラークは施設を利用して化学など教えていたが、東京開成学校に呼ばれる。クラークも自宅のほか同人社にバイブルクラスを開く。

その後静岡では榎本艦隊で蝦夷地に渡り、箱館戦争を戦った旧幕臣の人見勝太郎が静岡学問所の校舎を利用して英語塾の賤機舎《しずはたしゃ》を開くと、カナダ・メソジスト教会から医師で宣教師のD・マクドナルドが派遣された。マクドナルドはクラークをうけついでバイブルクラスをはじめるとともに、静岡教会（静岡市葵区西草深町）も設立した。マクドナルドが一八七八年に帰国するまでに一二九人が洗礼を受けた。ほとんどは静岡に移った旧幕臣である。山中共古《きょうこ》、土屋彦六らの牧師、「国民之友」「国民新聞」で筆をふるった評論家の山路愛山《やまじあいざん》らがいる。横浜、熊本、札幌とならび、静岡バンドといわれる。

沼津兵学校の付属小学校は沼津中学校となるが、ここにはマクドナルドの紹介でカナダ・メソジスト教会の宣教師J・ミーチャムが英語教師として招聘され、校長の江原素六と教師の中川善重と末吉択郎らが洗礼をうける。江原素六は沼津兵学校の運営者のひとりであり、中川と末吉は沼津兵学校の修学者であった。沼津兵学校の関係者も静岡バンドの一角を形成した（樋口雄彦『旧幕臣の明治維新』一五七頁）。中村敬宇の同人社でカックランから洗礼をうけた中村敬宇や平岩愃保《よしやす》も静岡バンドの仲間といえる。

幕臣と佐幕派のキリスト教信仰

明治の初期、キリスト教への信仰をもとめたもののほとんどが士族、しかも、多くが政権から追われた幕臣や佐幕の旧藩士であった。横浜バンドの植村正久、島田三郎、奥野昌綱らは政権を追われた旧幕臣である。築地大学校に学び、キリスト者となった戸川安宅、原胤昭も幕臣だった。山路愛山をふくむ静岡バンドの山中共古、土屋彦六、それに中村敬宇は江戸を追われ、静岡藩士となった旧幕臣である。

押川方義の伊予松山藩は佐幕の藩、井深梶之助の会津藩はもちろん佐幕である。内村鑑三の高崎藩も佐幕、新渡戸稲造の盛岡藩は奥州越列藩同盟の指導的な藩として新政府と戦った。同人社にも学び自由民権家となった鈴木舎定も築地大学校のカロザースから洗礼をうけた。弘前藩士だった本多庸一は奥州越列藩同盟のために奔走、弘前藩が新政府軍に寝返ったとき、脱藩して、朝敵の庄内藩を助けている。熊本バンドを生んだ熊本藩は神風連の乱が生まれたように、薩長に遅れをとり、反政府的な空気の支配していた藩であった。

静岡バンドの山路愛山は『現代日本教会史論』で「植村正久は幕人の子にあらずや。彼れは幕人の総てが受けたる戦敗者の苦痛を受けたるものなり。本多庸一は津軽人の子にあらずや。維新の時における津軽の位置と、その苦心とを知るものは誰れか彼れが得意ならざる境遇の人なるを疑うものあらんや。井深梶之助は会津人の子なり。彼は自ら『国破れて山河あり』の逆境を経験したるものなり」とのべていた。さらに、キリスト教の信仰というのは薩長の政権に服することへの抵抗、精神的革命でもあったとして、「(キリスト教の信仰者は) 多く敗戦者の内より出たるはともに自然の数《すう》(なりゆき) なりきといわざるべからず」とのべていた (隅谷三喜男編『徳富蘇峰・山地愛山』三五〇頁)。

それはキリスト者となった愛山の心境でもあった。幕府天文方だった愛山の父は上野の彰義隊に参加、敗北後は榎本艦隊に乗船、五稜郭の戦いで新政府軍に捕らえられたので、祖父母に連れられて静岡に移住、困窮のなか私塾と「学制」で設立された小学校に通った。だが、一三歳のとき学資がつづかず、後は独学となる。その愛山の精神的支柱となったのが中村敬宇の訳した『西国立志編』、そんな愛山が静岡で出会ったのが、敬宇の同人社に学び、静岡教会の牧師となった平岩愃保《よしやす》であった。最初は英語を学ぶために教会に通ったのだが、キリスト教に入信した (坂本多加雄『山路愛山』一八頁)。

儒教とキリスト教

士族たちが藩校や私塾で学んでいた儒教はキリスト教と通い合う思想であった点も見逃せない。儒学者であった中村敬宇はキリスト教の愛と儒教の仁とに共通点をみて、「敬天愛人」を説いた (二二五頁)。山路愛山は敬宇の思想を「基督教化せられた儒教主義」と表現している (『山路愛山』二一頁)。

新渡戸稲造は『武士道』でその源流を儒教と見る「武士道」がキリスト教世界の騎士道との類縁性を語っており、内村鑑三は「武士道の台木にキリスト教を接《つ》いだもの、それは世界で最高の産物だ」(「英和独語集」) とのべ、『代表的日本人』では陽明学者の中江藤樹と陽明学にシンパシーをいだいていた西郷隆盛を高く評価した。陽明学にはプロテスタントに共通して内面的な倫理性の強調と人間の平等性の主張があった。キリスト教は儒教の延長、発展とみられていたのである。

封建体制で強調される忠孝という儒教倫理はキリスト教ときびしく対立する。キリスト教の側からも儒教の側からも対立的な性格が指摘された。しかし、孔子の儒教がほんらいは「仁」の教え、他人を思いやる思想であることを見過ごしてはならない。

自由民権運動とキリスト教

もちろんキリスト者となった幕臣や佐幕藩の藩士は一部である。沼間守一のようにヘボン塾に学びながら、キリスト者にはならなかった幕臣もいた。横浜の三兵伝習所に入所、戊辰戦争では会津藩を支援した沼間は、ジャーナリズム界に身をおき、嚶鳴《おうめい》社を結成して自由民権運動に参加した。

といっても自由民権運動はキリスト教と対立するものではない。薩長藩閥政権の「有司専制」の政治を批判、国会開設を要求した自由民権運動はキリスト教と同盟の関係にあった。共通して神の前に万人が平等であるとの観念に立ち、平等な社会をもとめた。キリスト教が信仰によるのにたいして、自由民権運動は学習による。学塾がつくられ、自由民権の思想と歴史が学ばれた。儒教の「修己治人」を継承、「自修自治」をモットーとする。教育が重視され、学習の場である学塾もつくられた。

福島県は自由民権運動の先進県で、「西の高知、東の福島」といわれた。高知県で立志社を結成した板垣退助にたいして、福島県には三春に生まれ、石川に石陽社《せきようしゃ》、三春に三師社《さんししゃ》を設立した河野広中がいた。会津でも喜多方地方の肝煎（豪農）を指導者にして運動が高揚、肝煎層の安瀬敬蔵《あんぜけいぞう》、宇田成一、山口千代作、中島友八らが愛身社を結成した。福島県の自由民権運動の弾圧を担って任命された三島通庸県令は一八八二（明治一五）年、農民に苛酷な労働を強いる会津三方道路の建設を強行して農民の暴動を誘発させ、自由民権運動の指導者と農民を逮捕した。福島・喜多方事件である。

しかし、肝煎層の農民とちがって、会津藩の士族は自由民権運動には消極的であった。苦難の生活のなかでは運動に参加する余裕がなく、会津藩を攻め滅ぼした板垣退助の指導する運動には参加しがたかったのである。参加者はごく一部の旧藩士であった。廃藩のあと、青森で本多庸一と「北斗新聞」を発行、自由民権運動に加わった小川渉は教育者となり、『会津藩教育考』を書き上げる。

横浜のブラウン塾に学び、J・H・バラから受洗した本多庸一は青森県にもどり、藩校を再興、東奥義塾を設置、自由民権運動を指導し、青森県会議員ともなった。その一方で、東奥義塾の宣教師イングの協力でメソジスト派の弘前教会を設立、伝道に尽力する。彼にも自由民権運動とキリスト教運動は異質のものではなかった。一八九〇年の衆議院選挙の候補者には自由民権運動の同志の菊池九郎に譲り、以後は教育と伝道に専念、青山学院院長に就任した。ブラウン塾に学んだ島田三郎も自由民権運動とキリスト教の運動に生きた。盛岡の自由民権運動を指導した鈴木舎定もキリスト者だった。沼間守一から東京横浜毎日新聞社長をひきついだ島田は嚶鳴社の幹部として立憲改進党の創立に参加、衆議院議員には連続一四回当選、議長にもなったが、一八八六年に植村正久から洗礼をうけた。足尾鉱毒と闘った田中正造とは最後まで盟友であった。この栃木の自由民権運動の指導者だった正造も受洗はしなかったが、谷中村で亡くなるまで新約聖書を身からはなすことがなかった。

さて、旧会津藩士にはキリスト教はどううけとめられたのか。すでにキリスト者となった山本八重、海老名リン、若松賤子、山川捨松を見てきた。会津藩士の子に生まれた四人の女性は会津を離れ、新しい土地でキリスト教に出会い、教育と福祉に力をそそいだ。

山本八重の兄の山本覚馬は京都でキリスト者の新島襄にであい、新島とともにキリスト教主義の教育をめざした同志社を創設した。日新館の学頭であった井深宅右衛門の子の梶之助は横浜で受洗、明治学院の総理となってキリスト教主義教育につくした。

2　山本覚馬

「管見」の提出

江戸で砲術を学び、日新館に蘭学所を開設した山本覚馬は、容保が京都守護職に任じられると上洛、京都にも洋学所を開き、禁門の変で奮闘したが、眼を患って失明した。鳥羽・伏見の戦いがはじまると薩摩軍に捕らえられて京都の薩摩藩邸に幽閉されたが、そこで、幽閉中の一八六八（慶応四）年六月に建白書の「管見《かんけん》」を同囚であった会津出身の野沢雞一に口述筆記させて、新政府に上申する（三〇五頁）。会津戦争の二カ月前であった。

「管見」はきたるべき時代にむけての国家論であった。政治体制ついては、天皇のもとでの三権分立をかかげ、当面は公卿・諸侯の大院と幕臣・藩士の小院からなる二院制議会を設立すべきとする。教育については、儒学よりも政治・経済・法律・医学に有用な学科を教え、女子にも男子と同様な教育をほどこすべきとする。経済については商業と製鉄業の振興をのべ、政治では郡県制と能力主義の官吏の登用を唱え、太陽暦・二四時間の時制採用などを提言している。

彼が「三傑」とよんでいた佐久間象山、横井小楠、勝海舟と京都で出会った西周に学ぶところが多かった。とくに、影響の大きかったのは、一度も会う機会のなかった横井小楠である。勝を通して公議政体論といった政治思想を学んだと見られている。議会制では横井小楠が一八六二年に著した『国是七条』の「大いに言路を開き、天下とともに公共の政をなせ」という公議政体論をうけついでいる。

山本覚馬の「管見」は薩摩藩の西郷隆盛や小松帯刀らを敬服させ、翌一八六九年には釈放されて京都府顧問に登用された。長州出身で木戸孝允の配下だった参事（のち初代府知事）の槙村正直の信頼をえて、天皇も公家も豪商も東京に去った抜け殻の京都の復興に尽力した。そこで「管見」の実現をめざしたのである。

京都の学校の整備

覚馬は槇村とともに学校の建設にとりくむ。京都府は「学制」に先駆けて一八六九（明治二）年に小学校六四校を設置した（二二七頁）。翌年には南磨綱紀も教えた京都中学校を開設する。英学、ドイツ学、フランス学の学校につづけて一八七二年には女学校の「女紅場《にょこうば》」がつくられた。若松に残した妻とは別れ、京都で時恵を後妻に迎え、母佐久や妹の八重や娘の峰とも生活を共にするようになった覚馬は自宅でも若い人たちを集め、政治・経済の講義をおこなっている。会津から覚馬を慕ってやってきた青年も自宅に住まわせ、歴史や時事を語り聞かせもした。妹の八重は「女紅場」の権舎長となる。

大阪では一八六九年に政府の方針で化学技術の研究と教育を目的とした大阪舎密局《せいみきょく》（洋学校・大阪開成所）が創設され、教頭に長崎の精得館の化学者ハラタマが就任、その仮病院（医学校）には覚馬が長崎で眼の治療をうけたボードインが再来日して勤務した。覚馬は大阪舎密局でハラタマの教えをうけていた明石博高《ひろあきら》を登用、京都にも舎密局を開所した。明石は一八七一年に産業の奨励を目的に京都博覧会も開催、その後毎年実施されるようになる。製革、養蚕、牧畜の事業にも力を入れた。明石博高は会津の日新館の蘭学所の学生だった（鈴木由紀子『ラストサムライ・山本覚馬』一一三頁）。

京都府での活動

公議政体論の潮流と自由民権運動の影響で全国各地に府・県会がうまれたが、京都でも一八七九（明治一二）年京都府会が発足した。覚馬は自由民権運動には参加しなかったが、府会選挙に立候補して当選する。他国の人間にもかかわらず府政での八年間の功績が認められたのである。自宅での講義に参加した弟子たちも政財界で活躍をはじめていた。

しかも、初代議長に選出される。ヨーロッパの議会に通じていた覚馬に期待が寄せられたのである。盲目でも弟子の丹羽圭介を書記として控えさせて議長をまっとうした。しかし、翌年には議会を無視する府知事の槇村正直と対決、府会議長、議員を辞職した。

キリスト者新島襄との出会い

一八七五（明治八）年、覚馬はアメリカン・ボード（アメリカ海外伝道委員会）の宣教師M・L・ゴードンからマーチンの『天道溯源』が贈られた。中村敬宇はこの漢文のキリスト教教義書に訓点をつけて刊行していた（二二七頁）。失明した覚馬は『天道溯源』を朗読してもらい、キリスト教には武士道を超える博愛人道の精神があることに開眼する（『ラストサムライ・山本覚馬』一六〇頁）。

おなじ年、アメリカン・ボードの一員となって帰国、勝海舟の紹介で京都にやってきた新島襄を知る。新島は奴隷制をみとめない、民主主義的な運営を特徴とする組合派の大学のアーモスト大学に入学、さらにアンドヴァ神学校に学び、アメリカで組合派の教会の宣教師となった新島は、その間欧米の文明のもとは教育にあるとみて、帰国の日には大学を設立、教育の任にあたろうとの誓いをたてていた。キリスト教の博愛人道の精神に感動し、キリスト教教育による新しい日本の建設を描いていた覚馬は新島の学校構想に共鳴する。西洋の技術文明による日本の変革ではなく、技術文明を支えている原理的な精神を教育することから日本を変革する。アメリカン・ボードの宣教師のD・C・グリーンとJ・D・デヴィスも理解をしめしてくれた。

同志社の創設

早速、学校設立のために自宅として購入していた旧薩摩藩屋敷（覚馬が幽閉されていたところである）を提供、一八七五年に同志社英学校を開設する。覚馬は社長（学長）の新島を結社人（理事長）として支えた。アメリカン・ボードの支援をうけた組合派教会の学校となるが、伝道を主たる目的としない。アーモスト大学もそうであったが、教養教育を重視した。それには新島の教育理念を支持するアメリカン・ボードのデヴィスが教師として協力をしてくれ、新島とともに講義を担当してくれた。授業科目は英学・支那学・算術・地理・化学・文明史・経済・聖書学であった。

開校の翌年、熊本洋学校でキリスト教徒のジェーンズから聖書の教育をうけ、花岡山でキリスト教の盟約を交わした小崎弘道、金森通倫、海老名弾正、横井時雄、浮田和民、徳富蘆花らは熊本洋学校が閉鎖されると同志社に加わった。暗殺された横井小楠の長男の時雄もいた。熊本バンドは京都に移った。熊本洋学校から東京英語学校に入学していた徳富蘇峰も同志社英学校に転入学した。

妹の八重は一八七六（明治九）年一月デヴィスから洗礼をうけた。京都での洗礼第一号だった。翌日新島襄と結婚する。八重はすでに川崎尚之助と離婚していた。彼女も自宅で女子塾を開き、二年後の一八七八年正式に同志社女学校を開校、それには母の佐久は舎監となって協力をしてくれた。このとき母佐久と前妻樋口うらとの間の娘の峰も新島襄から受洗する。同志社は布教を主目的とはしなかったが、山本家はキリスト者の一家となった。峰は横井時雄（のち同志社第三代社長）と結婚する。

覚馬はついに会津に帰ることがなかったが、会津からの入学者もあった。会津の自由民権運動のリーダーだった中島友八と民権運動に奔走、喜多方・福島事件では懲役六年の宣告をうけ、大審院に上告して無罪になった兼子常五郎は同志社に学び、卒業後は若松にもどり、牧師となった（高橋哲夫『福島民権家列伝』二一八一頁）。

大学設立の運動

府会議長を辞した覚馬は、襄とともに同志社の大学への昇格をめざす。官僚養成である東京大学（帝国大学）とは異なる、幅広い教養が学べる全人教育の大学があってよいと考えていたのである。一八八八（明治二一）年、大学設立の主旨を発表、徳富蘇峰は「国民之友」に掲載して、協力をしてくれた。その「同志社大学設立旨意」には「素より資金の高より言ひ、制度の完備したる所より言へば、私立は官立に比較し得可き者に非ざる可し、然れども其の生徒の独自一己の気象を発揮し、自治自立の人民を養成するに至って、是れ私立大学特性の長所たるを信ぜずんに非ず」、「而して立憲政体を維持するは智識あり、品行あり、自から治むるの人民たらざれば能はず」とのべられている（家永三郎『大学の自由の歴史』一七六頁）。寄付金も集まった。しかし、実現はむずかしかった。一八九〇年には新島襄も亡くなった。

覚馬は一八八五年、五七歳のときに後妻の時恵と、時恵との間に生まれた久栄とともに会衆派の宣教師で、同志社の教師でもあったグリーンから受洗している。しかし、翌年には時恵と離婚、翌々年は横井時雄の妻となっていた峰が死去した。新島の死で覚馬は臨時総長に就任、二年後には世を去った。六五歳だった。

覚馬の死の翌年には久栄が病死、その翌年には同志社女学校を支えた母の佐久も八七歳で亡くなる。残された妹の八重は同志社女学校の経営からも離れ、日本赤十字会の正会員となり、看護活動に尽力した。

専門学校令にもとづき同志社大学を称することがゆるされたのは一九一二年、大学令によって正式に大学となるのは一九二〇年であった。だが、それでにも同志社からは小崎弘道、金森通倫、海老名弾正、横井時雄といった有力な宗教家、政治学者の浮田和民、ジャーナリストの徳富蘇峰、文学者の徳富蘆花を輩出していた。

3　井深梶之助

仮日新館・斗南藩洋学校・土佐藩英学塾

日新館学頭の井深宅右衛門の長男としてうまれた井深梶之助は会津戦争のとき山川健次郎や高嶺秀夫とともに一五歳、父に従って越後で戦っていたが籠城、高嶺と同様藩主容保の小姓となり、落城を経験した。猪苗代で謹慎の身となったが、城北の水谷地村（喜多方市）の親戚に移ることのできた梶之助は塩川につくられた仮日新館に通うことができた。そこで池上三郎（後大阪市長）と一緒に仮日新館の寄宿舎の世話係をつとめている（星亮一『井深梶之助伝』六九頁）。

しかし、一八七〇（明治三）年四月、校長の中根弥次右衛門から洋学修業を命ぜられ、徒歩で江戸にむかった。増上寺の斗南藩学校（柴四朗と机を並べる）で三カ月学び、その後、沼間守一の塾（柴四朗、山川健次郎も同席）に移り、英語を学ぶが、廃藩。頼るべき藩もなくなり、沼間の塾もなくなった。

修文館とブラウン塾

そのとき梶之助は横浜で宣教師のブラウンが教えていた横浜の修文館で学僕を置くとの話を聞き、駆けつける。桑名藩の先輩学僕の助けもあって採用となり、教室の掃除や教員の給仕が仕事であるが、寝所と三度の食事があたえられ、授業への出席もゆるされた。ブラウンの英語の講義をうけることもできるようになり、解禁の前の一八七三年一月の第一日曜日にブラウンから洗礼をうけた。二〇歳のときである。キリシタン禁令の高札が撤去されるのは翌月、厳罰を覚悟の入信であった。

井深はこの年に修文館と高島学校が合併して横浜市学校となるとブラウンは退職、ブラウン塾を開設すると、井深はブラウン塾の生徒兼学僕となる。ブラウン塾では押川方義、植村正久が同期であり、島田三郎も入塾した。

明治学院総理

一八七七（明治一〇）年、ブラウン塾の学生が築地に開設された東京一致神学校に合流すると、一期生の井深は宣教師J・L・アメルマンの助手となり、学校が募集した「耶蘇教問答」に応募して一位となり、一八八〇年、東京一致神学校の助教授に任じられた。

一八八七年に東京一致神学校が東京一致英和学校、英和予備校と統合して神学部のほかに普通学部と専門学部からなる明治学院が東京府荏原郡白金村に設立されると、井深は神学部の唯一の日本人教授となる。普通学部は英語を学ぶコースで、教授にはＪ・Ｃ・バラ、助教授にはバラ夫人もいた。専門部学部では一般教養と神学が教えられた。総理にはヘボンが就任、井深は副総理も兼ねた。

井深は一八九〇年に渡米、ユニオン神学校に留学、翌年帰国すると、総理のヘボンは引退、井深が明治学院の総理に就任した。このときヘボン七六歳、井深三八歳であった。

島崎藤村も学ぶ

明治学院の第一期生となったのが島崎藤村である。故郷の筑摩県馬篭で『孝経』や『論語』を学んでいた藤村は上京して泰明小学校から共立学校（後の開成中学）に進学、英語を学び、実業家をめざし、さらに英語を鍛える目的で明治学院の普通学部に入学した。当時井深は神学部でキリスト教倫理と教会史を担当していたが、普通学部でもイギリスの詩と散文の訳の授業をもっており、そこで井深の講義をうけた。藤村は明治学院時代を描いた『桜の実の熟する時』で「正確な語学の知識」による授業だったとのべている。

藤村は明治学院で英語を学んだだけでなく、キリスト教の感化をうける。二年生のとき藤村は共立学校で英語を学んだ木村熊二から洗礼をうけ、キリスト者となった。

木村熊二は出石藩の藩儒の子、昌平黌で佐藤一斎に学び、幕府に仕え、開成所の英語教授の乙骨太郎乙とも親交をむすび、維新後は静岡藩に仕え、沼津兵学校の田口卯吉とも交わった。一八七〇年に森有礼が渡米したとき同行、キリスト教にひかれ、帰国後植村正久から洗礼をうけ、牧師となった。共立学校の教師ともなり、一八八五年には島田三郎、田口卯吉、植村正久、巌本善治《よしはる》の協力で明治女学校を設立する。巌本は若松賤子の夫である。木村は一八九三年には長野県佐久郡小諸町に小諸義塾（後旧制中学）も創設した。

一八九一年に最初の卒業生となった藤村は第一高等中学校（後の第一高等学校）を受験、しかし、不合格だった。そこで明治女学校の教師となったが、教え子の佐藤輔子（自伝的小説『春』では主人公の捨吉の恋人の勝子）を愛した自責から辞職、キリスト教も棄てる。一八九六（明治二九）年、押川方義が創立した東北学院の教師となって一年間在職、その間第一詩集『若菜集』を発表して文壇に登場した。一八九九年には小諸義塾に赴任、「千曲川のスケッチ」を書いて、詩と決別、小説家の道をあゆみ、近代化に向かった日本の底を流れる問題を描きつづけた。

4　キリスト教主義教育

目標は「人格の完成」

明治政府は富国強兵と殖産興業の政策のもと、日本の近代化を推し進めようとした。それを支えるため「学制」を制定、近代的な学校の整備もはかられた。教育の目的に個人の立身があげられるが、国家のための教育だった。小学校では儒教が排され、実用の学が重視された。大学の主たる目的は西洋の科学による官僚と技術者・医者の養成となる。しかし、科学の背後にあるキリスト教精神をうけいれようとはしなかった。

それにたいして、明治のキリスト者はキリスト教の精神で人間をその基礎から改革し、国家を基礎から改造しようとした。「思想の科学」研究会会員のしまね・きよしが「欧米文明の現象を日本に移植することによって『国益を起こ』すことではなく、欧米文明を支えている原理を日本に伝えることが、結果的には根底から日本を変革していくことになるということであった」（『転向』一〇二頁）というようにである。個々人を「自治自立の人民」（「同志社大学設立の旨意」）に改善してはじめて国家がよくなるのであってその逆ではない。

それは儒教の「修己治人」が説くところでもあった。日本人の血肉なっていた儒教的な教養を媒介して武士たちはキリスト教を受容する。しかし、キリスト教にはどんな人間でも神から等しく愛されているということ、一人ひとりの人格が尊重されていることが強調される。キリスト教の説く人間の尊厳と平等の思想にもとづいて、封建社会の伝統にしばられている人々を解放し、身分や階級の差別を打ち破り、女性や民衆の地位を向上させることによって、民主的な近代社会を建設しようとした。

キリスト教は日本にかつてなかった人格としての人間観をもたらした。キリスト教の教育は真の主体性の確立、「人格の完成」が目標となるといってよい。

人間教育の水脈

明治政府はクーデターで奪った権力の座を維持するために、天皇の権威と学校教育を徹底して利用する。一八八九年に大日本帝国憲法が公布された翌年には儒教のもつ忠孝という封建倫理を絶対天皇制の精神的支柱にした「教育勅語」が発布される。自由民権運動だけでなく、人格の尊重を説くキリスト教とも真っ向から対立した。内村鑑三の教育勅語にたいする「不敬事件」を機に国家主義者によるキリスト教への攻撃がつよまる。

日清戦争が一八九四年に起こるとキリスト教への圧力もつよまる。一八九九年に文部省は「訓令一二号」を布告、公認の学校での宗教教育の禁止をうちだした。それに反すれば、各種学校扱いとなって第一高等中学校などの上級学校への進学や徴兵猶予も取り消される。

工業の発達は労働運動、社会運動を高揚させたが、それにたいする政府の弾圧はきびしさを増す。大学の教員や学生の政治活動にも目を光らせる。一九一六（大正七）年には大学令が公布され、一九二〇年には山本覚馬が念願していた同志社も大学に昇格するが、大学令第一条では「国家に須要なる学術・理論及応用を教授し、ならびにその蘊奥を攻究するを以て目的とし、兼ねて人格の陶冶及び国家思想の涵養に留意すべきものとす」とされた。帝国大学令を基本とし、さらに「人格の陶冶及び国家思想の涵養」が加えられる（二三六頁）。新島や山本がめざした「自治自立の人民を養成」しようとする私立大学とは逆の性格の大学に変容しようとしていた。

一九二五（大正一四）年には陸軍現役将校学校配置令が公布され、中学校以上の男子校には現役の将校が配置され、軍事教練が実施されることになった。同志社大学にも配属将校による軍事教練がはじまった。同年、治安維持法が公布され、京都帝国大学や同志社大学などの社会科学研究会の会員の自宅・下宿の家宅捜索がおこなわれた。同志社の普通学校に学び、東京帝国大学で動物学を専攻、同志社大学予科の講師となっていた山本宣治も家宅捜索をうけ、それを理由に同志社大学を免職となった。

一九三一年の満州事変、一九三七年の日中戦争に突入すると軍国主義が一世を風靡する。大日本帝国憲法によってみとめられていた統帥権によって陸・海軍が政治をも左右する権限をもつようになる。

大学の教員や言論人も時勢に迎合するものが続出する。太平洋戦争に突入すると、新聞・雑誌の検閲が強化される。国民は戦争の真相も知ることができなくなった。

教育が軍部に支配される。学生・生徒は学校での軍事教練だけでない、戦線での戦闘要員に動員される。女子の生徒をふくめ学生・生徒は工場での生産要員に動員される。学校も長い暗黒の時代にあった。

だが、人間教育の地下水脈は消えなかった。キリスト教教育や自由民権運動の教育だけでない。大正期には勤労者が自主的に開設した長野県の上田自由学校や沢柳政太郎の個性を尊重する教育を追求した成城小学校に代表される自由主義の教育運動があった。昭和期には東北地方で活発だった子どもたちが生活を直視することから出発するという生活綴方運動があった。これらの運動も国家主義教育のもとに圧殺されていった。だが、「人格の完成」の教育への意志は消すことができなかった（『教師・啄木と賢治』）。

戦後、基本的人権、平和主義、民主主義を掲げた日本国憲法が公布され、日本国憲法の基礎は教育にあるとされ、教育基本法が制定された。そこで教育の目標は「人格の完成」とされた。内村鑑三や新渡戸稲造の影響を強くうけた前田多門、南原繁、森戸辰男、田中耕太郎の寄与が大きかったが、日本の「人格の完成」の教育の歴史をうけついだものである。

しかし、民主主義も「人格の完成」の教育も日本に根づかなかった。個人の人間的成長よりも、経済の成長のために教育が重視されるのであった。軍部にかわって、財界のための教育となっている。

そのような教育はみとめられるはずがない。「人格の完成」の教育によって、日本に真の民主主義を実現させねばならない。そのためにも、日本には人間的成長を基本としていた長い儒教教育の時代があったこと、キリスト教教育も「人格の完成」をめざしていたこと、その人間教育の水脈は涸れていなかったことを学び直さねばならないのである。

補章　フクシマの真の再生を願って

会津藩士が下北半島に追放されてから一四三年たった二〇一一年三月一一日に東京電力福島第一原子力発電所で発生した事故で一六万人の人々が故郷を追われた。福島県は放射性物質に汚染されたフクシマとなり、ほとんどの避難民がもどれないでいる。いま、こんな日本全体が根底から変わらねばならない時代をむかえている。原水爆はもちろん、原発も人間の手から離さねばならない。原子核のエネルギーなどではなく、人間を育ててくれた山と水とともに生きねばならない。同時に、日本国憲法と教育基本法のもとに真の民主主義を育てねばならない。そのためにも会津藩の教育を学ぶ必要がある。嘘をつかない、弱いものをいじめない、卑劣なことをしない、そうして、日本を原発のない、「弱者を助ける民主主義」の社会にしなければならないのである。

1　福島第一原発の事故

「安全神話」のウソ

二〇一一年三月一一日、太平洋三陸沖を震源とする東日本大震災で福島、宮城、青森、茨城の原発と原子力施設を地震と津波が襲い、東電福島第一原発では核分裂生成物が崩壊熱でメルトダウン、破損した原発からは放射性物質が大気中に放出された。大熊町や双葉町と周辺の地域は地震と津波による被害に加え、大量の放射性物質に襲われた。農業も林業も牧畜も漁業も不可能となり、商店も工場も営業できなくなった。学校も病院も閉鎖された。会津藩士が新政府によって会津から下北半島に追放されてから一四三年、今度は東京電力の原発事故で双葉郡の住民が故郷を追われた。そから四年、避難区域はほとんど当時のままであり、一二万の人々が帰郷できないでいる。

ずっと「安全神話」が唱えられてきた。一九七九年のスリーマイル島の原発事故のときにも、当時の原子力安全委員長は事故二日後に、なんの根拠もなく日本の原発の「安全宣言」をする。一九八六年のチェルノブイリの事故では、「専門家」たちが日本の原発はチェルノブイリの原発とは異なる、心配がない、との「安全神話」が強調された。

だが、「安全神話」は真っ赤なウソであった。原発ができれば双葉郡には「仙台のような町」が生まれると喧伝されたが、「仙台のような町」ができるどころか、原発の周辺は人の住めない町となった。

事故の三年後の二〇一四年六月、私は原発調査の会に参加、東電第一原発から近い浪江町の請戸《うけど》の港をたずねた。鮭の遡上で知られている漁港は地震と津波で破壊されたまま、一面は雑草の生える無人の草原と化していた。放射能のため人が住めないだけでない、復旧の手も入っていない。事故後まもなく避難の指示が出され、津波に遭難した人々を救助できなかったために犠牲になった者もいた。道路の脇には簡単な慰霊台があり、そこには国の大愚策のために犠牲となったと記した卒塔婆を見ることができた。

避難区域の外の人々も苦しんでいる。請戸港からの帰り、福島第一原発から四〇キロメートル、飯舘村の北にある伊達市の観光地の霊山に立ち寄った。そこは避難区域ではなかったが、そこにあった食堂では観光客の激減で休業、子どもたちは店を離れ、年よりの女性が自動販売機だけとなった店を守っていた。

「コスト神話」のウソ

原発の発電コストが他の発電法に比較してもっとも安いという「コスト神話」も政府や「専門家」によって唱えられ、マスコミがそれを流布した。二〇〇四年の電気事業連合会によると、一キロワット時あたり、原子力が五・三円にたいして、火力が六・二円、水力が一一・九円であった。それがそのまま新聞で報道されてきた。原発がもっとも経済的とされてきたのである。

事故の後の二〇一一年一二月、大島堅一《けんいち》氏はの『原発のコスト』（岩波新書）を出版、原発について放射性廃棄物の処理費用や再処理費用、廃炉費用などを考慮して、一キロワット時あたりのコストは原子力は一〇・二五円、火力は九・九一円、水力は七・一九円とのべていた。原発のコストがもっとも高い。通産省（経産省）の発表数値は原発推進に都合のよい大本営発表だったのである。

大島氏は放射性廃棄物の処理費用や再処理費用、廃炉費用については企業秘密の壁で原発の正確な費用を算出できなかったが、二〇一四年九月の「ブルームバーク・ニュー・エナジー・ファイナンス」は放射性廃棄物の処理と再処理の費用を考慮したコストを発表、それによると原発の一キロワットあたりのコストは一四セント（一五円）、日本政府の算定の三倍である。この数値にも廃炉費用は含まれていない。事故のときの費用も除かれている。大島氏の計算の一・七倍であった。再生エネルギーでは、太陽光一四・九セントと原子力とほぼ同額、地熱六・五セント、小水力七・七セント、地上風力八・二セントと原子力の半額近くとなった（『毎日新聞』二〇一四年九月一八日）。

「コスト神話」も「安全神話」もウソ、「仙台のような町」が生まれるというのもウソ。ウソとカネで人々をだまし莫大な利権を貪ってきたものたちの責任は、きびしく追及されねばならない。過疎地の住民を食い物にしてきたものたちの罪悪は徹底して糾弾されねばならない。彼らの卑劣を許してはならない。そして、私たちはなによりも故郷と生活の基盤をすべて奪われ、耐え難い肉体的・精神的負担を強いられている避難者の救済に全力を尽くさねばならない。

そのうえで、日本のありかたを根底から見直しながら、福島県の真の再生を追求せねばならない。

2　フクシマの真の再生のために――（一）水と山の利用からはじまる

福島は「水の県」

福島県は「水の国」だった。若松の城下でも北を流れる車川《くるまがわ》にはその名のとおり水車が設置され、精米がおこなわれていた。良質の米と良質の水は会津の銘酒を生んでもいる。

明治になっても水車の多い県だった。一九一〇（明治四三）の調査によると福島県では三七九六台の水車が稼働していた（「機械力」『福島県是資料』下巻）。長野県、静岡県についで第三位、精米・精麦・製粉用のほかにも有数の生糸の産地だった福島県では明治のはじめに二本松や白河に水車を動力とする器械製糸の工場が設立された。明治中期になると水車は製材にも利用された。私の故郷の福島県東白川郡塙町常世中野には明治期には二〇基の水車が存在した。精米・精麦では自家用の水車、賃搗用の水車、醸造用の水車があり、製材のための水車もうまれた（荒川紘『世界を動かす技術＝車』一九二頁）。

水力発電の先進県でもあった。大正時代のはじめ猪苗代から流れ出る日橋川には当時日本一の水力発電所が設置され、他の河川にも大正時代に二〇基を超える発電所が建設された（荒川紘『原発に抗して』二一九頁）。すべて、環境破壊や住民の追放のない水路式の発電所である。このような水力発電は見直されねばならない。それは、日本全体で見直されてよい。不安定な太陽光などとちがって安定的な電力を供給してくれる。水力発電のコストは原発の半額以下である。

デンマーク政府が一九七六年に原発導入を計画したとき、自然エネルギーの研究所長のブレーベン・メゴールは、政府が六〇万キロワットの原発をつくりたいというなら、私たちは一台二〇キロワットの風車発電をかつて存在したという風車の数とおなじ三万台つくろう、と主張した（清水満『生のための学校』八〇頁）。安定した風をもたらしてくれるデンマークは風車の国、風力発電に適した国だった。政府が原発計画を撤回した一九八五年には風力発電機が八〇〇基強であったが、五年後には三〇〇〇基を超え、二〇〇一年には約六万五〇〇〇基となる。出力は約二五〇万キロワット。その後も増加、全消費電力の二〇パーセントを賄うようになっている。風力発電の普及は雇用の拡大に寄与し、三万人が職をえた。風力発電の起業者も増えた。

日本の自然環境に適しているのは風力発電ではなく、水力発電である。かつて水車のあったところに小水力発電所を設置しよう。それだけではない、農業用水にも小水力発電を設置しよう。日本における水力発電の可能性はとても大きく、三〇〇〇万キロワットの開発の可能性があるといわれている。原発三〇機分である（中村太和『環境・自然エネルギー革命』八〇頁）。

福島県は「山の国」

「水の国」の福島県は「山の国」でもあった。「白河以北一山百文」など、見当違いもはなはだしい。江戸時代には東北の諸藩は植林につとめ、木材業を発達させていた。木材の加工業も活発だった。建築材だけでなく家具や民芸品がつくられた。会津では漆器が名産品となった。

岡山藩に迎えられた陽明学者の熊沢蕃山が説き、実行した「治山治水」の思想は東北にもゆきわたっていた。植林は洪水を防ぎ、安定した水を供給してくれる。

太平洋戦争後にも日本は荒廃した山林の復興につとめた。そのときの国造りのモデルの国は一八六四年にプロシアとの戦いに敗れたデンマークであった。肥沃なユトランド半島の南部を奪われながら、軍備に頼ることなく、北のヒースと低木に覆われていた不毛の地に植林をし、用水を開いて肥沃な土地に変え、豊かな酪農の国を築いたデンマークの努力は一九一一年に内村鑑三によって「デンマルクの話」に語られていた。本書は戦後まもなく岩波文庫の一冊として刊行される（『後世への最大遺物・デンマルク国の話』）。文部省著作の小学校教科書『国語　第六学年上』にも「みどりの野」として採用された。

国の政策によって日本はいまは木材の輸入国となっているが、木材を十分に自給できる国である。戦後でも福島県のどこの町村にも製材工場があった。薪と炭の生産も盛んであった。木材は大切にされ、再利用も心掛けられた。廃材も最後には風呂屋の燃料につかわれる。木材の国だった。

日本は製材業とあわせて、製材で生ずる端材やおが屑をつかう木質バイオマス発電に適した国なのである。すでに岡山県真庭《まにわ》市にある銘建工業は実績をあげ、会津若松市河東町にはグリーン発電会津が開業した。バイオマス発電についても先進国のスウェーデンやフィンランド、ドイツやオーストリアからも学ぶことができる。もちろん木材は薪や炭として暖房用の熱資源にも利用されるべきであり、固形の燃料のペレットの生産にも力を注がれるべきである。

バイオマス発電は炭酸ガスの吸収・排出でトータルゼロである。水力発電と同様、地球温暖化にも貢献するクリーンなエネルギーなのである。地元主体の発電所は町造りに貢献する。そこでは地元の若者が働きだす。バオオマス発電のためには植林が不可欠、製材や植林事業と一体である。都会で働いていた若者ももどってくる。原発を離れた人々も迎えられる。町が若返る。山も若返る。

「山の国」ということでは、福島県は炭酸ガスはゼロの地熱発電所にもめぐまれている。只見川下流沿いの柳津町の柳津西山地熱発電所の出力は六万五〇〇〇キロワット、日本最大である。日本の技術は世界最高で、アイスランドの地熱発電所一七基のうち一四基が日本製である。それなのに、原子力発電に傾斜した日本では研究費が大幅に削減され、一九九〇年代から地熱発電所の新設は見られなくなった。火山の国の日本は地震の国でもある。地震に弱い原発などを導入し、地熱発電を抑えるなど愚の骨頂だった。

日本でも原発に代えて、その適したところに、水力発電所、バイオ発電所、地熱発電所をつくる。場所によっては風力発電、太陽光発電がおこなわれてもよい。しかし、水力、バイオ、地熱には安定した電力の供給源であるという利点もある。原発事故の影響で福島市土湯温泉町では旅館の廃業と休業があいつぎ、一六軒あった旅館は一一軒に減少したが、町おこしも兼ねて、二〇一五年に発電事業会社「つちゆ清流エナジー」が同町を流れる東鴉川《ひがしからすがわ》で小水力発電所の運転をはじめた。喜多方の大和川酒造の佐藤右衛門らが設立した会津電力は現在は太陽光発電だけだが、水力発電、バイオマス発電への拡大を計画している。

その地域にあった資源を生かす。それが地域の再生に寄与する。原発などは日本にもっとも不適な知恵のない発電法なのである。

3　フクシマの真の再生のために――（二）学習からはじまる

ウソとカネにだまされない

福島県の住民はウソとカネにだまされ、原発をつくらされてきた。福島県の住民だけでない、日本人全体がだまされていた。「安全神話」と「コスト神話」に加え、原発がなければ電気が不足すると脅され、日本の経済が成り立たないともいわれていた。それに、かならず電力会社は利益があがるという「総括原価方式」という法律があった。消費者から巻きあげた潤沢な金は電力会社と関連企業と株主と銀行を潤す。株式会社なのに損をすることは絶対にない。確実に儲かる。その金で政治家、官僚と鉄の三角形を形成、そのおこぼれを手にした御用学者と御用マスコミが原発の安全性と経済性を唱える（『原発に抗して』一八〇頁）。

それでも、ウソとカネにだまされなかった人々がいた。福島県では双葉郡の請戸港にちかい棚塩地区の人々は原発についての学習から政府と電力会社のウソを暴いて、土地を絶対に売らないことで東北電力の原発を追い返した（恩田勝亘『原発に子孫の命は売れない』）。「安全神話」や「コスト神話」にだまされない、生活は楽ではないが、お金のために土地は売らなかった。東北電力に建設をあきらめさせた。しかし、なんたることか、棚塩地区の人々も東電福島第一原発の事故で故郷を奪われた。

多くのヨーロッパの国々では市民による学習が原発を追放した。風力発電を普及させたデンマークでは、政府の原発導入計画に反対してはじめられた一五名の市民による原発の学習会が全国に拡大、それが原動力となって計画を撤回させた。

「人格の完成」と「弱者を助ける民主主義」

民主主義が原発計画を撤廃させたデンマークは子どもや老人と病人にやさしい福祉の国である。高負担でも、信頼できる政府に税金を納め、義務教育も医療も介護も無料である。子どもの教育の負担を心配する必要がなく、老後の生活も安心して迎えられる国、「弱者を助ける民主主義」国である。

「弱者を助ける民主主義」はフクシマの問題でもある。「弱者を助ける民主主義」をめざした国、そんな国であったならば、高度成長に取り残された過疎地の住民にウソをつき、だまして原発などつくれなかったはず。国家権力と結託した強者の巨大企業が地方の弱者を踏みにじって生まれたのが日本の原発なのである。

「弱者を助ける民主主義」は「日本国憲法」が理想とした政治である。そして、キリスト教主義教育や自由民権運動の目標であった。儒教がもとめた「仁」の教えの現代版である。

会津藩を「最高の傑作」とみていた司馬遼太郎は『二十一世紀に生きる君たちへ』のなかで、人間の道徳の基本は「助け合うという気持ちや行動のもとは、いたわりという感情である。他人の痛みを感じることと言ってもいい。やさしさと言いかえてもいい」とのべる。会津藩の教育の核におかれていた「仁」の大切さを説いていたのにほかならない。「人間は、いつの時代でもたのもしい人格をもたねばならない」ともいう。私も強調していたことだが、「人格の完成」によって真の民主主義が築かれるということを訴えていたようにおもわれる。

文献・図版出典

第1章

荒川紘『日本人の宇宙観　飛鳥から現代まで』紀伊國屋書店、二〇〇一年

尾形浩康『新版　日本教育通史』早稲田大学出版部、一九七八年

小林清治『伊達政宗』吉川弘文館、一九八五年

高橋富雄『徳一と最澄―もう一つの正統仏教』中公新書、一九九〇年

豊田武監修『会津の歴史』講談社、一九七二年

第2章

荒川紘『日本人の宇宙観』(前傾)

A・ヴァリニアーノ『日本巡察記』松田毅一訳、東洋文庫、一九七三年

五野井隆史『日本のキリスト教』吉川弘文館、一九九〇年

白河市『白河市史・2』白河市、二〇〇六年

高橋富雄編『蒲生氏郷のすべて』新人物往来社、一九八八年

只野淳『みちのくキリシタン物語』春秋社、一九九〇年

山田風太郎『人間臨終図鑑』徳間書店、一九八六年

吉田小五郎『ザビエル』吉川弘文館、一九五九年

第3章

荒川紘『日本人の宇宙観』(前掲)

石川謙『日本学校史の研究』小学館、一九六〇年

海原徹『日本史小百科・学校(新版)』東京堂出版、一九九六年

太田青丘『藤原惺窩』吉川弘文館、一九八五年

北島正元『徳川家康―組織者の肖像』中公新書、一九六三年

堀勇雄『林羅山』吉川弘文館、一九九〇年

源了圓『徳川思想小史』中公新書、一九七三年

第4章

石川謙『近世教育における近代化の傾向―会津藩教育を例として』講談社、一九六六年

小川渉『会津藩教育考』会津藩教育考発行会、一九三一年

豊田武監修『会津の歴史』(前掲)

中村彰彦『保科正之　民を救った天下の副将軍』洋泉社、二〇一二年

野口信一『シリーズ藩物語　会津藩』現代書館、二〇〇五

年

第5章

石川謙『近世教育における近代化の傾向』（前掲）
石光真人編『ある明治人の記録』中公新書、一八七一年
大槻清三・上野敬二『会津俳諧史』吾妻書館、一九八二年
小川渉『会津藩教育考』（前掲）
笠井助治『近世藩校の綜合的研究』吉川弘文館、一九六〇年
小桧山六郎・間島勲編『幕末会津藩士銘々伝』新人物往来社、二〇〇四年
佐藤健郎『喜多方地名散歩』歴史秋春社
司馬遼太郎『歴史を紀行する』文春文庫、二〇一〇年
鈴木三八男『「昌平黌」物語』斯文会、一九七二年
滝沢洋之『吉田松陰・会津を行く』歴史春秋社、一九一九年
豊田武監修『会津の歴史』（前掲）
中村彰彦『鬼官兵衛烈風録』歴史春秋社、二〇〇八年
中村彰彦『山川家の兄弟　浩と健次郎』人物文庫、二〇〇五年
新渡戸稲造『武士道』矢内原忠雄訳、岩波文庫、一九三八年
松本健一『秋月悌次郎―老日本の面影』中公文庫、二〇一三年
星亮一『山川健次郎伝―白虎隊士から帝大総長へ』平凡社、二〇〇三年
文部省編『日本教育史資料』全九巻、文部省、一八九〇―九二年
山口教育会編『吉田松陰全集』全一〇巻、岩波書店、一九六七年

第6章

石川謙『近世教育における近代化の傾向』（前掲）
伊藤典松『会津喜多方の歩み―原始から明治へ』喜多方の歩み編纂委員会、一九六六年
中村彰彦『会津論語　武士道の教科書「日新館童子訓」を読む』PHP文庫、二〇一三年
松平容頌『日新館童子訓』土田直鎮訳、三信図書、二〇〇八年
古川治『淵岡山』明徳出版社、二〇〇〇年
喜多方市史編纂委員会編『喜多方市史・2』喜多方市、一九九七年

第7章

西郷隆盛全集編集委員会『西郷隆盛全集・1』大和書房、一九七六年

鈴木映一『水戸藩学問・教育史の研究』吉川弘文館、一九八七年
瀬谷義彦『水戸藩郷校の史的研究』山川出版社、一九七六年
徳富猪一郎『維新回天の偉業に於ける水戸の功績』民友社、一九二八年
徳富猪一郎『近世日本国民史・16』時事通信社、一九六四年
山口教育会編『吉田松陰全集』（前掲）

第8章

石川謙『近世教育における近代化の傾向』（前掲）
大久保利謙『日本の大学』玉川大学出版部、一九九七年
小川鼎三『医学の歴史』中公新書、一九六四年
神奈川県教育センター『神奈川県教育史・通史編・上』神奈川県教育委員会、一九七八年
倉沢剛『幕末教育史の研究・3』吉川弘文館、一九八六年

第9章

石川謙『近世教育における近代化の傾向』（前掲）
小川渉『会津藩教育考』（前掲）
司馬遼太郎『歴史を紀行する』（前掲）
山川浩『京都守護職始末1　旧会津藩老臣の手記』遠山茂樹・金子光晴訳、東洋文庫、一九六五年

第10章

石光真人編『ある明治人の記録』（前掲）
井上清『日本の歴史・中』岩波新書、一九六六年
小桧山六郎・間島勲編『幕末会津藩士銘々伝』（前掲）
司馬遼太郎『歴史を紀行する』（前掲）
高橋富雄『宮城県の歴史』山川出版社、一九六九年
徳田武『会津藩儒将・秋月韋軒伝』勉成出版、二〇一二年
中村彰彦『鬼官兵衛烈風録』（前掲）
服部之総『黒船前後・志士と経済他十六篇』岩波文庫、一九八一年
星亮一『会津戦争全史』講談社、二〇〇五年
星亮一『大鳥圭介』中公新書、二〇一一年
山川浩『京都守護職始末・1』（前掲）

第11章

太田愛人『明治キリスト教の源流』築地書館、一九七九年
高橋昌郎『中村敬宇』吉川弘文館、一九六六年
樋口雄彦『旧幕臣の明治維新—沼津兵学校とその群像』吉川弘文館、二〇〇五年
樋口雄彦『静岡学問所』静岡新聞社、二〇一〇年
文部省編『日本教育史資料』（前掲）

第12章
大久保利謙『日本の大学』（前掲）
尾形裕康『新版　日本教育通史』（前掲）
毛利俊彦『大久保利通　維新前夜の群像　5』中公新書、一九六九年

第13章
石光真人編『ある明治人の記録』（前掲）
葛西富夫『会津・斗南藩史』（前掲）
葛西富夫『斗南藩史』斗南会津会、一九七一年
喜多方市史編纂委員会『喜多方市史・3』喜多方市、二〇〇二年
豊田武監修『会津の歴史』（前掲）
新渡戸稲造『武士道』（前掲）
星亮一『会津藩流罪—故郷を追われた難民の再出発　復旧、復興に六十年』
むつ市史編さん委員会『むつ市史・近代編』むつ市、一九八六年

第14章
秋山香乃『獅子の棲む国』中公文庫、二〇一二年
葛西富夫『斗南藩史』（前掲）
石光真人編『ある明治人の記録』（前掲）
小桧山六郎・間島勲編『幕末会津藩士銘々伝』（前掲）
佐藤彌一郎『余滴』佐藤彌一郎喜寿記念刊行会、一九六六年
徳田武『会津藩儒将・秋月韋軒伝』勉成出版、二〇一二年
中村彰彦『鬼官兵衛烈風録』（前掲）
中村彰彦『山川家の兄弟』（前掲）
中島欣也『伴百悦』歴史春秋社、二〇一三年
広沢安宅『幕末会津志士伝稿本　一名孤忠録』広沢安宅（八戸町）、一九二三年（非売品）
星亮一『会津藩斗南へ—誇り高き魂の軌跡』三修社、二〇〇六年
星亮一『会津藩流罪』（前掲）
山川浩『京都守護職始末・1』（前掲）

第15章
石光真人編『ある明治人の記録』（前掲）
葛西富夫『会津・斗南藩史』（前掲）
西会津町史刊行委員会『西会津町史・2』二〇〇九年
樋口雄彦『旧幕臣の明治維新』（前掲）
星亮一『山川健次郎伝』（前掲）
山川浩『京都守護職始末・1』（前掲）

第16章

荒川紘『教師・啄木と賢治―近代日本における「もうひとつの教育史」』（前掲）
家永三郎『大学の自治の歴史』塙書房、一九六二年
井深梶之助とその時代刊行委員会編『井深梶之助とその時代』全三巻、明治学院、一九六九―七一年
内村鑑三『代表的日本人』鈴木範久訳、岩波文庫、一九九五年
神奈川県教育センター『神奈川県教育史・通史編・上』（前掲）
坂本多加雄『山路愛山』吉川弘文館、一九八八年
島崎藤村『桜の塾する時』新潮文庫、一九五五年
しまね・きよし『転向―明治維新と幕臣　激動期の生き方』三一書房、一九六九年
鈴木由紀子『ラストサムライ・山本覚馬』NHK出版、二〇一二年
隅谷三喜男編『日本の名著40　徳富蘇峰・山地愛山』中央公論社、一九八九年
高橋哲夫『福島民権家列伝』福島民報社、一九六七年
樋口雄彦『旧幕臣の明治維新』（前掲）
星亮一『井深梶之助伝―明治学院を興した会津藩の少年武士』平凡社、二〇一三年

補　章

荒川紘『原発に抗して・一科学史教師の闘い』唯学書房、二〇一四年。
荒川紘『世界を動かす技術＝車』海鳴社、一九九三年。
内村鑑三『後世への最大遺物・デンマルク国の話』岩波文庫、一九四六年
恩田勝亘『新装版　原発に子孫の命は売れない―原発ができなかったフクシマ浪江町』七つ森書館、二〇一一年
大島堅一『原発のコスト―エネルギー転換の視点』岩波書店、二〇一一年
金子務・鈴木貞美編『エネルギーを考える―学の融合と拡散』作品社、二〇一三年
司馬遼太郎『二十一世紀を生きる君たちへ』世界文化社、二〇〇一年
清水満『生のための学校―デンマークで生まれたフリースクール「フォルケホイスコーレ」の世界』新評論、一九九三年
武谷三男編『原子力発電』岩波新書、一九六七年
中村太和『環境・エネルギー革命　食料・エネルギー・水の地域自給』日本経済社、二〇一〇年
福島県編『福島県是資料』下巻、福島県、一九一三年

追加文献

（『論語』、川柳、狂歌、漢詩の引用については主につぎの書を利用した。）

吉田賢抗『新釈漢文大系1・論語』明治書院、一九六〇年
渡辺信一郎『江戸の寺子屋と子供たち——古川柳にみる庶民の教育事情』三樹書房、二〇〇六年
会津史学会『歴史春秋』二五号、歴史春秋社、一九六二年
中村彰彦・三角美冬『会津万葉集』歴史春秋社、二〇一二年

図版出典

図1「陸奥国の郡」（丸井佳寿子ほか『福島県の歴史』・新版・山川出版社）を参照して作図
図2「恵日寺絵図」（磐梯町教育委員会『磐梯町史』磐梯町）
図3「芦名時代の黒川城下の図」（『会津若松市史・4』会津若松市）
図4「会津盆地の北部」（『喜多方市史』喜多方市）
図5「若松城下の図」（『会津若松史・2』会津若松市）
図6「近世会津藩の領地」（『福島県史・2』福島県）
図7「若松城下の郭内」（『会津若松史・2』会津若松市）
図8「日新館」（大塚實監修『会津の歴史・上』郷土出版社）
図9「日新館平面図」（笠井助治『日本藩校の総合的研究』吉川弘文館）
図10「日新館での素読の学習風景」（『会津若松市史・6』会津若松市）
図11「日新館での弓術の稽古風景」（『会津若松市史・6』会津若松市）
図12「日新館・医学寮」（石川謙『近世教育における近代化の傾向』講談社）
図13「南学館（友善舎）」（石川謙『近世教育における近代化の傾向』講談社）
図14「成章館」（石川謙『近世教育における近代化の傾向』講談社）
図15「江戸湾の警備」（福島県『福島県史・2』福島県）
図16「幕末の京都」（大石学『新選組』中公新書）
図17「鳥羽・伏見の戦い要図」（佐々木克『戊辰戦争』中公新書）
図18「会津戦争の関係図」（小林清治・山田舜『福島県の歴史』山川出版社）（一部改編）
図19「斗南藩領」（葛西富夫『北の慟哭』青森大学出版局）

あとがき

半世紀以上もまえになるが、福島県に生まれ育った私は仙台にある東北大学理学部に入学し、物理学科に進学した。自然の風景の美しさには鈍感だった私でも、自然を支配する物理法則の美には心を惹かれていた。しかし、原子核物理学を専攻、そこで私は物理学の研究が醜悪な技術を生み出したことをも知ることになる。「科学とはなにか」「なんのための科学か」を問うようになった。

そんな私は科学の歴史を学び、教えるようになって、西洋の科学史や日本の科学史の講義をうけもち、「科学とはなにか」「なんのための科学か」について学生に語りつづけた。ギリシア科学や古代日本人の宇宙観にはじまった講義の最後にはかならず現代の科学がうんだ原水爆、それに原発をとりあげてきた。二三年間勤めた静岡大学では大学から遠くないところにアメリカがビキニ環礁でおこなった水爆実験で被爆した第五福竜丸の母港である焼津港と、世界でもっとも危険であるといわれていた中部電力の浜岡原子力発電所があって、それは講義のよい教材となった。

ところが、大学の教育課程に大きな変更があり、私は科学史のほかに人間学という講義も担当、そこで儒教の話をするようになる。西洋がうんだ科学が支配する現代でも、古代の東洋にうまれた儒教は「人間とはなにか」「人間はどう生きるべきなのか」を考えるときには見過ごせない思想であるとみていたからである。

私が儒教の教育をうけたのは東北大学の教養部のとき、吉田賢抗《けんこう》先生の「東洋思想史」という講義であった。講義の中味は忘れたが、敗戦のとき中国にいた先生は、日本人の立てた看板はすべて撤去されたが、薬の「仁丹」の看板は別だったという体験談から、「仁」はとても大事な儒教の概念なのだという話をしてくれた。でも、そのとき仁の意味を理解できたとはおもえない。現代社会にあって儒教にはどんな意義があるかもよくわからなかった。

儒教の宇宙観についての勉強をしたのを機に私は儒教を学びなおした。不惑の年はすぎていたせいでもあろうか、礼儀や躾ということも気になりだしていたのである。『論語』から儒教の勉強となった。手にした『論語』の参考書の一冊が明治書院の新釈漢文体系・第一巻の『論語』、著者は吉田賢抗先生であった。先生の仁についての話を思い出しながら先生の丁寧な注釈と解説を読ませていただいた。勉強になった。それで儒教が現代にも生きた思想であると考えるようになり、人間学の講義で儒教の話をするようになったのである。

講義で儒教の話をするようになってからは、藩をあげて儒教教育にとりくんだ会津藩の歴史について考えるようになった。会津の歴史を考えるようになって、儒教の意味もよりわかるようになってきた。会津に足をはこぶようにもなる。会津藩に塗炭の苦しみをもたらした戊辰戦争と敗戦後の歴史も知るようになった。そこでの会津の人々の生き方を学び、儒教への理解もふかまった。

定年で静岡大学を定年退職した私は名古屋の愛知東邦大学に勤務、ここでも科学史と人間学の話をすることになった。福島県に地震と津波と放射能による惨苦をもたらした東日本大震災と東京電力福島第一原発の事故が起こったのは、講義で原発の話をしてまもなくのときだった。

福島県でも内陸部の中通り地方の南端にある塙町の実家は地震の被害をうけた。だが、当時九七歳だった母はデイ・サービスの日、塙町社会福祉協議会の人たちに助けられて無事だった。事故のときの風向きと原発の格納容器が破損はしたが爆発的な破壊には至らなかったことで、当地は放射能による避難は免れることができたようだ。

そこで帰郷をした私は科学史と人間学を、原発によるフクシマの悲劇と会津藩の教育の問題とに重ねて考えるようになった。原子力や儒教の本を読み直す。吉田先生の『論語』をまたひろげることにもなった。学校の教師は辞めたが、「黙して之を識《しる》し、学びて厭わず、人を誨《をし》へて倦《う》まず。何か我に有らんや」（『論語』述而）という気持ちは以前よりも強くなった。そうして、私はこのような本をつくることになった。福島県での暮らしのなかで学んだことを多くの人に伝えたかったのである。孔子も生涯が教師であった。教師には定年はない。

本書の執筆にさいしては、会津図書館、喜多方市立図書館、弘前市立図書館、福島県立博物館、会津藩校日新館、白虎隊記念館、若松城天守閣郷土博物館、恵日寺資料館、横浜開港記念館、斯文会、三沢市先人記念館、西会津町役場、猪苗代市役所、むつ市役所、三浦市役所、標津町役場、鹿児島市役所、同志社大学、明治学院大学などの多くの方々から教えを受けた。塙町立図書館には他の図書館からの図書の借り出しでもご足労をかけた。編集と出版では、また、海鳴社の辻信行社長のお世話になった。最後になったが、心からのお礼を申しあげたい。

二〇一五年七月　　　　　　　　　　荒川　紘

山川登勢 203, 207
山川浩 → 山川大蔵
山川二葉 203, 295
山川操 203, 295
山口次郎（斎藤一，藤田五郎）194f., 199f., 272, 281
山口千代作 **304**, 316
山口尚芳 160
山崎闇斎 55, **70**, 72, 76, **80f.**, 83, 94, 136, 145, 146, 148
山路愛山 **312ff.**
山田顕義 213, 230, 239, 268
山田風太郎 50
山中共古 312f.
山野辺義観 150
山本覚馬 3, 111, **115**, 163, **167ff.**, **175f.**, 186, 205, 276, 306, **317ff.**, 330
山本権八 129, 205, 286
山本佐久 319, 322f.
山本三郎 186
山本宣治 330
山本時恵 319, 323
山本久栄 323
山本峰（横井峰）322f.
山本八重 **129**, 205, 208, **286f.**, 293, 295, 317, 319, **322f.**
山本良高 168
山吉盛典 255

ゆ・よ

湯浅初子（徳富初子）287
由井正雪 60
由利公正 216f., 230
楊亀山 80
横井小楠 150, **179**, 216f., 287, 294, 310, 318, 322
横井時雄 310, **321ff.**
横沢丹波 54
横田俊益 76, **79f.**, 91
横山謙助 176
横山主税（常守）188, 196, 284
吉川惟足 **93f.**
吉田伊惣治 259
吉田松陰 68, **111ff.**, 124, 130, 132, 149f., 163, 168f.
依田佐二平 282
米沢昌大 123

ら行

ラクスマン 154
羅予章 80
ランキン，W. J. M. 239
蘭渓道隆 28f.
李延年 80
リギンズ，ジョン 161, 307
里中 133
ルセー 265
ルター 45
蓮如 48
芦鶴 133
ロッシュ，レオン 165

わ

若松賤子 **297**, 309, 317, 327
脇坂照正 250
若生文十郎 191, 193
渡部温 157, 224
渡部鼎 **305**
渡部思斎 **304**
渡辺洪基 230
和田勇蔵 202

町野左近 67f.
町野繁仍 41
町野主水 259
町野幸仍 68
松岡磐吉 214
松川勝太郎 294
松木弘安 → 寺島宗則
松平容住 127
松平容敬 135
松平容頌 100, **118f.**, 145
松平容大 244
松平容衆 104
松平容保 95, 167, **171f.**, **174f.**, 182f., **187f.**, 191, 193, **207ff.**, 244, 249, 271, **282ff.**, 293, 298
松平謹次郎 114
松平定敬 172, 182f., 187f., 211
松平定信 100, **113**, 120, 146, 154
松平春獄（慶永）171, 179, **182f.**, 220
松平太郎 206, 214
松平喜徳 189, 208, 303
松平正容 78, 92, 95, 138
松平正経 145
松平慶勝 182
松永貞徳 64, 69
松永昌易 145
松永尺五 55, **69**, 145
松村任三 220
松本良順（順）**158ff.**, 170, 180, 194, **203**, 209, 211
曲直瀬道三 49
真野文二 309

み

ミーチャム , J. 312
三浦親馨 140
三浦義明 21
三木之次 144
三島通庸 284, 288, 304, **316**
箕作阮甫 157
箕作秋坪 293, 303
箕作麟祥 157
満田虎八 **304**
南清 240, **303**
源実朝 22, 35, 130
源義家 18f., 35, 130
源頼家 22
源頼朝 9, **20ff.**,25, 35
源頼義 18f.
箕輪醇 250
三宅観瀾 69, 145
三宅尚斎 70
宮部金吾 308, 311
宮部鼎蔵 111
ミュルレル , L. 221
ミルン , J. 240

む

無学祖元 38f., 33
向山黄村 222, 225
睦仁親王 181
宗川茂弘 123
宗川茂 123
村上誠之丞 157
村上英俊 157
村田新八 230
村田蔵六（大村益次郎）157
村田巳三郎 252
室鳩巣 69

め・も

明治天皇 178, 181f., 295
目賀田種太郎 238
孟子 **31**, 75, 122, 141f.
毛利輝元 41, 51, 60
最上義光 38, 51
望月二郎 225
本居宣長 **73**, 148
森有礼 218, 234, 256, 269, 293, 327
森尚謙 145
森戸辰男 321

や

矢島楫子 287
矢島久子 287
安井息軒 114, 151
安川敬一郎 291
安場保和 230, 296f.
矢田部良吉 166, 238
矢田堀景蔵 159, 161f., 184, 190
柳川春三 158
柳谷卯三郎 301
矢部湖岸 **139f.**
矢部惣四郎 138
山内玄齢 124
山内春瓏 170, 288
山内平八 251
山内容堂 179, **182f.**
山尾庸三 239
山鹿貞以 67f.
山鹿素行 **67ff.**, 72, 81, 113, 146
山県有朋 112, 187, 199, 229, 231
山川健次郎 4, 194, 204, 209, 235, 237f., **290ff.**, 298, 324
山川捨松（大山捨松）203, 230, 238, **294f.**, 317
山川大蔵 (浩)3f.,115, 123, 148, 184, 186, 189, **197**, **203f.**, **207f.**, 230, 234f., **245f.**, 248f., 256, 262, 265, **267ff.**, 280, 284, **293ff.**, 297f., 300

ハラタマ , クーンラート 160, 319
ハリス , M.C. 311
ハリス , タウンゼント 156
樊遅 90
伴鉄太郎 159, 161, 224
伴百悦 199, **259f**.

ひ

樋口うら 322
ビクトリア女王 297
土方歳三 172, 184, 190, **197f**., 200, 207, 209, **211ff**.
肥田浜五郎 159, 161, 225
尾藤二洲 113
人見勝太郎 198, 206, **212**, **312**
人見卜幽 145
日向内記 200
ビュラン , シャルル 165
平岩愃保 312, **314**
平田篤胤 73
広川勝助 112
広沢真臣 181
広沢安任 3, 113, **115**, 123, 176, 191, **245**, **248ff**., 259, **265f**., 298
広瀬淡窓 180

ふ

武右衛門 139
武王 58
不干斎ハビアン 64f.
復菴 34
福岡孝弟 217
福沢諭吉 193, 248, 296
福島正則 60
福地源一郎 230, 293, 301
藤田小四郎 151
藤田五郎 → 山口次郎
藤田重明 250
藤田東湖 115, 143, **147ff**., 151
藤田幽谷 **146f**.
藤森天山 114
藤原清衡 **18f**.
藤原国衡 20
藤原惺窩 **55ff**., 69f., 82
藤原秀衡 19
藤原基衡 19
藤原泰衡 19f.
淵岡山 71, 134, **136ff**.
淵貞蔵 139
藤岡市助 240
プトレマイオス 47
冬姫 40
ブラウン , S.R. 166, **306ff**., **325**
振姫 50
ブリュネ , ジュール **164**, 206f., 214
古市公威 220, 238
古川春英 167, **170**, 194, 203, **282**, 288
フルベッキ , G. F. **160**, 307, 310
古谷佐久左衛門 194, 212f.
古屋昔陽 **100**, 104f.
フロイス 49

へ

ベーコン 294
ペスタロッチ 233, 293
ペドロ・ゴメス 47
ヘボン , J. C. 165f., 306f., 326
ペリー , マシュー 153, 155, 163
弁円円爾 31

ほ

北条時頼 **28**, 35
北条時宗 28
北条氏長 68
法然 16, 27, 29, 34
ボードイン **160**, 170, 180, 194, 319
保科正経 84, **92**, 94f.
保科正之 52, 60, 68, 70, **76ff**., **89ff**., 97, 100, 130, 136, **144ff**., 171
保科正頼 95
堀田正盛 82
堀田正睦 156
穂積陳重 220, 238
ホフマン , Th. 221
堀杏庵 57, 79
堀達之助 157
堀長勝 128
堀主水 52
堀立庵 79
本多正純 57, 60
本多庸一 279, **313**, **316**
ポンペ 159ff.

ま

マーティン , W. 226, 320
前田多門 331
前田利家 53
前田利嗣 230, 309
前田利常 69
前原一誠 50, 209, **262**, 290
真木和泉 150, 171, 175
牧野謙次郎 180
牧野伸顕 230
槙村正直 **318ff**.
マクドナルド , D. 312
マセソン 239

外山正一 222, 235, 237
豊田天功 111, **147**, 149
豊臣秀俊（小早川秀秋） 56
豊臣秀吉 **37ff.**, 45, 48, 50f., 53, 56, 58
豊臣秀頼 58
鳥谷部悦人 281

な

内藤介右衛門（信節） 204, 208, **280f.**
永井尚志 159, 161, 206, 212, 214
中江藤樹 55, **71**, 134, 136, 314
中江兆民 230
永岡久茂 3, 113, 118, 123, 193, 207, 245f., 248, 251, **261ff.**, 265, 280
長岡重弘 296
中岡慎太郎 180
長岡半太郎 291
中川善重 312
中沢帯刀 207
中島友八 316, 322
永瀬勇次 202, 303
中西七三 261f.
中根源吾右衛門 → 中根弥次右衛門
中根雪江 217
中根米七 **262ff.**
中根弥次右衛門 210, 262, 324
中野竹子 129, 202
中野義都 139f.
中浜万次郎 161
中御門経之 181
中村敬宇 222, **225**, 234f., 237, **311ff.**
中山慶子 181
中山忠能 181
中山信宝 150
長与専斎 160, 230
夏目漱石 275
那波活所 57, 67
成瀬隼人 79
成瀬正成 57
南化玄興 40
南原繁 331
南摩綱紀 3, 113, **114**, 132, 167, 170, 174, 191, 207, 225, 234, 266, 270, **276f.**, 319

に

新島襄 286, 306, 310, 317, **320ff.**, 330
二階堂盛義 25
二階堂盛隆 25
二階堂亀王丸 25
西周 158, **177**, 224, 318
西川鉄次郎 225, **300**
西村茂樹 277
日蓮 16, 27
日尊 34
新渡戸稲造 103, 109, 122, 247, 311, 313f., 331
丹羽圭介 320
丹羽五郎 303f.
丹羽族 202, 303

ぬ・ね・の

沼間守一 164, 166, **194**, **197f.**, 204f., 209f., 289f., 293, 299, 301, **315f.**, 324
根本精器 132
野口英世 305
野沢雞一 305, **318**
野田豁通 250, **296f.**
野中兼山 94
野村監物 169
野矢常方 **131**, **201**, 271

は

バーネット夫人 294
ハーン , ラフカディオ 274
橋本左内 150
橋本実梁 187, 189
芭蕉 132
蓮沼誠造 213
服部安休 81, 93
鳩山和夫 220
馬場辰猪 160
林学斎 222
林鵞峰 **66f.**, 82
林研海 161
林兼吉 252
林権助 168f., **184**, **186**, 270, 302
林権助（前記の孫） 302
林三郎 223, 282, 298, 302
林子平 154
林正十郎 157, 296
林董 166
林忠崇 198
林董三郎 230
林復斎 156
林鳳岡（信篤） 82
林又三郎 186, 302
林羅山 55, **57ff.**, **64ff.**, 79, 81, 90f., 145f., 148
バラ夫人 326
バラ , J.C. 308, 326
バラ , J.H. 166, **308f.**, 316
原市之進 114, 149
原田一道 166
原田敬策 157
原田対馬 204, 259
原胤昭 309, 313

沢彦宗恩 32
田口卯吉 225, 326f.
田口俊平 161
武田斐三郎 169
武田源三 **260f.**
武田耕雲斎 114, 151
武田信吉 60
武田信玄 77
竹中重固 186
建沼河別命 10
竹原勇四郎 157
竹村俊秀（幸之進） 249, **262f.**, 267
田島順輔 157
但木土佐 207
立花文左衛門 248
立原翠軒 146
辰野金吾 240
伊達政宗 **25ff.**, 33, 38ff., 51, 61, 135, 201
伊達慶邦 207
田中学内 79
田中愿蔵 151
田中源之進 199
田中耕太郎 331
田中左内 195
田中正造 317
田中館愛橘 291
田中土佐 **172**, 201
田中玄宰 **97f.**, **100**, 118, 120, 130, 204
田中不二麿 217, 230
田中正玄 **78f.**, 85, 91, 97
田中光顕 230
田辺朔郎 241
田辺太一 224, 230
谷干城 197, **267**, 298, 300
谷文晁 132
玉松操 181
玉虫左太夫 191f., 207
田丸具直 41
タムソン, D. 166
田安亀之助（徳川家達） 188
団琢磨 230
丹波道主命 10

ち・つ

茅根伊予之助 151
千村五郎 157, 249
紂王 58
中条政恒 266
調所広丈 241
知来 133
塚本明毅 159, 161, 224
辻端亭 145
津田梅子 230, 294f.
津田えん 294
津田真道 158, 168, 222
土屋一庵 201
土屋彦六 312f.
角田秀松 **269**, 276, 299, 302

て

程伊川 **30**, 80
程明道 **30**, 80
デヴィス, J.D. 321f.
手代木直右衛門 172, 193
手塚律蔵 157
寺島宗則（松木弘安） 157, 217
出羽重遠 4, 223, 242, **298f.**, 302
天海 33, 57, **61ff.**, 190

と

土井利勝 79
湯王 58
道元 16, 28
東郷平八郎 270, 299
東条英庵 157
東条方尭 139
東条方秀 **137f.**
遠山茂樹 189
戸川安宅 309, 313
土岐長元 76, **79**, 90
徳一 9, **16**, **18**, 29, 33
徳川昭武 222, 284
徳川家綱 55, 64, 67, 76, 78, **82**, 144
徳川家光 54f., **59f.**, **62**, 64, 67, 76ff., 81
徳川家茂 180
徳川家康 32, 41, 45, 48, **50ff.**, **64f.**, 71, 94, 144, 197
徳川綱條 145
徳川綱吉 64, 69, **82**
徳川斉昭 148, 150
徳川秀忠 54f., 57, 59f., 62, 64f., 67, 77, 93
徳川光圀 81, **144ff.**
徳川慶篤 150, 189
徳川慶勝 179, 182
徳川慶恕 150
徳川義直 66
徳川慶喜 114, 151, 176f., 179, **181ff.**, 186f., **188f.**, 224
徳富一敬 287
徳富初子 → 湯浅初子
徳富蘇峰（猪一郎） 144, **146**, **151**, 287, 310, 322, 323
徳富蘆花 287, 310, 321, 324
徳姫 19
戸塚静海 158
富田将監 26
富田祐義 34
友松氏興 81, 83, 91, 94

161, 187
沢柳政太郎 292, 331
佐原光盛（芦名光盛）21
佐原盛連 21, 23
佐原義連 9, **21**, 23
三条実美 171, 173f.
三石 133

し

ジェーンズ, L.L. **310**, 321
シーボルト 73
志賀小太郎 **111f.**, 114
志賀重方 131
志賀与三兵衛 112
重野安繹 114
始皇帝 74
設楽莞爾 157
志田林三郎 240, 303
品川弥二郎 186, 213
篠田儀三郎 200
篠原国幹 261f.
柴五三郎 296
柴五郎 4, 120, 241, 247, 280, **296ff.**
柴四朗（東海散士）290, 296, **299ff.**, 324
柴太一郎 199, 202, 245, 247, 296
司馬遼太郎 1, 107, 171, 182, 342
島崎藤村 **326f.**
島田貞継 107
島田三郎 225, 309, 313, **316**, 325, 327
島津茂久 182
島津久光 174
しまね・きよし 328
下曽根金三郎 162f.
シモンズ, D.B. 307
釈迦 28
シャノワーヌ, シャルル 164
周濂渓 **30**
周公 55, 72
朱子 **31**, 72, 80, 90
朱舜水 145
守澄法親王 63
舜 55, 72
准如 48
昭憲皇太后 295
白井五郎太夫 184, 186
白石直治 309
白河法皇 16
仁庵善恕 61
心敬 36
神保内蔵助 201, 283
親鸞 16, 27, 29, 34

す

崇伝（金地院）32, 57, **59**, 62, 65
末吉択郎 312
菅野右兵衛 199
杉浦重剛 220, 238
杉亨二 157, 222
杉田玄白 73
杉田成卿 114, 157
杉山凱 123
杉山三八 157
スコット, W. 220, 233
崇神天皇 10
鈴木舎定 309, 313, 316
須田新九郎 101
スネル, エドワルド 193, 210, 267
スネル, ヘンリー 266
スマイルズ, S. 226
スミス, アダムス 305
諏訪常吉 193, 207, **211ff.**

せ・そ

関一政 41, 67
関本巨石 **132f.**, 142
関本直有 133
関本椿二 132
関本如髪 133
関本半岱 133
世良修蔵 188, **191f.**
芹沢鴨 172
洗石 133
千利休 48
宗祇 36f.
相馬主計 214
副島種臣 160, 217, 230f.

た

ダイアー, H. 239
大圭 33
太原雪斎 32
ダーウィン 293
醍醐忠敬 188, 191
高木竹之助 202
高倉永祐 187
高島嘉右衛門 308
高島秋帆 162f., 168
高杉晋作 124, 179, 180
高津仲三郎（中原成業）**259ff.**
高津平蔵（淄川）7f., 132
高野長英 169
高橋是清 166
高橋常四郎 278
高橋正風 174
高橋富雄 19, 275
高畠五郎 157
高松凌雲 115, 194, 206, **212**, 213
高峰譲吉 240, 303
高嶺秀夫 204, 233, 235, 238, **293**, 295, 324
高山右近 46, **48f.**, 53
滝川具知 186
多紀元孝 158

久保村文四郎 252, **259f**.
熊沢蕃山 71, 126, 136, 339
久米邦武 230
クラーク , E.W. 223, 226, 235, **311f**.
クラーク , W.S. 241, **310**
倉沢平治右衛門 113, 204, 245, 280
倉田俊次 79
グリーン , D.C. 321, 323
栗田寛 147
栗原又楽 114
栗原唯一 176
グリフィス , W. 220, 223, 226, 265
栗村以敬 139
栗本鋤雲 164
栗山潜峰 145
黒河内伝五郎 **111f**., 124, 129ff., **202**
黒河内百次郎 202
黒沢亀之助 296
黒田清隆 187, 199, 211, **213f**., 238, 240, **244**, **291**, 311
黒田孝高（如水）49

け

傑王 58
ケプロン , H. 240
源翁心昭 34
見性院 77
源信 15
顕如 48

こ

小池周吾 196
小出光照 **115**, 250, 273, 295
孔子 **13**, 30f., 55, **66f**., 72, 74, **90**, 104, **109**, 120, 122, 142, 257
孝明天皇 156, 172, 174, 180f., 183, 284, 292
河野広中 316
光明天皇 22
古賀精里 113
呉競 56
小島忠八 304
後醍醐天皇 22, 131
五代友厚 159, 217
児玉実文 302
後藤象二郎 217
ゴードン , M. L. 320
小西行長 49, 59
小早川秀秋→豊臣秀俊
小林鼎輔 157
小林虎三郎 169
小松帯刀 318
後水尾天皇 63
小宮山楓軒 146
小村寿太郎 220
ゴメス , ペドロ 47
近藤勇 172, 184
コンドル , J. 240

さ

西郷隆盛 124, 150, 175, **182ff**., 188-191, 211f., 216f., 229, 231, 244, 268, 282, 315, 318
西郷頼母 **172**, 196, 202, **282**
西郷千恵子 202
西郷従道 229, 270, 295
最澄 9, **15f**., 18
斎藤新太郎 **111**, 113
斎藤利三 61
斎藤一 → 山口次郎
斎藤皐雄 133
斎藤弥九郎 111
榊原鍵吉 163
坂口安吾 260
坂口津右衛門 260
坂上田村麻呂 12
坂本竜馬 179f.
佐川官兵衛 3, 123, 149, 175, 184, 198, 204ff., 208, **270ff**., 284
佐久間象山 115, 150, **162**, 167ff., 176, 318
桜井五郎 120
桜井錠二 220, 238
桜井松之助 267
佐々木高行 230, 239
佐々木只三郎 172, 184
佐々倉桐太郎 159, 161, 225
佐瀬種常 26
佐瀬常雄 26
佐竹義重 23, 25
佐竹義広 23, 25, 27
佐々宗淳 145
佐藤一斎 114
佐藤右衛門 340
佐藤昌介 308
佐藤輔子 327
佐藤忠信 37
佐藤継信 37
佐藤直方 70
佐藤美玉軒（忠太）296
佐藤基治 19, 37
里村紹巴 38, 48
真田幸貫 162
佐野常民 159
ザビエル , フランシスコ 16, **46**
沢全秀 250
沢田名垂 **118**, 124, **131**
沢為量 188, 191
沢太郎左衛門 159,

小川亮 273, 290, **298**
小川渉 103, 106, 113, 168, 251f., **279f.**, 316
沖津醇 251, **278f.**
沖津緑 279
荻生徂徠 55, **72**, 96, 290
奥平謙輔 114, 202, **273**, 290
奥野昌綱 313
小倉行春 41
小栗忠順（上野介）163f., **188**, 193
お江 77
小崎弘道 310, 321, 323
尾崎行雄 309
押川方義 309, 313, 325, 327
お静 77
織田信長 32, 37ff., 41, 45, **48**
男谷信友 163
乙骨太郎乙 157, 224f., 326
小野梓 308
小野権之丞 193, 207, **211f.**
小野友五郎 159, 161
小幡景憲 68
オルガンティーノ **47ff.**

か
海江田信義 187
快元 46
貝原益軒 69, 126
葛西晴信 41
梶原景季 20, 35
梶原景浩 281
梶原貞 281f.
梶原平馬 193, 197, 204, **207f.**, 245, 250, 261, **281**, 295
春日局 68
和宮 180
可石 133
勝海舟 159, 161, 163, 168f., 176, 179, **188ff.**, 193, 216, 223, 226, 318
カックラン , G. 226, 311f.
カッジョン , メルメ・ド 165
桂小五郎（木戸孝允）180, 209
加藤明成 **51f.**, 60, 77, 79
加藤弘之 158, 237
加藤嘉明 **51**, 54, 60, 68
金上盛備 25, 26, **37**
金森通倫 310, 321, 323
金子堅太郎 230
金子霜山 114
兼子常五郎 322
何礼之 160
蒲生氏郷 **38ff.**, **48ff**, 52f., 67, 85, **136**
蒲生賢秀 40
蒲生郷成 41
蒲生郷安 41
蒲生忠郷 **51f.**, 60, 68
蒲生秀行 **50ff.**, 67f.
萱野権兵衛 202, 208f., 284
ガリレオ 47
ガルベス 53
カロザース , クリストファー 309, 313
河井善順 273
河井継之助 193, 199
川勝広道 165
川上彦斎 176
川崎尚之助 129, 167, **171**, 247, 282, 322
川路利良 271
河原勝治 220
川村純義 159
川本幸民 157
神田孝平 158, 170, 218, 303

き
菊池九郎 316
菊池大麓 158, 237f.
キダー , メアリー 294, **309**
北川親懿 139f.
北白川宮能久 193
北原采女 78
北原稚長 283
木戸孝允 217, 229f., **244**, 290, 318
木梨精一郎 187, 198
木下順庵 **69**, 145
吉備津彦命 10
木村熊二 **326**
木村軍太郎 157
木村軍太郎 157
木村吉清 41
堯 55, 72
姜沆 56
鏡堂覚円 **33**
教如 48
桐野利秋 201, **208f.**, 209, 231, 261f., 264, 269, 271

く
空海 9, **15f.**
空也 34
久坂玄瑞 150, 171, 175
日下部太郎 160
日下義雄 **283f.**
草場佩川 132
九条道孝 188, 191
楠傑堂 34
楠正成 34, 131
楠正行 131
窪田清音 163

猪苗代兼載 **36**
猪苗代兼与 38
猪苗代盛国 139
犬養毅 268
井上馨 217, 229, 231, 239, 262, 283
井上友信 139
井上安貞 **139f.**
伊庭秀業 163
井深梶之助 4, 120, 194, 209, 301, 306, 308f., 313, 317, **324ff.**
井深蔵人 111
井深茂松 111f.
井深宅右衛門 324
井深元治 260
井深元政 113
岩城則道 19
岩倉具定 187
岩倉具視 181f., 186, 230
岩村精一郎（高俊） 199
巌本善治 294, 327
印出新蔵 302

う

ヴァリニアーノ 47, 49
ウィリアムズ, Ch. M. 161, 307
上杉景勝 51
上杉謙信 51
上杉綱勝 82
上杉憲実 46
上原勇作 297
植村正久 309, 313, 325, 327
鵜飼吉左衛門 150
鵜飼幸吉 150
浮田和民 310, 321, 323
薄市郎右衛門 142
宇田成一 316
内田正雄（恒次郎） 159, 161, 220
内村鑑三 311, 313f., 329, 331, 339
宇野哲人 275
瓜生岩子 288

え

エアトン, W.E. 240
栄西 28f.
江川太郎左衛門(英竜) 112, 162, 167f.
江藤新平 188, 230f., 288
江渡狄嶺 281
榎本武揚 159, 161, 184, 187, 190, 206f., 209, **211f.**, 214, 225, 240, 256
江幡五郎 111
江原素六 312
海老名郡治 204
海老名季昌 284f., 287
海老名弾正 310, 321, 323
海老名リン 285, **287**, 317
海老原穆 262
円珍 15
遠藤謙安（庄七郎） **137f.**
遠藤香村 132
円仁 15

お

大姥局 77
大川甚兵衛 294
大河原臣教 79
大河原養伯 134, 137
大木喬任 217, 229
大木忠益（坪井為春） 164, 169f.
正親町三条実愛 181
正親町天皇 67
大久保一翁 179, 191, 226
大久保利通 181f., 186, 217, 229f., 265f.
大隈重信 160, 217, 230f.
大河内正質 184, 186
大崎義隆 41
大塩平八郎 71, 124
大島堅一 336
大島高任 230
大田広城 250
大槻玄沢 73, 191
大槻俊斎 158
大槻尚志 224
大槻磐渓 191
大友宗麟 46
大鳥圭介 **164**, 166, **186**, 193f., 196, 206f., 209, 211, 214, 230, 240, 283
大野倹次郎 293
大場恭平 250
大彦古命 10
大村純忠 46
大村益次郎(村田蔵六) 163, 166, 180, 190, 290
大山巌 229, 295
大山捨松→山川捨松
大山格之助（綱良） 188, 191
岡倉天心 308
岡左衛門佐 54
岡左内 39, **52**, 54
小笠原清務 109
小笠原謙吉 201
小笠原長行 211
岡重政 68
緒方洪庵 73, 158, 170
岡田如黙 **91f.**, 137f.
岡部半蔵 112

人名索引

あ

会沢正志斎 111, 115, 143, **147**, 149
青木往晴 250
赤岡大助 129
赤城貞賢 213
明石博高 170, 319
赤羽庄三郎 301
赤羽四郎 **301**
赤松則良（大三郎） 159, 161, 224
秋月種樹 218
秋月悌次郎（韋軒） 3, 36, **113f.**, 123, 132, 149, 174, 180, 208, 225, 237, 266, 270, **272ff.**, 280, 290, 298
秋山左衛門 113, 123
秋山清八 256, **285**
秋山好古 297
阿久津彦五郎 111
明智光秀 38, 41, 61
安積艮斎 114
安積澹泊 145
浅野茂勲 182
浅野幸長 57
浅見絅斎 70
足利尊氏 **23**, 28
足利義輝 32
足利義満 28
芦名詮盛 34
芦名高盛 22
芦名直盛 23
芦名盛氏 23, 25, 61
芦名盛興 25
芦名盛員 21f.
芦名盛舜 61
芦名盛滋 24
芦名盛信 34
芦名盛宗 21, 34
芦名泰盛 21, 33
芦名泰盛 21, 33
安島帯刀 150
姉小路公知 173
安部井政治 113, 123, 167, 175, 193, **211ff.**, 258f., 262
安部井帽山（弁之助） 7f., 122
阿部重次 82
阿部正静 195
阿部正弘 157, 163
雨森芳洲 69
アメルマン , J. L. 325
新井郁之助 161, 164, 206, 212, 214
荒井真庵 134, 137
新井白石 69, 82
荒川梅二 132, 278
荒川類右衛門（勝茂） 278
有賀織之助 202, 303
有栖川宮威仁 299
有栖川宮熾仁 182, 188, 299
有馬晴信 46, 53
アンジェリス 53
安瀬敬蔵 316
安藤有益 107
安藤帯刀 79
安藤直次 57
安藤信正 198

い

飯田重義 251
飯田文治 120
井伊直弼 **150f.**, 156
飯沼貞吉 194, **200**, 223, **302**
五十嵐養安 137f., 140
井口慎次郎 **262f.**
池上三郎 **300f.**, 324
池上友次郎 301
池上四郎 301
池田謙斎 160, 237
池田光政 81, 164
伊沢修二 238
伊沢信 251
伊沢清次郎 248, 296
石井孝 181
石川市十郎 **304f.**
石川暎作 **305**
石田伍助 283
石田三成 59
石田和助 283
井関庚太郎 128
板垣退助 187, **196ff.**, 231, 316
板倉勝静 211
板倉勝達 252
板倉内膳正重矩 81
市川兼恭 157
市川斎宮 157
市川三左衛門 151, 194, 209
伊地知政治 187, 196, 199
一瀬要人 198
一山一寧 29f.
一色秀勝 32
一遍 27
伊藤おけい **267**
伊藤圭介 158
伊東玄伯 161
伊東玄朴 158, 170
伊藤仁斎 55, **72**
伊東祐順 115, 123, 130
伊東悌次郎 129
伊藤博文 217, 230, 239, 262, 295
稲葉正勝 68
稲葉正邦 184, 186

著者：荒川　紘（あらかわ　ひろし）

1940年、福島県に生まれる。

東北大学理学部卒業、東洋大学、東京職業訓練短期大学校、静岡大学、愛知東邦大学に勤務、科学思想史専攻。静岡大学名誉教授。

著書：『古代日本人の宇宙観』『日時計＝最古の科学装置』『科学と科学者の条件』『車の誕生』『世界を動かす技術＝車』（以上海鳴社）、『龍の起源』『日本人の宇宙観』『東と西の宇宙観・東洋編』『東と西の宇宙観・西洋編』（以上紀伊國屋書店）、『教師・啄木と賢治』（新曜社）、『原発に抗して』（唯学書房）。

会津藩士の慟哭《どうこく》を超えて

2015年 9月 9日　第1刷発行

発行所：㈱海鳴社　http://www.kaimeisha.com/
〒101-0065　東京都千代田区西神田２－４－６
Eメール：kaimei@d8.dion.ne.jp
Tel.：03-3262-1967　Fax：03-3234-3643

発行人：辻　信行
組　版：海鳴社
印刷・製本：モリモト印刷

出版社コード：1097

ISBN 978-4-87525-320-4　落丁・乱丁本はお買い上げの書店でお取替えください